Sección Obras de Historia

VIDA INTELECTUAL EN EL BUENOS AIRES FIN-DE-SIGLO (1880-1910)

OSCAR TERÁN

VIDA INTELECTUAL EN EL BUENOS AIRES FIN-DE-SIGLO (1880-1910)

Derivas de la "cultura científica"

FONDO DE CULTURA ECONÓMICA

MÉXICO - ARGENTINA - BRASIL - COLOMBIA - CHILE - ESPAÑA
ESTADOS UNIDOS DE AMÉRICA - PERÚ - VENEZUELA

Primera edición, 2000

En tapa: José Ingenieros en su escritorio, 1904.

D.R. © 2000, Fondo de Cultura Económica de Argentina, S.A:
El Salvador 5665; 1414 Buenos Aires
e-mail: fondo@fce.com.ar

ISBN: 950-557-356-1

Impreso en Argentina - *Printed in Argentina*
Hecho el depósito que marca la ley 11.723

Para LILIANA

PRESENTACIÓN

Como todo estudio de historia intelectual, este libro tematiza un conjunto de significados, sentidos y valores generados en un período histórico determinado. Concretamente, se pretende indagar una serie de discursos producidos desde la elite dirigente argentina entre 1880 y el Centenario. De los componentes de esta fracción, se seleccionaron algunos integrantes conspicuos del campo de la cultura intelectual. Dentro de ella, se privilegió a su vez a quienes formaron en las filas de la "cultura científica", designación que indica aquel conjunto de intervenciones teóricas que reconocen el prestigio de la ciencia como dadora de legitimidad de sus propias argumentaciones. Esta denominación me ha parecido preferible a la de "positivismo" por resultar más abarcativa: bien porque algunos de los intelectuales aquí incluidos no cumplen cabalmente con el canon desarrollado desde Comte hasta Spencer, bien porque el mismo movimiento positivista contuvo una serie de matices que indican la conveniencia de no subsumirlos sin precauciones dentro de dicha corriente de ideas.

Se trata, entonces, de componer un mundo de ideas y creencias que habitaron a un conjunto de agentes culturales ubicados en la cumbre de la pirámide social y/o intelectual porteña. Y de mirar la realidad que componían a través de ese mundo de representaciones, tanto en aquello que resultaron procesos conscientes y queridos de pensamiento, cuanto en algunos otros que probablemente escaparon a su autopercepción.

La cuestión se torna históricamente significativa dada la función dirigente y dominante que dicho sector ejerció en

9

esos años, y en la medida en que sus concepciones pudieron resultar reguladoras de sus prácticas. Por cierto, esos mundos simbólicos diseñados por esta minoría no se derramaron hegemónicamente sin más sobre el conjunto de la sociedad, habida cuenta del dinamismo que ésta reveló y que los estudios sobre la cultura de los sectores subalternos del período tienden a resaltar. Pero por los efectos que, no sin conflictos, sus representaciones produjeron en la conformación de la cultura argentina, esta historia "desde arriba" intenta contribuir al conocimiento de aquel período al recomponer algunos estratos de la *forma mentis*, esto es, de los esquemas de percepción y valoración de la realidad por parte de la elite a través de su fracción intelectual.

Para la construcción y reconstrucción de esos significados las fuentes aquí utilizadas pertenecen en general a la literatura de ideas o al ensayo de pretensiones científicas. Sobre la trama de esas intervenciones se han incluido hilos referenciales provenientes del discurso político o de memorialistas, y también de linajes de ideas diferentes, con el objeto de producir efectos acumulativos o comparativos que subrayen las continuidades y modificaciones que la cultura científica introducía en el ámbito de los saberes intelectuales, considerando que, desde esa inspiración teórica, esta cultura compitió con el espiritualismo estetizante en una querella por la construcción de imaginarios sociales y nacionales alternativos.

Para iniciar el recorrido de esta indagación se señalará el modo en que el proceso de modernización fue leído por un representante arquetípico de la generación anterior. Sobre el telón de fondo representado por Miguel Cané (h), se recortan de allí en más las novedades generadas por el ensayo positivista y/o cientificista de la generación finisecular. De la vasta producción de este tenor se escogieron centralmente textos vinculados con las temáticas desarrolladas por José María Ramos Mejía, Carlos Octavio Bunge, Ernesto Quesada y, en menor medida, por José

Ingenieros.[1] De esa manera, a través de las construcciones discursivas de esta franja, se pretende reflejar en escala altamente representativa el escorzo dominante del rostro intelectual del Buenos Aires finisecular hasta los primeros años de la década de 1910.

A lo largo del libro se han citado y glosado a veces con cierta extensión estas intervenciones para que su propia letra permita asomarse mejor a un clima de ideas que ya no es el nuestro. Pero no quisiera con esto inducir al equívoco de que estas fuentes producen sentido por sí solas. Precisamente, como estos discursos no llevan escritos en la frente lo que significan y significaron, la historia intelectual no tiene más remedio que construir mecanismos interpretativos para producir significados. De la pertinencia de los aquí intentados, ahora sólo cabe juzgar al lector.

---

[1] La menor presencia de Ingenieros se debe a que no he querido redundar respecto del estudio de su obra que realicé en *José Ingenieros: pensar la nación*, Buenos Aires, Alianza Editorial, 1983.

I. EL LAMENTO DE CANÉ

Numerosas intervenciones de los intelectuales argentinos en el giro del siglo pasado organizaron una problemática frente al proceso de modernización experimentado en esos años y frente a la tarea de consumar la construcción de la nación. En un período cultural caracterizado por una superposición de teorías y estéticas, el horizonte intelectual de la Generación del 90 se organizó sobre un espacio donde convivían el romanticismo acriollado de la Generación del 37 y el liberalismo, junto con concepciones católicas y con las novedades traídas por el socialismo y el anarquismo. A aquella tradición, los hombres del 80 le habían asignado una entonación realista, laicizada y escasamente proclive a la sistematicidad, dentro de un contexto de optimismo básico en los destinos nacionales, aun cuando opacado por ciertas prevenciones, acentuadas por la crisis y los sucesos de 1890.

Para entonces, el período post Caseros se ha cerrado con el triunfo del Estado nacional, aunque las luchas intraelites han dejado marcas de cuya persistencia dan cuenta los textos inaugurales del relato del 80: es sabido que ni *Juvenilia* ni *La gran aldea* se privan de referir a las pasiones políticas que habían agitado a la República desde 1852, reflejadas en las divisiones y odios entre provincianos y porteños o entre nacionalistas y autonomistas, como cuando Miguel Cané evoca aquel día de abril de 1863 en que crudos y cocidos "estuvieron a punto de ensangrentar la ciudad".[1]

[1] M. Cané, *Juvenilia*, Buenos Aires, Estrada, 1968, p. 114.

Dichas preocupaciones fueron respondidas desde matrices ideológicas diversas y algunas de ellas renovadas. En el ámbito de los intelectuales, la "cultura científica" se constituyó en uno de los grandes cánones interpretativos de la nueva problemática. El juego de las culturas científica y estético-humanista avanzaba sobre el terreno de una cultura religiosa en retroceso, al menos en el ámbito letrado, pero que seguía elevando su voz apocalíptica ante los prestigios crecientes de los ídolos de la modernidad. Así, Pedro Goyena, desde su plataforma católica, advertía en un discurso sobre la ley de educación común que la ciencia, "a la que jamás la Iglesia fue hostil, ha tomado una dirección extraviada, por la influencia de un orgullo insensato".

Era un discurso en retirada, y que no encontraba condiciones propicias de audibilidad en el marco de la *pax roquista* y de los visibles éxitos en el cumplimiento del programa modernizador, que habían promovido la confianza aun de alguien cauteloso ante la expansión del progreso como Miguel Cané. Este miembro relevante de la clase dirigente, cuyo linaje lo conecta con el patriciado, había iniciado su carrera de escritor en *La Tribuna* y *El Nacional*, y de allí en más protagonizaría un *cursus honorum* canónico entre los miembros de su grupo: militante autonomista; director general de Correos y Telégrafos; diputado; ministro plenipotenciario en Colombia, Austria, Alemania, España y Francia; intendente de Buenos Aires; ministro del Interior y de Relaciones Exteriores. Será él quien relatará en 1882, con indisimulado orgullo, que ningún extranjero podía creer "al encontrarse en el seno de la culta Buenos Aires, en medio de la actividad febril del comercio y de todos los halagos del arte, que en 1820 los caudillos semibárbaros ataban sus potros en las rejas de la plaza de Mayo". Y agregaba: "Recibimos un mundo nuevo, bárbaro, despoblado, sin el menor síntoma de organización racional: ¡mírese la América de hoy, cuéntense los centenares de millares de extranjeros que viven felices en su suelo, nuestra industria, la explotación de nuestras riquezas, el refinamiento de nuestros gustos, las formas definitivas de nuestro organismo político, y dígasenos qué pedazo del mundo ha hecho una evolución semejante en medio siglo!".[2]

Estas opiniones coincidían con la revelada en una carta de Julio A. Roca al mismo Cané fechada en diciembre de 1881. "Por aquí –escribía el presidente de la República– todo marcha bièn. El país en todo sentido se abre a las corrientes del progreso, con una gran confianza en la paz y la tranquilidad pública, y una fe profunda en el porvenir. Al paso que vamos, si sabemos conservar el juicio en la prosperidad, [...] pronto hemos de ser un gran pueblo y hemos de llamar la atención del mundo".[3] El americanismo también se autocelebraba al año siguiente en la escritura de Ernesto Quesada, cuando en la *Nueva Revista de Buenos Aires* decía que "la atención de los hombres pensadores del mundo entero está fija aquí, porque aquí se elaboran actualmente los destinos futuros de la humanidad".[4] Con el mismo sentido, otro miembro de la Generación del 80, Eduardo Wilde, vaticinaba en una carta dirigida al presidente de la República "la tónica eufórica que presidiría los febriles años venideros: 'Adelante, adelante. Haremos de Buenos Aires la Atenas de Sudamérica'".[5] Y hasta el viejo Sarmiento, tan poco complaciente hacia la política en curso,[6] no podía dejar de festejar en Buenos Aires a la Nueva York del sur, remarcando que en la capital ar-

[2] M. Cané, *En viaje (1881-1882)*, Buenos Aires, Talleres Gráficos Argentinos L. J. Rosso, 1937, pp. 36 y 38.

[3] Cit. en R. Sáenz Hayes, *Miguel Cané y su tiempo*, Buenos Aires, Guillermo Kraft Ltda., 1955.

[4] "El Congreso Literario Latino-Americano y el americanismo", en *Nueva Revista de Buenos Aires*, marzo de 1882, vol. 3, p. 303.

[5] E. Gallo y R. Cortés Conde, *La república conservadora*, Buenos Aires, Paidós, pp. 77-78.

[6] En carta de diciembre de 1882 a Mrs. Mann le decía: "Esta es nuestra situación material, que no es mala. Es la situación política lo que da que pensar", en *Conflicto y armonías de las razas en América*, *Obras completas de D. F. Sarmiento*, Buenos Aires, Editorial Luz del Día, 1953, t. XXXVII, p. 11.

gentina "hay más confort, más gusto, que en El Havre o en Barcelona, [y] tomada en masa la población en cuanto a desarrollo intelectual, no cede a ciertas comarcas de Italia, España, Irlanda, Francia, por no nombrar el resto".[7] Por fin, un antiguo autonomista, en un libro fuertemente crítico del roquismo, mostraba su convicción de que "la República Argentina es sin disputa uno de los países más ricos del mundo, si no es el más rico".[8]

Estos entusiasmos talvez sobredimensionados se apoyaban, no obstante, en datos que revelaban la consolidación del proceso de unificación de la nación, en el marco de un sorprendente crecimiento económico, acompañado por la expectativa muchas veces cumplida de movilidad social ascendente y una exitosa secularización cultural impulsada desde el Estado. En tanto, hacia 1880, las dos facciones políticas que hasta entonces se disputaban el poder (el nacionalismo mitrista y el autonomismo de Alsina) habían sido sustituidas por una nueva fracción que, motorizada desde el interior, terminó por incorporar también a algunos sectores de la dirigencia porteña.[9] Justamente, la convicción de que se había ingresado en una edad que rompía con el pasado fue parte del discurso que el mismo roquismo construyó como parte de su imagen autolegitimante. Como se ha mostrado, el mensaje más inmediato que el diario oficialista *La Tribuna Nacional* se apresuró a difundir afirmaba que "la Argentina finalmente había entrado en una nueva era", identificada con el arribo del progreso, materializado en "buenas cosechas, industrias nuevas, em-

[7] D. F. Sarmiento, "El mito babilónico" (9-9-1887), en *Condición del extranjero en América*, en *Obras completas*, ob. cit., t. XXXVI.

[8] Carlos D'Amico, *Buenos Aires, sus hombres, su política (1860-1890)*, Buenos Aires, Editorial Americana, 1952 [1890], pp. 47-48.

[9] "La diferencia con el período anterior no radicaba solamente en la marginación de buena parte de la clase política porteña (de la cual formaban parte dirigentes como Alem, Del Valle y Bernardo de Irigoyen) sino en que, al menos durante la década del 80 y a diferencia de las décadas anteriores, hubo un solo protagonista efectivo: el Partido Autonomista Nacional" (Hilda Sabato, "La revolución del 90: ¿prólogo o epílogo?" en *Punto de Vista*, núm. 39, diciembre de 1990).

presas que requieren grandes capitales e ilimitada fortuna, vías
férreas que avanzan hacia sus cabeceras naturales, puentes que se
arrojan sobre los ríos, ríos que se encauzan para que no se des-
borden, colonias que adquieren vida propia, expediciones en fin
que cruzan el desierto en todas las direcciones para hacer el pro-
lijo inventario de sus riquezas".[10] De tal modo, el diario repetía la
moraleja de que las pasiones destructivas de la política habían sido dominadas por el desarrollo de los intereses conservadores
asociados con el desarrollo económico, dado que "es el progreso
material el que lleva al progreso moral, y no viceversa". En la línea del Alberdi que a su vez abrevaba en el liberalismo de la economía política inglesa, para el roquismo la paz era el logro mayor
del progreso económico, y con ello la política pasaba afortunadamente a segundo plano: "El tiempo de la política teatral ha pasado. No hay multitudes ociosas que fragüen revoluciones", seguía
proclamando *La Tribuna* en 1887.

Naturalmente, era la misma convicción que animaba los
mensajes de Julio A. Roca, como aquel de 1883 en que expresó
votos por que

> sea ésta nuestra aspiración pública, la paz y el orden; realice-
> mos este programa, y la luz que empieza a irradiar sobre la
> República se convertirá en un foco que, cual otra estrella de
> Oriente, anunciará al mundo que existe en este extremo Sur
> del continente americano, abarcando cuatro veces mayor es-
> pacio que la Francia y no menos fértil que ella, una nación
> abierta a todas las corrientes del espíritu, sin castas, sin preo-
> cupaciones religiosas ni sociales, sin tiranías ni comuna;
> nuevo templo sobre la faz de la tierra, donde se consagran to-
> das las libertades y todos los derechos del hombre.[11]

[10] Paula Alonso, "'En la primavera de la historia'. El discurso político del roquismo
de la década del Ochenta a través de su prensa", *Boletín del Instituto de Historia Argentina y Americana "Dr. E. Ravignani"*, F. F. y Letras, UBA, n. 15, 1er. sem. 1997.

[11] En N. R. Botana-E. Gallo, *De la República posible a la República verdadera
(1880-1910)*, Buenos Aires, Ariel, 1997, p. 199.

El optimismo que muchas de estas intervenciones suelen revelar también en los ámbitos intelectuales es la marca de una
creencia tenaz: la que dice que en esta parte del mundo se está
elaborando una experiencia cultural original y decisiva, digna
de inscribirse en el marco de las naciones más prestigiosas del
mundo. Visiones todas ellas que reforzaban la fundacional
creencia en la excepcionalidad y en la grandeza argentinas, revelada a una escala típica por Florentino Ameghino, para quien
evidentemente Darwin era argentino porque fue aquí donde ve-
rificó su genial descubrimiento.[12] Las memorias de Martín García Mérou, quien fuera secretario de Cané, permiten atisbar ese
clima de enérgica confianza en el futuro manifiesto de la Argentina. En ellas, y refiriéndose a la formación de un *cercle de
pensée* a fines de 1889, el encuentro inaugural en casa de un
miembro de la elite se describe con una hipérbole aumentativa:

> La reunión se presenta animada y espléndida. [...] ¡Qué di-
> versidad de ideas, de opiniones, de creencias! Sólo en una
> cosa coinciden: todos son ultraliberales y eminentemente re-
> volucionarios; quieren un cambio completo político y social.
> Era necesario reformar las creencias, las costumbres; instituir
> el socialismo; pero el socialismo liberal, inteligente, ilustra-
> do, justo; reorganizar la república; más, la América; hacer de
> toda ella una gran nación, que enseñara a pensar, a obrar a
> ese mundo antiguo, a ese viejo decrépito a quien llevaría la
> vivificante savia de las nuevas doctrinas.[13]

Y así como el Estado prusiano luego de la victoria sobre Francia decidió erigir y nutrir el museo de Pérgamo para hacer de

---

[12] "Todos vosotros sabéis, sin duda, que Darwin puede considerarse como uno de
nuestros sabios, pues el descubrimiento de su teoría está ligado a la historia de nuestro
progreso científico, por ser aquí, entre nosotros, donde recogió los materiales de ella y
tuvo su primera idea" (F. Ameghino, *Conceptos fundamentales*, Buenos Aires, W. M.
Jackson Inc. Editores, s./f., p. 62).

[13] M. García Mérou, *Recuerdos literarios*, Buenos Aires, Eudeba, 1973, pp. 233-234.

Berlín una capital a la altura de las otras grandes de Europa, algo de este espíritu se encuentra en la clase dirigente argentina y en los intelectuales que de uno u otro modo adhieren a esa utopía. Las cartas de Cané constituyen un registro de esa expectativa: propone allí que la clase acomodada contribuya con sus donaciones a alimentar un museo de bellas artes digno de un país de avanzada; recomienda también enfáticamente al presidente Pellegrini que no ponga palmeras en Buenos Aires sino otro tipo de árboles más dignos de esa gran ciudad, y transparenta al mismo tiempo la creencia de que, desde ese lugar socio-político y cultural ocupado por la clase dirigente, se tiene el derecho adquirido de operar sobre la ciudad como sobre un jardín personal.[14]

Y sin embargo, no son pocos los miembros de la elite letrada que desde temprano observan inquietos cómo, junto con frutos valorados, el torrente modernizador ha acarreado fenómenos indeseados o incomprensibles, tanto más preocupantes luego de la crisis financiera y los acontecimientos políticos del 90. En este último aspecto, a partir de ella,

> los viejos antagonismos que permanecían latentes desde hacía ya diez largos años y los desmembramientos parciales que aquejaron al autonomismo convergieron, todos ellos, en una coalición opositora donde participaron fuerzas políticas de diferente signo: el partido liberal de tradición mitrista; los dirigentes alejados del tronco autonomista con motivo de las elecciones del 86; la Unión Católica de Estrada, Goyena y

[14] Para algunos aspectos de la percepción de Cané sobre Buenos Aires, puede verse Elisa Radovanovic, "El modelo ideal y la realidad de la traza. Buenos Aires en el pensamiento de M. Cané", en *Pensar Buenos Aires*, Buenos Aires, Municipalidad de la Ciudad, Instituto Histórico de la Ciudad de Buenos Aires, 1994.

otros que se había organizado en tiempos de las querellas originadas por las leyes laicas, y, por fin, un grupo de antiguos militantes, fieles a la tradición populista del autonomismo bonaerense, donde sobresalían Leandro N. Alem e Hipólito Yrigoyen.[15]

En cuanto al orden de la recepción de las transformaciones materiales, la corriente de innovaciones despertará en la Argentina reflejos reactivos análogos a los de otras partes del mundo, aunque la visión desconfiada ante algunos efectos de la reforma modernizadora chocaba con la paradoja de que quienes impulsaban activamente dichas reformas eran los mismos que desconfiaban. De allí que en el seno de este sector que apuesta a la modernización y al progreso se desplieguen una serie de discursos complejos y correctivos que desearían cumplir el papel de la lanza mítica capaz de curar las heridas que ella misma produce. Tal espíritu es el que le hace añorar a Vicente Quesada las viejas quintas y los altos cipreses desalojados por el ferrocarril, y al mismo tiempo prever que los bienes y usos europeos tarde o temprano se impondrán para bien de la sociabilidad criolla.[16]

Estas críticas a la modernidad hallarían disponible un archivo argumentativo configurado por las versiones conservadoras no ignoradas en Hispanoamérica y constituidas ante el ciclo de las revoluciones industrial y francesas. En términos generales, se apeló al acervo romántico que resentía del desgarramiento que la modernidad introducía en el seno de una realidad cuya anterior organicidad se añoraba. Más precisamente, se edificaron argumentaciones que lamentaban la irrupción caótica de las masas en la escena política, o el peso privilegiado que las prácticas económicas habían alcanzado en la sociedad, según el diagnóstico de Bonald: "el comercio ha llegado a ser la única

---

[15] N. Botana, *El orden conservador*, Buenos Aires, Hyspamérica, 1986, p. 164.

[16] Víctor Gálvez (seudónimo de Vicente G. Quesada), *Memorias de un viejo*, Buenos Aires, 1889, pp. 229 y 427.

preocupación de los gobiernos, la única religión de su pueblo, el único tema de sus disputas".

Entre la clase letrada argentina, esas impugnaciones hacia algunas caras de la modernización pueden encontrarse tempranamente y ubicarse dentro de diversas esferas de representaciones. La primera de ellas replica el tema del *ubi sunt*, típico de los estratos que lamentan la disolución de las viejas costumbres en una sociedad y una ciudad en rápida transformación. Como señaló José Luis Romero, en esa situación quienes perciben precozmente los cambios como una amenaza y lanzan el lamento del "¿dónde están, dónde se han ido?" son los que tienen una tradición, intereses económicos importantes, un modo congénito de vida, vigorosos prejuicios y, "sobre todo, la convicción profunda de ser herederos históricos y mandatarios de quienes establecieron aquellos fundamentos".[17] En este registro, un conservador había escrito en Alemania, ya en 1828: "Todo se ha vuelto móvil o se hace movible y, con la intención o bajo pretexto de perfeccionarlo todo, se cuestiona, se duda de todo y se va al encuentro de una transformación general. El amor al movimiento en sí, incluso sin finalidad ni propósito determinado, ha sido el resultado y se ha desarrollado a partir de los movimientos del tiempo".[18]

En la Argentina, una percepción análoga comienza por ser entre leve y risueña, como la que presenta Lucio V. Mansilla en 1870 en *Una excursión a los indios ranqueles*, por la cual la civilización consiste "en que haya muchos médicos y muchos enfermos, muchos abogados y muchos pleitos, muchos soldados y muchas guerras, muchos ricos y muchos pobres. En que se impriman muchos periódicos y circulen muchas mentiras". Años después, todavía Eduardo Wilde expondrá con su espontánea ironía, en una nota precisamente titulada "Vida moderna", un

---

[17] J. L. Romero, prólogo a *Pensamiento conservador (1815-1898)*, Caracas, Ayacucho, 1978, p. x.
[18] Cit. en R. Koselleck, *Futuro pasado*, Barcelona, Paidós, 1993, p. 314.

nuevo costado de ese malestar: el de la acumulación de objetos que convierten al hogar en un "bazar" y al refinamiento en un obstáculo para la vida. "¿Sabes por qué me he venido? Por huir de mi casa, donde no podía dar un paso sin romperme la crisma contra algún objeto de arte. [...] El aire no circulaba por culpa de los biombos, de las estatuas, de los jarrones y de la grandísima madre que nos dio a luz".[19] Se trata, como se ve, de una descripción negativa de lo que mucho después Walter Benjamin en *El libro de los pasajes* llamaría la "casa estuche", típica de ese momento del hábitat burgués.[20]

Un nuevo aspecto, el del igualitarismo –para el cual el siglo XIX suele usar la palabra "democracia"–, configuró para los sectores tradicionales otro de los males atribuibles a los tiempos modernos, y observaron su expresión en la erosión de la deferencia: "Los muchachos decían: ¡allí viene el doctor! y se quitaban el sombrero, como lo hacían delante de todo sacerdote o de los ancianos, a quienes cedían la derecha de la vereda. [...] Todo estaba sujeto a cierto régimen uniforme".[21]

---

[19] E. Wilde, "Vida moderna", en *Prometeo y Cía*, 1899, tomado de *La lluvia y otros relatos*, Buenos Aires, Centro Editor de América Latina, 1992, pp. 27 ss.

[20] Para Benjamin, "el siglo XIX, más que ningún otro, tuvo la pasión del hogar. Concibió el hogar como el estuche de los seres humanos y los encerró en él con todos sus aditamentos".

Georg Simmel observaba a fines del siglo XIX que la profusión de mercancías en la vida moderna generaba una sensación de opresión, parte del más amplio fenómeno de la separación entre las esferas subjetiva y objetiva, que construye un mundo fetichizado con leyes propias. El origen impersonal y la facilidad en sustituir esos numerosos objetos que pululan alrededor de las personas conducirían a una situación en que ese amontonamiento de mercancías se convierte en "un mundo cerrado e interconectado donde cada vez hay menos puntos en que el alma subjetiva pueda interponer su voluntad y sus sentimientos" (D. Frisby, *Fragmentos de la modernidad*, Madrid, Visor Distribuciones, 1992, pp. 174 y 441).

[21] Vicente Quesada, *Memorias de un viejo*, ob. cit., p. 108. Asimismo, "la costumbre de sacarse el sombrero al pasar delante de la puerta de una iglesia, y que era extensiva a todas las clases, va desapareciendo. Nadie pasaba por el lado de un sacerdote sin descubrirse; hoy nadie lo hace" (José A. Wilde, *Buenos Aires desde 70 años atrás*, Buenos Aires, Centro Editor de América Latina, p. 165).

Es que la democracia así comprendida –en la línea tocquevilleana proseguida por Renan y Taine– configuraba un fantasma que amenaza a las sociedades con un proceso homogeneizador que sólo puede nivelar hacia abajo, y para el cual se reserva el término "mediocridad", prontamente difundido en el fin de siglo por la crítica de Nietzsche al "último hombre" que contiene el *Zaratustra* y por la expansión de las piezas dramáticas de Ibsen. Se trata del mismo balance que realiza Paul Groussac de la civilización norteamericana cuando visita ese país. Porque si, como asevera Spencer, el progreso se corresponde con una diferenciación creciente de las partes constituyentes de cualquier realidad, a Groussac le parece evidente que, "en lo fundamental –las ideas, los gustos, las aptitudes y las funciones sociales–, la novísima evolución de los Estados Unidos se caracteriza por una marcha continua hacia la homogeneidad. Su progreso material, entonces, equivaldría a un regreso moral; y ello sería la confirmación de que la absoluta democracia nos lleva fatalmente a la universal mediocridad".[22]

El quiebre de aquella normatividad tradicional es lo que otros memorialistas de las décadas del 80 y 90 indican como causa del incremento de los atentados contra la propia vida. Mientras Santiago Calzadilla sostiene que "vivimos en la época de los suicidios", José Antonio Wilde ofrece un indicio donde puede verse que las críticas a la modernización han comenzado a vincularse con el tópico del lujo como enemigo de la vida buena.[23] Y él mismo contrastará la mencionada pérdida de deferencia con otro tópico en vías de canonización: la sana persistencia de los viejos valores en el interior del país –tema que trabajaba

---

[22] P. Groussac, *Del Plata al Niágara*, Buenos Aires, Adm. de la Biblioteca, 1897.

[23] "Entonces eran desconocidos los suicidios, mientras que ahora jóvenes de ambos sexos y aun ancianos ponen término a su vida. ¿Sabes por qué? Porque el lujo ha muerto al sentimiento" (S. Calzadilla, *Las beldades de mi tiempo*, Buenos Aires, Centro Editor de América Latina, 1982, p. 86, y J. A. Wilde, *Buenos Aires desde 70 años atrás*, ob. cit., p. 162).

sobre la ya asentada dicotomía Buenos Aires-Interior–, para comenzar a invertir la valoración dominante que había colocado en la ciudad capital la fragua de los valores positivos. "Los niños –evoca Wilde– jamás dejaban de pedir su bendición a sus padres al levantarse y al acostarse; otro tanto hacían con sus abuelos, tíos, etc. [...] Esta señal de respetuosa sumisión ha desaparecido casi por completo, como otras muchas costumbres de tiempos pasados. Creemos que aún subsiste en algunos pueblos de las Provincias Argentinas".

También es claramente visible para los contemporáneos que incluso las costumbres más básicas y los tipos físicos están en proceso de cambio. "¿Cómo se come ahora?", se pregunta Vicente Quesada. Y responde: "Enteramente a la europea". Pero además ocurre que al mirar a las señoritas se percibe que "ya no hay un tipo nacional, la belleza tiene algo de cosmopolita". Por fin, cuando un par de décadas más tarde José María Ramos Mejía relacione la caída del mundo tradicional con una sustitución que para decirse utiliza un término del lenguaje religioso y lo asocia con una práctica económica sostenida por extranjeros, aquel ideologema se habrá expandido y lucirá ya cristalizado y consensuado en el interior de la elite: porque lo amenazado son "algunos de los inolvidables caserones, llenos de perfumados recuerdos y melancólicamente perdidos entre el humo de los *hornos* de *vascos* que hoy los *profanan*".[24]

Estas referencias, que sería fácil multiplicar, pueden seguirse más sistemáticamente en la literatura de ideas de Miguel Cané y en parte de Paul Groussac. Así, puede verificarse el modo en que, para algunos miembros de la dirigencia político-intelectual

---

[24] J. M. Ramos Mejía, *Rosas y su tiempo*, Buenos Aires, Editorial Científica y Literaria Argentina Atanasio Martínez, 1927, t. I, p. 190. El subrayado es mío.

del 80, esas inquietudes ante la modernización estuvieron tempranamente asociadas con el programa de construcción de una nacionalidad que debía apelar a los valores de la cultura estética para resultar exitosa. Y esto, porque ambos condensaron de modo insuperable dentro de su grupo socio-cultural el registro de la pérdida de la deferencia, así como el sentimiento fóbico frente a los avances del igualitarismo y la sensación de cercamiento de la elite; todo ello enmarcado en una mirada entre extrañada y severa respecto de las modificaciones estructurales que introducía la modernidad.

En principio, otro de los motivos de alarma entre los intelectuales europeos frente a la modernización estuvo centrado en los efectos de las modificaciones tecnológicas y urbanas.[25] Se abrió entonces un capítulo de lamentaciones ante las exhibiciones industriales de 1855 y 1866, así como por las reformas urbanas de Haussmann en París. Típico del primer momento resultó el comentario de Renan acerca de la primera de aquellas exposiciones: "por primera vez nuestro siglo –escribió– ha convocado grandes multitudes sin el propósito de un fin ideal".[26]

En *Del Plata al Niágara*, publicado en 1897, Groussac recorre ambos temas. El viaje comienza con un acercamiento a la que caracteriza como "noble" ciudad de Lima, "verdadera patricia criolla" a la cual "la era moderna, igualadora y constitucional, la ha deformado más que embellecido". Y a su paso por Chicago, que venía de celebrar su propia exposición industrial, no disimula el profundo desagrado ante los "elevadísimos buildings, sin la menor sospecha de la armonía necesaria entre su altura y su base". De modo que, para los que saben juzgar, el gigantesco bazar de la exposición ha demostrado que el mo-

[25] Cf. K. W. Swart, *The sense of decadence in XIX century France*, La Haya, Martinus Nijhoff, 1964.

[26] E. Renan, "La poésie de l'Exposition", en *Oeuvres complètes de Ernest Renan*, París, Calmann-Lévy, 1948, t. II, p. 241.

mento de los Estados Unidos aún no ha llegado. Se trata al fin de cuentas de una "elegancia adocenada y de confortable al por mayor", de una ciudad que ha llegado a ser vieja sin haber pasado por el ennoblecimiento de lo antiguo, tan excesivamente desprovista de tradición que allí "las paredes han crecido más de prisa que las arboledas". Añora entonces "aquellas nuestras pobres aldeas seculares, hechas lentamente a la medida del grupo y de la familia sedentaria, [...] transmitiéndose de padres a hijos, cada vez más resistentes, más venerables, más impregnadas de humanidad".

"Medida" y "armonía", esto es, lo cualitativo, construyen de esa manera el polo positivo de la antinomia respecto del número, agrupando tópicos que podrán cubrir desde la oposición cálculo *versus* aventura hasta desembocar en la del dinero como enemigo de la moral. Allí, en los Estados Unidos, los valores negativos "constituyen el canon y la base del criterio de todas las civilizaciones primitivas: no se llega sino después de un largo refinamiento a la sobria elegancia, a la gracia discreta, a la calidad. Todo aquí es excesivo, recargado, desproporcionado: el mamut lo simboliza exactamente". Ese gigantismo sólo merece aquel calificativo tomado de *La tempestad* de Shakespeare que –a partir de Renan, Darío y Rodó– se difundiría para describir la civilización yanqui: "calibanesco". Y también como en Rodó, el criterio para la valoración encomiástica de una sociedad residirá para Groussac en el cultivo de los valores estéticos, manifestado en la frecuentación de las bellas artes, en las que los norteamericanos huelgan tanto como abundan en aplicaciones técnicas y en descubrimientos de inmediato resultado industrial.

Una cultura estética que identifique así belleza con armonía clásica permitirá al mismo tiempo imaginar un buen orden social, según un conjunto de supuestos que se verán desplegar en Cané. Después de todo, tanto éste como Groussac coincidían otra vez con Renan en que hay dos tipos de sociedad, de los cuales el polo negativo está ocupado por la norteamericana. Aquí imperan la

libertad y la propiedad, sin privilegios de clases, sin viejas instituciones, sin historia, sin aristocracia, sin corte y sin universidades serias. Ese tipo de sociedades "carecen de distinción, de
nobleza; no hacen obras originales en materia de arte y de ciencia", pero pueden resultar productivas en otros terrenos y, sobre
todo, llegar a ser muy poderosas... [27]

Por su parte, Miguel Cané, en su reacción ante una temporali-
lidad veloz y un espacio cambiante –en tanto rasgos notorios
del concepto de lo moderno–, muestra la matriz de aquella mirada recelosa en las representaciones del ámbito urbano y de la
relación campo-ciudad. Esas imágenes se hallaban entonces
instaladas en una corriente caudalosa de impresiones sobre la
ciudad de Buenos Aires, que convocaba la escritura típica de
memorialistas que experimentan la premura por fijar en la letra
aquello cuya pronta extinción prevén, y para los cuales puede
extenderse la afirmación referida a Mansilla en cuanto a "la necesidad de familiarizar una ciudad que se le ha escapado de las
manos: una Buenos Aires cuyos cambios ya han sido registra-
dos con acritud, curiosidad, con humor, por López, Cambaceres
y Martel".[28]

Y en efecto, en pasajes de diversos componentes de la elite se
encuentra la suscripción de sentimientos análogos a los de Cané.

> El que después de muchos años de ausencia se encontrase
> repentinamente en las calles de esta ciudad de la Santísima
> Trinidad de Buenos Aires –escribe José Antonio Wilde–
> quedaría sin duda admirado de los cambios y transformacio-
> nes que en ella se habían operado en el transcurso, por
> ejemplo, de cincuenta años. […] Llevado de su primera im-

---

[27] E. Renan, *La réforme intellectuelle et morale*, París, Calmann-Lévy, s/f, pp.
112/113.

[28] Silvia Molloy, "La literatura autobiográfica en Argentina", en *Identidad cultural de Iberoamérica en su literatura*, coord. Saúl Yurkievich, Madrid, Alhambra,
1986, p. 82.

presión, oiría el bullicio de nuestras calles, se asombraría de ver los grupos de vascos, italianos y gallegos que reemplazan en el día a nuestros antiguos negros changadores; observaría el ir y venir de tranways, de carruajes, y se abismaría de los diversos medios de transporte que hoy disponemos; contemplaría absorto los regios edificios particulares, los suntuosos palacios y la magnificencia y austera belleza del inmenso número de nuestros edificios públicos.[29]

Tampoco falta la arquetípica invocación al *flâneur*, que le permite a Vicente Quesada colocar, así fuere módicamente, a la capital argentina entre las grandes ciudades del mundo:

A la caída del día, es decir, a las 4 p.m., hora en que cesa la actividad de los negocios, me entregaba al agradabilísimo placer de la *flânerie*, costumbre inveterada de los que han frecuentado Broadway en Nueva York, el Strand en Londres, el Boulevard des Capucines o des Italiens en París, Ringstrasse de Viena, la Unter den Linden de Berlín, la Newsky Prospect de San Petersburgo, la Via del Corso de Roma o la Puerta del Sol de Madrid. En Buenos Aires eso está representado débilmente por la calle de la Florida.[30]

A su vez, el activismo y la fugacidad son puestos de relieve por D'Amico:

Buenos Aires aparece como una ciudad inmensa que se ha lanzado a la lucha por la vida con pasmosa actividad. Si mira a sus espaldas, el puerto y las bahías; si avanza, los enormes almacenes cargando y descargando todas las clases de mercaderías que produce el mundo; los vehículos que no caben en las calles estrechas; y los carruajes de la calle de Florida; y las tiendas cuajadas de damas; y los espléndidos escaparates;

[29] J. A. Wilde, *Buenos Aires desde 70 años atrás*, ob. cit., p. 15.
[30] Vicente Quesada, *Memorias de un viejo*, ob. cit., p. 69.

y las mujeres, admirables del botín al sombrero; y los dependientes de comercio corriendo a su negocio; y todo esto confundido, a prisa, pasando como una fantasmagoría.[31]

Esa misma sensación de fantasmagoría lleva a un observador español a describirla en términos de "un campamento" compuesto por una población movediza que define una "ciudad efímera".[32] También Miguel Cané percibe con nitidez al movimiento acelerado como un rasgo crucial de la modernidad, pero ese movimiento carece a sus ojos de una finalidad, y por ende se trata de un mero agitarse sin sentido: "¡A prisa, a prisa! –le escribe a su hija–. La vida se acorta, el mundo se estrecha y en el orden moral los vagos e indefinidos horizontes del pasado desaparecen; agitémonos en este movimiento febril, para tener, por lo menos, la ilusión de marchar hacia un objetivo!".[33]

En cuanto a la representación que hace Cané del fenómeno urbano, se halla exactamente ubicada en el punto de *tournant* desde el legado ilustrado –que lo colocaba como ámbito virtuoso de la civilización– hacia la noción contraria de "la ciudad como vicio".[34] En sus escritos se encuentran asimismo ambos momentos, ya que si en los primeros años de la década del 80 veía con complacencia que "las ciudades se transforman ante los ojos de sus propios hijos que miran absortos el fenómeno",[35]

---

[31] Carlos D'Amico, ob. cit., pp. 10-11.

[32] Adolfo Posada, *La República Argentina. Impresiones y comentarios*, Madrid, Libr. General de Victoriano Suárez, 1912, p. 75.

"Es razonable pensar que, [...] especialmente en las décadas que siguieron a Caseros, un lugar de tan vertiginoso crecimiento como Buenos Aires tuviera más aspecto de *Far West* que de chato pueblo colonial o de luminosa metrópolis europea" (Jorge F. Liernur, "La ciudad efímera", en J. F. Liernur y G. Silvestri, *El umbral de la metrópolis*, Buenos Aires, Sudamericana, 1993, p. 178).

[33] M. Cané, *Cartas a mi hija*, Buenos Aires, El Elefante Blanco, 1996, p. 116.

[34] Carl E. Schorske, "La ciudad en el pensamiento europeo: de Voltaire a Spengler" en *Punto de Vista*, separata, p. III.

[35] M. Cané, *En viaje*, ob. cit., p. 41.

no tardará en señalar que esas mismas modificaciones vertigi-
nosas atentan contra la estabilidad del refugio hogareño: junto
con la sorpresa a veces deslumbrada que orienta esas afirmaciones de intenciones básicamente descriptivas, los juicios sobre la
ciudad y la vida que alberga se irán poblando de valoraciones
moralmente negativas. Para observar ese giro puede recurrirse
como contrastación a uno de los últimos textos de Sarmiento,
uno de los grandes organizadores de la representación hasta entonces hegemónica de la relación ciudad-campo. Cuando se
ocupó en 1887 de la oposición entre el crecimiento lento de las
ciudades europeas y el acelerado de las argentinas, remarcó, en
este último caso, apreciaciones positivas generadas en su invariable adhesión al modernismo, para celebrar el hecho de que "La
Plata nace de un golpe con calles, avenidas, bosques, squares, luz
eléctrica y palacios, hasta Observatorio, para todas las funciones sociales", al par que "el movimiento de tramways, ferrocarriles, vapores, excede a la de todas las ciudades y puertos de
esta parte".[36]

Poco después, esta visión exaltada de un *tempo* veloz, cruzado con actitudes y símbolos canónicos de la modernidad, va a
ser alternada con otras miradas, como la de Calzadilla, que con-
templan al tranvía como un desconfiable dispositivo cambala-
chero de mezcla social, ya que en él

> se ve muchas veces en la más íntima apostura y codeándose
> una gran dama con su riquísima toilette al lado de una frego-
> na con su canasta y sus chismes, un peón de fábrica al lado
> de un teniente general, un sacerdote austero frotándose con
> una lavandera, la modista, la verdulera, la mucama, la plan-
> chadora, cada una con su atadillo, bandeja o canastillo, sím-
> bolo del oficio, frotándose con un gerente del Banco, con un
> sportman, con un director o presidente de la Sociedad Rural,

[36] D. F. Sarmiento, "Concluye 1887", en *Condición del extranjero en América*, en *Obras completas*, ob. cit., t. XXXVI, p. 202.

o una hermana de caridad al lado del empresario de conven-
tillo… ¡Oh triunfo de la democracia![37]

Paralelamente, se abre como contrapartida en el discurso de
Cané la búsqueda de un algo sustancial que permanezca por debajo de los cambios. Es lo que ha hallado en uno de los rostros
de París, tal como se lo transmite otra vez a su hija:

> Por fin, París, la Gare d'Orléans, que parece plantada desde
> principios del mundo, el mismo ómnibus o el mismo fiacre
> de siempre, como el cochero que, amoldándose a su oficio,
> se perpetúa idéntico, […] y la obsesión de la inmutabilidad
> estalla cuando, a la tarde, en una mesa del mismo viejo res-
> taurant, el mismo mozo, con el cabello blanco ya, os saluda
> por vuestro nombre y emprende la tarea eterna de confeccio-
> nar un menú que resulta siempre el mismo.

Por el contrario, un argentino que en el último cuarto de siglo
sólo haya visitado esporádicamente a Buenos Aires,

> llegado a la plaza de la Victoria se encuentra con que todos
> los aspectos de su infancia, esas visiones que vinculan pro-
> fundamente para una vida entera, se han transformado. En un
> primer regreso, la torre del Cabildo desaparecida; más tarde
> la vieja Recova, luego el teatro Colón, la clásica esquina de
> Olaguer y, por fin, la Avenida de Mayo, que se abre ante sus
> ojos tan inesperada, tan insólita, que parece inverosímil.
> ¿Cómo es posible que en ese kaleidoscopio constante se lle-
> gue a la sensación del hogar?

Por ello le parecerán lamentables las transformaciones de la
Avenida de Mayo y abominable –invirtiendo la citada valoración sarmientina– la ciudad de La Plata, "que cuando deje de

---

[37] S. Calzadilla, *Las beldades de mi tiempo*, ob. cit., pp. 160-161.

ser campo será el triunfo de la banalidad".[38] Y si Sarmiento se entusiasmaba con la perspectiva de que el inmigrante Rosetti, al regresar a Buenos Aires después de una visita a su país natal, "no va a reconocer su calle, su antiguo alojamiento, porque ha sido sustituido por un palacio", Miguel Cané en el mismo regreso confiesa que, a riesgo de ser tratado de bárbaro, le sería muy grato "ver algún aspecto de mi infancia, [...] con mucho pantano y mucha pita".[39]

Como para Proust, la patria de Cané, entonces, está en la infancia, y ésta se rememora en espacios que la ciudad ha invadido. Puede así inscribir esta pérdida en su memorial de agravios, y sumarle a la modernidad el lamento por la disolución de un orden jerárquico dotado de un mecanismo de relación con los otros que circula como donación de reconocimiento de arriba hacia abajo, y que, en su ahora, percibe violentado por la caída de la deferencia. En un párrafo multicitado e imprescindible de su artículo "En la tierra tucumana" se quejó de que "la ola de cosmopolitismo democrático" disolviera una serie de tradiciones que él llama rurales pero que en rigor remiten a un archivo de

---

[38] M. Cané, *Cartas a mi hija*, cit., pp. 42 y 44, y *Notas e impresiones*, Buenos Aires, La Cultura Argentina, s/f, pp. 53 y 338-339.

Llama la atención esta descripción de Cané de uno de los puntos más dinámicos del París de entonces, como lo testimonian las guías de la época, así como sus descripciones tradicionalistas de la Ciudad Luz, teniendo en cuenta que en esos años ella extrae parte de su movilidad y modernidad por sus logros en materia de brillo comercial. Allí "la capital francesa saca ventajas al más grande emporio del mundo, Londres, ya que acoge cinco exposiciones universales contra dos de la capital británica", mientras la exposición de 1889 será visitada por 25 millones de personas (Christophe Charle, *París fin de siècle. Culture et politique*, París, Ed. Du Seuil, 1998, p. 11).

Por otra parte, al llegar a París en 1885, Freud no tiene dudas de estar ante una sociedad colocada en las antípodas de la conservación: "Es un pueblo sujeto a las epidemias y a las convulsiones de masas históricas, y que no ha cambiado desde que Victor Hugo escribió *Notre-Dame de París*" (cit. en Susanna Barrows, *Miroirs déformants. Réflexions sur la foule en France à la fin du siècle XIX*, París, Aubier, 1990, p. 13).

[39] D. F. Sarmiento, *Condición...*, ob. cit., y M. Cané, *Cartas a mi hija*, ob. cit., París, marzo de 1896, pp. 44 y 46.

valores señoriales, porque aquel secreto halago que se ha perdido era "la expresión de respeto constante, la veneración de los subalternos como a seres superiores, colocados como por una ley divina inmutable en una escala más elevada, algo como un vestigio vago del viejo y manso feudalismo americano". De allí se desencadena otra vez el *ubi sunt*, que esta vez traduce un modelo de sociedad concebido sobre la base de un inclusivismo jerarquizante de los sectores subalternos.

> ¿Dónde, dónde están los criados viejos y fieles que entreví en los primeros años en la casa de mis padres? ¿Dónde aquellos esclavos emancipados que nos trataban como a pequeños príncipes, dónde sus hijos, nacidos hombres libres, criados a nuestro lado, llevando nuestro nombre de familia, compañeros de juego en la infancia, viendo la vida recta por delante, sin más preocupación que servir bien y fielmente? El movimiento de las ideas, la influencia de las ciudades, la fluctuación de las fortunas y la desaparición de los viejos y sólidos hogares, ha hecho cambiar todo eso. Hoy nos sirve un sirviente europeo que nos roba, se viste mejor que nosotros y que recuerda su calidad de hombre libre apenas se le mira con rigor". Como contrapartida emerge la revalorización de las provincias del interior y sobre todo de las campañas, donde "quedan aún rastros vigorosos de la vieja vida patriarcal de antaño, no tan mala como se piensa.[40]

Las apreciaciones de Cané se montaban sobre una estructura de creencias anterior, inscriptas sobre el fondo del romanticismo y una retícula ideológica de corte aristocrático que será una de las constantes de su pensamiento, en el cual, en términos weberianos, predomina una autopercepción menos de clase que de estamento, en tanto categoría que se aparta de conceptos puramente económicos y en cambio remite al "honor" y se refleja en un

---

[40] M. Cané, *Prosa ligera* [1903], Buenos Aires, La Cultura Argentina, 1919, p. 123.

"estilo de vida".[41] Es lo que se observa en los *Ensayos*, que recopilan notas escritas entre 1872 y 1876. Allí es donde se puede percibir una temprana impugnación a la apatía constante de la vida moderna, así como la recurrente oposición romántica entre "un mundo obscuro, materialista, descreído, sin fe, sin grandes pasiones", que determina que los poetas sean "sombríos como las tumbas y tristes como la noche".[42]

Para esa conformación intelectual, proveedores de categorías y tópicos fueron Ernest Renan e Hyppolite Taine. No eran por cierto modelos extraños para quien tuviera sus faros instalados en el horizonte de la cultura francesa, dado que sus influencias en la segunda mitad del siglo XIX sólo eran comparables a la que Voltaire y Rousseau habían ejercido en el XVIII, por lo que pudo decirse que "Francia había perdido los dos ojos al morir Renan (1892) y Taine (1893)".[43]

El propio Cané ha registrado su impresión al encontrarse con Renan en sus cursos de París, y reconocido "la influencia de aquel hombre sobre mis ideas juveniles, la transformación completa operada en mi ideal de arte literario por sus libros maravillosos, la música inefable de su prosa serena y radiante". Puede indicarse asimismo, para el reconocimiento que hace Cané de una jefatura intelectual, su referencia a ese cura tan mediocre que "jamás leyó una página de Renan"; o la valoración de Anatole France como quien, pero después de Renan, es el único en manejar "la lengua francesa con esa maestría incomparable", o finalmente la colocación de Renan por sobre Nietzsche en el siglo XIX y a la altura de Descartes en el XVII y de Voltaire en el XVIII.[44]

---

[41] Cf. D. Sayer, *Capitalismo y modernidad*, Buenos Aires, Losada, 1995, p. 121.

[42] M. Cané, *Ensayos*, Buenos Aires, La Cultura Argentina, 1912, pp. 166 y 168.

[43] Wolf Lepenies, *Las tres culturas*, México, FCE, 1994, pp. 52 y 53.

[44] M. Cané, *En viaje*, ob. cit., p. 65; *Prosa ligera*, cit., p. 125; *Notas e impresiones*, cit., pp. 230-31; *Cartas a mi hija*, ob. cit., p. 60.

Del carácter de guía intelectual adjudicado a Renan por este estrato de intelectuales

Por su parte, Taine ofrecía, para una estructura ideológica como la de Cané, un espejo en el cual reconocerse, por tratarse de alguien que también había vivido de manera extremadamente conflictiva los valores de la modernidad. Había deplorado así la irremediable pérdida de la totalidad del hombre antiguo y la conformación de una sociedad democrática donde imperaba la alienación de las masas. Pero –a diferencia de Cané– había rescatado de ella sobre todo la ciencia, no tanto como instrumento de dominio sobre el mundo sino como "un alimento espiritual y una nueva fe".[45]

En principio, la confianza de Renan en esto había sido análoga, tal como la expresó en *El porvenir de la ciencia* (escrito en 1848-49 pero publicado en 1890), libro exitoso al que Charles Péguy considerará el breviario de esa generación de republicanos y fundador de "la superstición de la ciencia moderna". Allí sostiene su apuesta en favor de un proceso civilizatorio centrado en el desarrollo científico: "La ciencia, y sólo ella, puede dar a la humanidad aquello sin lo cual ella no puede vivir, un símbolo y una ley". Mas si todo este libro es –en clave positivista– una consumada sacralización de la ciencia, esa admiración se mudará en preocupación frente a la extensión de ésta a la técnica, cuando asista en París a la exposición universal de 1855 y juzgue a su época "como decadente en su materialismo y su culto democrático de la tecnología ofrecida a las masas como

---

da cuenta además el borrador de la carta dirigida a este último en 1890 por Adolfo Saldías comunicándole la verificación de la teoría del francés acerca de la superioridad de algunas lenguas (que era la marca de la superioridad de esas razas) en el caso del idioma de los indios pampas. El borrador, en J. M. de Rosas, *Gramática y diccionario de la lengua pampa*, Buenos Aires, Ed. Albatros, 1947 (cit. por L. Kornfeld e I. Kuguel, "Dos proyectos de integración del indígena a la nación argentina", en *Letterature d'America*, Fac. di Lettere e Filosofia dell'Università di Roma 'La Sapienza', año XV, núm. 59, 1995, p. 172).

[45] Regina Pozzi, *Hyppolite Taine. Scienze umane e politica nell'Ottocento*, Venecia, Marsilio, 1993.

panem et circences".[46] En este aspecto, existen en la trayectoria del autor de la *Vida de Jesús* dos derivas intelectuales que representan bien las relaciones ambiguas con la modernización que Cané compartirá: una valoración admirada ante la ciencia que se va trocando en desconfianza, por una parte, y por la otra una celebración de la revolución que se invierte en alarma ante la irrupción de las masas en la escena pública.

Entre nosotros, el publicista Federico Tobal había mostrado, en una "disertación económico-filosófica" de 1869 y en sus notas para los diarios *El Constitucional*, *El Plata* y *La Nación* de 1884, otra vez el mismo pasaje desde el optimismo hacia la preocupación con referencia a la cuestión de la técnica. En su tesis, apadrinada por el entonces rector de la universidad Juan María Gutiérrez y mediante un movimiento intelectual típicamente comteano de romantización de la ciencia, Tobal había adherido sin más a la firme creencia en un progreso continuo dentro del cual la tecnología resultaba esencial. "Es así como las distancias se estrechan o desaparecen por la electricidad y el vapor, suprimiendo el tiempo y el espacio y dándole al hombre en cierto modo la omnipresencia de la Divinidad".[47] En cambio, en sus *Cartas desde Europa*, y en una suerte de balance de su siglo ("el más vulgar, el más bullicioso, el más soberbio y el más altivo"), si bien persiste en el reconocimiento de un progreso científico que vuelve a colocar a la humanidad en un rol prometeico, simultáneamente considera que el ensimismamiento en su propia riqueza impide al ser humano ver los ideales, y entonces "sólo aspira a los goces sensuales de la posesión, desarrollando en sus almas la pasión de su epicureísmo [*sic*] literario, que aletarga el pensamiento y enerva las fuerzas". "De

(Marginal handwritten notes:) Tobal · No es el como cuya un critica social de la tecnica

---

[46] Cit. en Henri Peyre, *Renan*, París, Presses Universitaires de France, 1969, pp. 44-45.

[47] F. Tobal, *Economía política. Las máquinas a la luz del progreso humano*, disertación económico-filosófica presentada a la universidad para optar al grado de doctor en jurisprudencia, Buenos Aires, Impr. y Librería de Mayo, 1869, pp. 27 y 55.

aquí que hayamos caído en el error, como recuerda Tocqueville, […] de solicitar el bienestar separándolo de la virtud".[48]

Esta misma tensión entre ciencia e ideal seguirá funcionando como una preocupación profunda en Cané, quien desde sus primeros textos expresaba parecida inquietud, creyendo que el mundo moderno está cansado porque "pesa sobre él la ciencia de veinte siglos y la tremenda responsabilidad de un porvenir incierto". Fatigada por el cálculo, aniquilada por la duda, esta civilización tanto más conocedora cuanto menos feliz, se contrapone a la Grecia clásica, donde "aún reinaban los dioses […] y todavía no se había aplicado la fórmula abstracta a las maravillas celestes".[49] En 1897 relata desde París su visión del automóvil como el "espectáculo desgraciado de un coche sin caballos, moviéndose sin gracia, como un cuerpo humano amputado, que se arrastra hábil y desairadamente".[50] Esta contrastación entre la gracia aristocrática y el burdo mecanismo conforma una antinomia típica que se inscribe dentro de la oposición cualidad/cantidad –reactivada para enjuiciar los efectos de la modernidad–, y dentro de la figuración que contrapone el desarrollo unilateral técnico y utilitario con un despliegue totalizador, armónico y espiritualizado.

En este molde fuertemente polarizado se seguirá vaciando la contrafigura ética y estética del "yankismo". Al proseguir tempranas apreciaciones de Alberdi que contestaban la admiración del Sarmiento de los *Viajes* por el modelo norteamericano, si algo le desagrada a Cané en su paso por Nueva York es el hecho de que, "fuera de las mujeres, se puede recorrer la gran ciudad en todo sentido sin encontrar nada que despierte las ideas altas que el aspecto del arte suscita".[51] Porque en definitiva a ese

[48] F. Tobal, *Cartas desde Europa*, Buenos Aires, C. Casavalle Ed., 1884, pp. 281, 283, 287 y 288.
[49] M. Cané, *Ensayos*, ob. cit., pp. 179-180.
[50] M. Cané, *Notas e impresiones*, ob. cit.
[51] M. Cané, *En viaje*, ob. cit., p. 305.

pueblo le falta el aura de la distinción, la delicadeza, el tacto exquisito, la "preparación intelectual para aprender los tintes vagos en las relaciones de la vida, fuerza moral para elevarse sobre el utilitarismo", virtudes todas ellas "que sólo se adquieren por un largo comercio con ideas ajenas a la preocupación de la vida positiva". Y así como el reaccionario Veuillot se quejaba de las calles rectangulares de la París modernizada, igualmente Cané lamenta en las calles espaciosas y cómodas de Estados Unidos la ausencia de "aquellas encrucijadas de París, de Viena y de las ciudades italianas". Allí, por lo demás, el lujo es inaudito, "pero un hombre de gusto, con la mirada habituada a la percepción de las delicadezas europeas, nota al instante cierto tinte especial: el sello del advenedizo, que no ha tenido tiempo de completar esa dificilísima educación del hombre de mundo de nuestro tiempo, capaz de distinguir, al golpe de vista, un bronce japonés de uno chino, un Sévres de un Saxe, una vieja tapicería de una moderna".[52]

Que estas impresiones eran mucho más que argentinas queda de manifiesto con recorrer –como propuso Ángel Rama– las *Escenas norteamericanas* de Martí y allí recuperar esos atroces panoramas de la vulgaridad urbana, o recordar las impresiones de Max Weber extraídas de su primer viaje a los Estados Unidos, donde observó "la ausencia de cualquier justificación de tipo religioso o moral en su camino a la riqueza material, que los llevaría a una 'mecanización petrificada'". E. P. Belden, que escribió la mejor guía de Nueva York a mediados del siglo XIX, decía en igual dirección que las demás ciudades americanas habían sido formadas por el impulso de la religión o de la intolerancia política exterior, pero que Nueva York "estaba fundada en la expectativa de la ganancia comercial", y por ello

[52] M. Cané, *En viaje*, ob. cit., p. 305 y 304-311. La referencia a Veuillot en K. W. Swart, *The sense of decadence in XIX century in France*, La Haya, Martinus Nijhoff, 1964, p. 88.

contenía sombras morales. Análogamente, en una conferencia pronunciada por Oscar Wilde en esos años les comunicaba a los mismos norteamericanos estas reconvenciones: "Os falta en vuestras ciudades como en vuestra literatura esa flexibilidad y gracia que da la sensibilidad de la belleza. [...] Ella hace de la vida de cada hombre un sacramento, no un número en los libros de comercio".[53]

Entretanto, las teorías aristocráticas seguían desplegándose en la segunda mitad del siglo XIX, alimentadas entre las elites por el "desorden" revolucionario y por el avance de un igualitarismo mediocrizante. Anticipándose a Nietzsche, y ante el riesgo de ver a la Tierra convertida en "un planeta de idiotas calentándose al sol en la sórdida ociosidad de quienes no aspiran más que a tener lo necesario de la vida material", Renan apelaba para dirigir esas sociedades a "los progresos del arte militar, que constituirá una fuerza organizada en manos de una aristocracia intelectual y moral que será la encarnación misma de la razón".[54] Con motivos ideológicos similares pero en un contexto obviamente diferente, Cané parece obsesionado por dos preguntas básicas: cómo definir la noción de aristocracia en un país republicano, y cómo marcar de ese modo el límite entre quienes tienen derecho a pertenecer a ella y aquellos otros ante los que debe erigirse un muro de diferencias.

Estas preguntas se hallan enmarcadas por los temores y críticas ante el carácter mercantilista de la nueva sociedad, así como por la creciente presencia de las masas, tanto en sus características derivadas de la movilidad social cuanto en los problemas generados por su participación política. Y si este úl-

---

[53] Cf. A. Rama, *Las máscaras democráticas del modernismo*, Fundación Ángel Rama, Montevideo, 1985, p. 52; J. Sánchez Azcona, *Introducción a la sociología de Max Weber*, México, Colofón, 1991, p. 26; Morton y Lucia White, *The intellectual versus the city. From Th. Jefferson to Frank Lloyd Write*, Cambridge Mass., Harvard University Press, 1962, p. 22.

[54] Cit. en Henri Peyre, *Renan*, ob. cit., pp. 63 y 66.

timo punto define "la cuestión de la democracia", nuevamente el encuentro con la tradición liberal europea y su dificultad para articular positivamente la relación entre libertad e igualdad iba a resultar inevitable. Aquí de nuevo el recorrido ideológico de Ernest Renan muestra muy precisamente el *iter* que conduce desde las ya vistas expectativas confiadas en la ciencia y el progreso hasta las dudas atormentadas frente a la presencia de las masas y el consiguiente descenso de los valores considerados nobles.[55] De modo que, así como los intelectuales reaccionarios franceses habían filiado la decadencia nacional a partir de 1789, los liberales comenzaron a verla después de 1848, y esta crisis se expresó en la consigna "*Plutôt les Russes que les Rouges*". En una carta de esos años, Tocqueville expresa bien esa angustia: "La ola sigue marchando. El mar sube. [...] Se siente que el viejo mundo concluye; pero ¿cuál será el nuevo?".[56] Por fin, los acontecimientos de la Comuna terminarán por cristalizar en ellos el horror a las masas. En el mensaje de *La reforma intelectual y moral*, "escrito en las dolorosas semanas" del dramático año francés de 1871, Renan tornaba a arremeter contra las ideologías radicales, la mediocridad y el materialismo, para concluir denunciando en la democracia "el más enérgico disolvente de toda virtud que el mundo haya conocido hasta aquí".

Si éstas eran las sensaciones que los habitaban ante el nuevo panorama político-social, es necesario precisar que para estos intelectuales, tanto europeos como hispanoamericanos, el término "democracia" no significaba sólo ni prioritariamente un nuevo tipo de legitimidad política fundado en la soberanía popular,

---

[55] En su oportunidad, el notable científico Marcelin Berthelot se refirió a ese viraje al evocar la memoria de su amigo: "Ambos nos comprometimos en principio con el mismo entusiasmo en las esperanzas ilimitadas que sucedieron a la revolución de 1848. Pero Renan no tardó en descorazonarse ante las fallas y catástrofes que condujeron a la ruina de la II República, y no me siguió tampoco en mis tendencias democráticas" (cit. en Francis Mercury, *Renan*, París, O. Orban, 1990, p. 205).

[56] Cit. en K. W. Swart, *The sense of decadence in XIX century France*, ob. cit., p. 87.

sino lo opuesto a un buen orden jerárquico aristocrático. La democracia, en suma, es básicamente un hecho social y no un hecho legal, y la argumentación que ordenaba sus reflexiones remitía en lo inmediato a Rènan, a Taine y más lejos otra vez a Tocqueville: "La aristocracia había hecho de todos los ciudadanos una larga cadena que llegaba desde el aldeano hasta el rey. La democracia la rompe y pone cada eslabón aparte. Así, la democracia no solamente hace olvidar a cada hombre a sus abuelos; además, le oculta sus descendientes y lo separa de sus contemporáneos. Lo conduce sin cesar hacia sí mismo y amenaza con encerrarlo en la soledad de su propio corazón".[57] De allí que, contra esa fuerza disolvente, el restablecimiento de la realeza y en cierta medida de la nobleza le parezca a Renan un remedio adecuado para la decadencia que la derrota ante Prusia acaba de mostrar en toda su profundidad, ya que "el solo nombre de república es una excitación a un cierto desarrollo democrático malsano".[58]

Replicando esas inquietudes en un contexto por completo diferente, Cané registraba sin embargo que "hace ya más de medio siglo que Tocqueville reveló a la Europa el curioso fenómeno de la democracia natural, que había encontrado en los Estados Unidos", y de tal modo predijo "el ascendiente irresistible de las masas".[59] Y es que, en las condiciones argentinas, el cruce del fenómeno de las masas con la inmigración, y de ambos con *la marea* el tema de la democracia, son los componentes de ese preocupante fenómeno en ascenso que Cané llamará "la marea". Era la misma imagen marina que seguía apareciendo en el discurso de Lucio V. López de 1891 en la ceremonia de graduación de la Facultad de Derecho, en el cual estos fantasmas se siguen agitando bajo la ya común figura del asedio y la invasión: "Lo sé

[57] A. de Tocqueville, *La democracia en América*, México, FCE, 1957, pp. 466 y 467.
[58] E. Renan, *La réforme intellectuelle et morale*, ob. cit., pp. 14-15 y 69.
[59] M. Cané, *Prosa ligera*, ob. cit., pp. 239 y 240.

–decía–, nosotros los contemporáneos vemos la ola invasora que nos anuncia la inundación por todas partes".[60] Igualmente, Emilio Daireaux en *Vida y costumbres en el Plata*, de 1888, preveía que, si la proporción de extranjeros aumentaba, "la población indígena, anegada por esta formidable oleada, bajo esta invasión de bárbaros armados de palas, vería completamente en peligro su influencia política y directriz".

En verdad, no es imposible encontrar en Cané afirmaciones entre celebratorias y resignadas del fenómeno democrático.[61] Pero él mismo revela la profundidad y la mayor extensión de convicciones contrarias finalmente dominantes. Ya en 1882 la atmósfera de París lo molesta porque lo pone en contacto con un mundo otro que no considera digno de cohabitar, y, en "el lenguaje brutal de las cartas", le confiesa a su madre "lo abominable que es esto para un hombre de mi edad y mis gustos. Lo que me revienta es el populacho canalla vociferando en las calles". En esa ciudad se juntan "desde las alturas intelectuales que los hombres veneran hasta los íntimos fondos de corrupción cuyas miasmas se esparcen por la superficie entera de la tierra".[62]

En su traducción a la política, si en un momento dice no haber concebido otra forma de gobierno que la democrática, que el gobierno republicano y representativo, en mayo de 1896 le expresa a Pellegrini que "cada día que pasa –y teniendo ante los ojos el ejemplo de esta Francia asombrosa [...]– adquiero mayor repugnancia por todas esas imbecilidades juveniles que se llaman democracia, sufragio universal, régimen parlamentario,

---

[60] "Discurso del Dr. D. Lucio V. López", en *Anales de la Universidad de Buenos Aires*, 1891, t. VI, pp. 285 y 287.

[61] "Hoy la democracia ha triunfado. Así apareció trémula y tímida primero, hasta erguirse, en el gesto enérgico que no ha terminado todavía su evolución, la noción moral de la igualdad; así surgió más tarde la radiante concepción de la solidaridad humana, hija del amor y de la caridad, que será la base, allá en remotos siglos venideros, de todo organismo social" (M. Cané, *Discursos y Conferencias*, Buenos Aires, Casa Vaccaro, 1919, pp. 54-55).

[62] M. Cané, *En viaje*, ob. cit.

etc. Pero al mismo tiempo voy adquiriendo la convicción de que ni esos principios ni los contrarios tienen importancia ninguna".[63] En un fragmento de la primera edición de *En viaje*, que luego suprimió, retoma argumentos ya frecuentados por Alberdi en *Del gobierno de Sudamérica*, según los cuales "entre la república de Estados Unidos y la monarquía española, v.g., sería estúpido el ser monarquista; y entre la república de Bolivia y la monarquía inglesa, sería estúpido ser republicano".[64] "Amo las instituciones de mi país –escribe a su vez Cané–. No soy sin embargo un fanático, y pienso que la monarquía, tal como se practica hoy en Inglaterra, en Italia, en Bélgica y España, puede ser un elemento de progreso". En definitiva, los regímenes políticos no determinan la suerte de las naciones. La prueba está en que "la monarquía hizo la Francia, la aristocracia hizo la Inglaterra, la oligarquía ha hecho a Chile, la democracia ha creado los Estados Unidos", pero también la monarquía mató a España, la aristocracia a Polonia, la oligarquía a Venecia y la democracia a la vieja Italia.[65] Eran opiniones sin duda expandidas dentro de la elite liberal, claramente consciente en algunos casos de que las vías del liberalismo y de la democracia resultaban tan independientes que sería mejor que nunca se juntaran. Eran los mismos años en que Vicente F. López escribía que, "porque somos sinceramente liberales, no somos ni podemos ser panegiristas de los extravíos democráticos con que la Revolución Francesa de 1789 se salió de los límites del gobierno libre, evidentemente incompatible con el sufragio universal y con la soberanía brutal del número, que es siempre ignorante de los deberes que impone y que exige el orden político".[66]

[63] M. Cané, *Prosa ligera*, ob. cit., p. 128, y *Notas e impresiones*, ob. cit., p. 24.

[64] J. B. Alberdi, *Escritos póstumos de Juan Bautista Alberdi*, Buenos Aires, Universidad Nacional de Quilmes, t. IV.

[65] Cit. en R. Sáenz Hayes, *Miguel Cané y su tiempo*, ob. cit., p. 212, y *Prosa ligera*, ob. cit., p. 132.

[66] V. F. López, *Historia de la República Argentina*, t. I, prefacio, p. LII.

Estas prevenciones hacia la democracia se apoyaban al fin de cuentas en la convicción de que el criterio de legitimidad no es cuantitativo sino fundado en calidades. Taine había expresado con tono desafiante en *Les origines de la France contemporaine* que "dos millones de ignorancias no constituyen un saber", y que por eso un pueblo consultado puede en rigor indicar la forma de gobierno que le gusta, pero no la que necesita, y Cané dirá en su momento que "nadie me podrá quitar de la cabeza que es una inspiración de insano dar derechos electorales a los negros de Dakar o a ciertos blancos del otro lado del agua...".[67] De estos pronunciamientos queda claro que, en esos años del fin de siglo, la elite a lo sumo puede dudar de si el criterio democrático no terminará por imponerse en el futuro; menos dudas tiene de que ese futuro debe ser realmente futuro.

Esta necesidad de enfatizar el orden aun frente a la libertad se reforzaba, a los ojos de Cané, por la profundización de la conflictividad social entre el movimiento obrero y el accionar anarquista, por un lado, y los sectores dominantes por el otro. Desde su frecuente mirador europeo, halla la prueba de la polarización política en los asesinatos de Carnot, Cánovas, la emperatriz Isabel, el rey Humberto I, el presidente Mackinley..., y concluye que "la revolución social está en todas partes" para atacar a la propiedad, es decir, a "la piedra angular de nuestro organismo social", el suelo que da vida a las nociones de gobierno, libertad, orden, familia, derecho, patria, y no sin paranoia incluye entre quienes subvierten el orden a "los nihilistas rusos, los anarquistas franceses, los socialistas alemanes, los *fasci* italianos, los huelguistas de Inglaterra y Norte América, los cantonales españoles, todos los descontentos".[68]

Pese a todo, existe allí mismo un llamamiento a la serenidad

---

[67] H. Taine, *Les origines de la France contemporaine*, París, P. Lafont, 1986, p. 4, y M. Cané, *Prosa ligera*, cit., p. 223.

[68] M. Cané, *Prosa ligera*, ob. cit., pp. 246 a 253.

y a la confianza en la coerción legal; así, si "ellos nos suprimen por la dinamita, nosotros los suprimimos por la ley". La ley –se sabe– fue la de Residencia, cuyo proyecto presentó en 1899.[69] Aprobada tres años después, cuando el conflicto político y social crecía, debe destacarse que en el momento de la presentación del proyecto "la iniciativa de M. Cané no se respaldaba en ningún argumento directo derivado de algún suceso significativo último en la Argentina".[70] Muy tempranamente había declarado su admiración por esa herramienta que ha encontrado en la legislación francesa, y a la que llama "deliciosa ley de expulsión de los extranjeros".[71] Mas si piensa entonces que una ley semejante puede ser exitosa para atacar los casos de activismo político, considera asimismo que es inútil apelar al gendarme para la resolución de la cuestión social, puesto que las huelgas que a cada instante estallan no responden todas ellas a maniobras de agitadores sistemáticos.[72] Y prosigue con una frase que

[69] En su artículo 1° decía: "El Poder Ejecutivo podrá, por decreto, ordenar la salida del territorio de la Nación a todo extranjero que haya sido condenado o sea perseguido por los tribunales nacionales o extranjeros por crímenes o delitos de derecho común". El 2° establecía que, con acuerdo de ministros, podrá ordenar la expulsión de "todo extranjero cuya conducta pueda comprometer la seguridad nacional, turbar el orden público o la tranquilidad social".

[70] I. Oved, *El anarquismo y el movimiento obrero en Argentina*, México, Siglo XXI, 1978, pp. 116-117. Cuando fue aprobada, en 1902, el diputado Gouchon se opuso categóricamente al proyecto de ley, por resultar violatorio de la Constitución.

[71] "¿De qué habló M. Lépine? Tengo para mí que su principal argumento fue una deliciosa ley de 3 de diciembre de 1849, vigente aún, que autoriza al ministro del Interior –y en los departamentos de frontera a los prefectos– por simple medida policial a expulsar del territorio francés a todo extranjero viajando o residiendo en Francia". "Consecuente con esa idea –agrega–, tuve el honor de presentar un proyecto sobre la materia, en el Senado, en 1899" (en *Notas e impresiones*, ob. cit., pp. 143 a 147).

[72] "Las huelgas, las reivindicaciones sociales legítimas, señores, no se resuelven apelando a la ley de residencia, que es una ley concebida y sancionada contra el crimen y no contra el derecho; no es movilizando el ejército y haciéndolo odioso a aquellos cuyo sudor fecunda nuestra tierra y crea riqueza nacional. No hay más solución que una, señores: abaratar la vida del obrero, que es la mejor manera de elevar su salario, suprimiendo la mayor parte de los impuestos excesivos que, al pesar sobre sus artículos de alimentación, pesan indirectamente sobre él" (ibíd.).

reitera ésta su mirada de arriba hacia abajo, en la cual el gesto de igualación con los otros no deja de albergar un motivo de distinción entre la estructura de sensibilidad del mundo de la elite y la de los simples. "¿Acaso no son seres humanos como nosotros, acaso no tienen vísceras que crujen de dolor como las nuestras, y a veces más, porque el mundo de sus afectos es más circunscripto y profundo?".[73] Sin embargo, Cané no dejará de relativizar la reforma y deslizarse por la pendiente de la coerción, como en sentido, nuevamente paranoico, lo expone en su conocida nota "La ola roja". Comprueba allí que todas las concesiones hechas al "elemento socialista" han resultado vanas, y que por ende el espíritu se inclina instintivamente hacia soluciones policiales que no excluyen las implementadas por Thiers en la sangrienta represión de la Comuna de París...[74]

De todos estos temores, algunos eran antiguos; otros, novedosos. Antiguo, el de la mercantilización de las relaciones humanas; antiguo también desde el liberalismo doctrinario lo era el del despotismo de las masas. Nueva, la conflictividad instalada incluso violentamente en el mundo del trabajo. En la Argentina, esos miedos se hallaron sobredeterminados por la cuestión inmigratoria y sus características específicas. En primer lugar, por la conocida circunstancia de que fue el país del mundo que recibió la mayor cantidad relativa de extranjeros respecto de la población preexistente; extranjeros que como también es sabido se radicaron sobre todo en el Litoral y especialmente en Buenos Aires. El censo de 1895 mostró que más de la mitad de los habitantes de esta ciudad eran de ese origen, en su mayoría italianos y españoles, y estas cifras trepaban a una proporción de cinco inmigrantes por cada nativo cuando se tomaba el segmento de los varones adultos. Al comentar esos datos, Rodolfo Rivarola manifestaba que había encontra-

---

[73] M. Cané, *Discursos y Conferencias*, ob. cit., pp. 133-134.
[74] M. Cané, en *Notas e impresiones*, cit., pp. 189-190.

do "una sustitución de la sociabilidad argentina, y no una evolución".[75] Emilio Daireaux confesó su alarma ante la circunstancia de que mientras en los Estados Unidos de América la proporción era de un inmigrante cada cien habitantes, aquí lo fuera de uno cada treinta. Entonces, desde el gobierno "se hacen cálculos, se observa ya que la propiedad se distribuye en la ciudad por dos terceras partes entre los extranjeros, perteneciendo la restante a los nacionales, y aun entre éstos figuran en gran número criollos cuyos padres eran extranjeros". Y es que los inmigrantes, lejos de adoptar la posición pasiva que desde la mirada de la dirigencia muchas veces se les adjudicaba, manifestaron una verificable actividad sindical y política pero también económica. "Pronto dominaron el comercio y la industria: en 1914 casi un 70% de los empresarios comerciales e industriales habían nacido fuera de la Argentina".[76]

Aunque los discursos de la clase dirigente hablan una y otra vez de que los extranjeros lucen más dispuestos a beneficiarse de las posibilidades del ascenso social que a ejercer las prácticas de la participación republicana, recientes trabajos muestran que esta participación no estuvo ausente, desmintiendo así la imagen de una sociedad políticamente indiferente y pasivizada.[77] Otra cuestión es que dicho involucramiento no siguiera los canales previstos desde la dirigencia, así como que dentro de ésta existiera un marcado rechazo socio-cultural hacia la inmi-

[75] Cit. en J. Isaacson, *Martín Fierro. Cien años de crítica*, Buenos Aires, Plus Ultra, 1986, p. 65.

[76] P. Gerchunoff y L. Llach, *El ciclo de la ilusión y el desencanto*, Buenos Aires, Ariel, 1998, p. 57.

[77] El libro clásico sobre el funcionamiento del sistema político es N. Botana, *El orden conservador*, ob. cit. Para el tema de la participación política de los extranjeros, véase E. Gallo, *Colonos en armas. Las revoluciones radicales en la provincia de Santa Fe (1893)*, Buenos Aires, Editorial del Instituto, 1977; Hilda Sabato, *La política en las calles*, Buenos Aires, Sudamericana, 1989, y Lilia Ana Bertoni, *La construcción de la nacionalidad en la Argentina a fines del siglo XIX*, tesis de doctorado, Fac. de Filosofía y Letras, UBA, mimeo, 1999.

gración realmente existente. En el caso de Cané, es explícito su juicio de que el progreso de las sociedades no depende de la institucionalidad política sino de "la cultura moral del individuo, que determinará la cultura y la inteligencia de la masa".[78] De allí que encontrara en ese supuesto motivos para alimentar su angustia al contemplar ya no a los inmigrantes civilizados previstos por Alberdi, sino a "una masa adventicia, salida en su inmensa mayoría de aldeas incultas o de serranías salvajes".

Por lo difundidas, a partir del 80 estas preocupaciones ante el mundo inmigratorio forman parte del sentido común de la elite. Presente de manera conspicua y conocida en la literatura de entonces, también lo estará en otros registros e intervenciones. Sin ir más lejos, el propio Alberdi se había inscripto en la lista de quienes se resentían de esa presencia concreta. En un apéndice a las *Bases*, en 1873 aclara que "gobernar es poblar" si se educa y civiliza como ha sucedido en los Estados Unidos, pero que "poblar es apestar, corromper, degenerar, envenenar un país cuando en vez de poblarlo con la flor de la población trabajadora de la Europa, se le puebla con la basura de la Europa atrasada o menos culta". También es la presencia de extranjeros lo que le hace opinar a Lucio V. Mansilla que "Buenos Aires se va haciendo una ciudad inhabitable"; a Daireaux, señalar que "la inmigración traía al Plata arquetipos destinados a tener una larga y penosa duración", y a Lucio V. López determinar que es en la Argentina "donde el mal gusto que elimina la Europa encuentra, falto de crítica, amplio refugio".[79]

---

[78] M. Cané, "Nuevos rumbos humanos", en *Prosa ligera*, ob. cit.

[79] Cf. J. B. Alberdi, "Gobernar es poblar", en *Obras selectas de Juan Bautista Alberdi*, Buenos Aires, La Facultad, 1920, t. XVII, pp. 359-360; Gladys Onega, *La inmigración en la literatura argentina*, Buenos Aires, Centro Editor de América Latina, 1978; N. Botana y E. Gallo, ob. cit., p. 27, y "Discurso de V. F. López", ob. cit., p. 285.

Esta senda al menos parcialmente desviada del proyecto inmigratorio se superponía con otros malestares de la clase dirigente ante una modernidad que acarrea un progreso material tan innegable como disolvente de viejas virtudes. Esos sentimientos van a constituirse en una suerte de profecía cumplida con motivo de la crisis financiera de 1890, que fue leída a través de una retícula eticista que, al contraponer economía con virtud, centró los orígenes de la crisis en el ansia "fenicia" de enriquecimiento a toda costa.

Las causas señaladas de esa decadencia son variadas, y sin duda están construidas desde una constelación de intereses y pujas políticas, pero existe una opinión vastamente generalizada sobre la existencia del fenómeno. De la fusión entre luchas de poder intraelite y reacciones frente la modernidad surgirá una idea condensadora que denuncia aquel "materialismo moral" como causa y síntoma de esa decadencia, y lo extiende al plano sociopolítico.

Según Gino Germani, sólo una clase reducida pero dotada de un fuerte sentimiento de legitimidad puede garantizar el tutelaje sobre una sociedad en momentos de fuertes transformaciones. Es posible comprender entonces la gravedad que la crisis del 90 implicó para el sector dirigente, que vio reabrirse las viejas disputas internas atemperadas por el éxito del roquismo. Se verifica así, dentro de una escritura realmente caudalosa, que la degradación que la clase directora percibe en un "afuera" poblado de burgueses dorados y advenedizos, se duplica en una degeneración que es más preocupante porque amenaza el corazón mismo de la elite, abriendo entonces la necesidad de un auténtico operativo de relegitimación.

A partir de dicha crisis, para impugnar el orden instaurado desde el 80, los sectores católicos contaron con el arsenal ideológico antimodernista provisto por la encíclica *Quanta cura* y el *Syllabus*, a partir del cual pudieron ilusionar un deseado desquite simbólico por su derrota en la querella de las leyes laicas.

En su discurso de El Frontón en abril de 1890, José Manuel Estrada alertaba:

> Veo un pueblo indolente y dormido que [...] se atropella en las bolsas, pulula en los teatros, bulle en los paseos, en los regocijos y en los juegos, pero ha olvidado la senda del fin, y va a todas partes, menos donde van los pueblos animosos, cuyas instituciones amenazan desmoronarse carcomidas por la corrupción y los vicios. ¡La concupiscencia arriba, y la concupiscencia abajo! ¡Eso es la decadencia!

El mismo término "decadencia" (que se verá formar parte del léxico de la elite en todo este período) es el que utiliza en el discurso de esa oportunidad Leandro N. Alem, para sostener al año siguiente en el Senado que "el gobierno actual afloja los resortes morales, cierra la vida política y dice al pueblo que sólo se ocupe de sus negocios económicos quitándole aspiraciones patrióticas". El diagnóstico compartido de la crisis forma parte asimismo del Manifiesto de la Junta Revolucionaria del 90. El gobierno –expresaba– "ha extraviado la conciencia de muchos hombres con las ganancias fáciles e ilícitas [...] y ha pervertido las costumbres públicas y privadas, prodigando favores que representan millones". Y con el título emblemático de *Una república muerta*, en 1892 Belin Sarmiento dictaminaba que "una nación puede aparentar todos los signos exteriores de desarrollo, riqueza, bienestar y gloria, y hallarse sin embargo carcomida por dentro, inerme, desorganizada e incapaz de defenderse, como la Francia en 1870".

El mal que el nieto denunciaba en ese libro, el viejo Domingo Faustino Sarmiento lo había colocado dentro de un binomio que ya no cesará de organizar las representaciones del futuro de la nación: Eldorado argentino es incompatible con la construcción de una república, porque el predominio del afán de riquezas sólo puede generar un país sin ciudadanos. Los ejemplos pueden fácilmente multiplicarse, pero basta con esta sensación compartida por un sagaz observador italiano empleado como periodista en *La Nación*. Para José Ceppi –que firmó sus impresiones con el seudónimo de Aníbal Latino y las publicó en 1886–, el mercantilismo y el excesivo afán de lucro definen un rasgo marcado de los extranjeros, armando un contraste estentóreo entre "los naturales con su desprendimiento y su inclinación al lujo y al despilfarro, y los extranjeros con sus hábitos de economía y de ahorro".[80]

Se adelantaba así desde diversos ángulos una representación que la crisis de 1890 convirtió en una certeza: las pasiones del mercado habían avanzado inmoderadamente sobre las virtudes cívicas, y erosionaban los sentimientos de pertenencia a una comunidad. Indicaban igualmente una modificación marcada respecto de la inquebrantable confianza anterior en los destinos del país, como la que ha sido señalada en el pensamiento de Mitre, para quien la evolución democrática no admite ningún obstáculo: "No hay decadencia en su última obra historiográfica; sólo se impone, al cabo, el progreso exitoso". En cambio, tanto la *Historia de la República Argentina* de Vicente Fidel López como la *Historia de la Confederación Argentina* de Adolfo Saldías, de 1892, compartían la idea de una crisis de legitimidad.[81]

Igualmente, Francisco Barroetaveña en el *Tu Quoque Juventud!*, de 1889, denunciaba la abdicación de las virtudes cívicas en "el banquete de los incondicionales", y D'Amico atribuiría esa decadencia a la caída de la burguesía de la campaña, cuyo retrato de un señorío tanto más clásico cuanto más espartano seguirá siendo reconocible décadas más tarde: "Enriquecidos con el aumento del valor de las tierras, pero tan económicos sin

---

[80] A. Latino, *Tipos y costumbres bonaerenses*, Madrid, Hispamérica ediciones, 1984, pp.13-14.

[81] N. Botana y E. Gallo, ob. cit., *passim*.

avaricia como religiosos sin fanatismo, se oponían a la civilización invasora pero concluían por aceptar el progreso. Su opulencia consistía en tener una mesa sencilla de la que estaba
excluido todo plato exótico". Desgraciadamente, sus hijos y
nietos se han dejado estropear por la civilización. Europeísmo,
especulación y consumo conspicuo son para D'Amico los males que conducen a la degeneración general y del propio sector
social, que de no ser contenida llevará a que un día "deban a los
judíos de Londres y Francfort todo el valor de sus tierras".[82]
También para Cané, al igual que en Francia, Italia o Inglaterra,
el consumo ostentoso era la marca de un rumbo perdido. "La
marcha vertiginosa del país, la alegría de la vida, la abundancia
de placeres, la improvisación rápida de fortunas, habían incan-
decido la atmósfera social. Las mujeres pedían trapos lujosos,
coches y palcos, los hijos jugaban a las carreras y en los clubs;
y el pobre padre, de escasos recursos, cedía a la tentación de
hacer gozar a los suyos y caía en manos del corruptor que hus-
meaba sus pasos."[83]

Reemergía de tal modo un ideologema constitutivo del nacimiento mismo de la cultura occidental, que ahora ingresará en
las consideraciones de la modernidad de modo complejo y ambiguo. Se trata de lo que ha sido denominado "el lamento de
Platón", surgido de la creencia en que el comercio corrompe las
costumbres puras, por lo cual desde entonces el impulso adqui-
sitivo de bienes económicos ha sido diabolizado como "típico
de la parte más baja del alma y de los estratos más desprecia-
bles de la comunidad".[84] Precisamente, esta tensión entre mer-

---

[82] C. D'Amico, ob. cit., pp. 175-177 y 165.

[83] M. Cané, *Notas e impresiones*, ob. cit., p. 131.

[84] Remo Bodei, *Geometría de las pasiones*, México, FCE, 1995, p. 13. Pocock ha descrito el modo como "en todas las fases de la tradición de Occidente hay una concepción
de la virtud –aristotélica, tomista, neomaquiavélica o marxista– para la cual la difusión de
las relaciones de intercambio es vista como una amenaza" (J. G. A. Pocock, *Virtue, Commerce and History*, Cambridge, Cambridge University Press, 1985, pp. 104 y 108 a 110).

cado y virtud habita una amplia zona discursiva del espacio intelectual argentino entre fines del siglo XIX y principios del XX,
y forma parte de las impugnaciones frente a dos de los efectos
de la modernidad: el factor económico que avanza sobre el
amado e íntimo hábitat tradicional, y la movilidad social ascendente, que coloca en manos de los de abajo bienes y estatus
hasta hace poco exclusivos de la elite. De tal manera y poco a
poco, las impresiones ya señaladas que deploran los cambios y
la velocidad de los mismos se han anudado con las que vincu-
lan ese aspecto de la modernidad con el avance del materialismo mercantilista, según la entonación estereotipada de un tipo
de elites con connotaciones señoriales que incluye un tratamiento peyorativo de "el mundo de los negocios".

Si ya Eduardo Wilde había anunciado, de acuerdo con Sarmiento, que "se avecinaba la 'era cartaginesa'",[85] Miguel Cané
construirá esta categoría recorriendo dos estrategias de razonamiento luego convertidas en un lugar común: recuperación de
la vieja oposición entre valores económicos y espirituales, y divorcio entre esos mismos valores económicos y las virtudes patrióticas. De tal modo se abría una línea argumentativa que iba
a promover la construcción de una "patria" vaciada sobre dichas virtudes.

Estas referencias dibujan el desplazamiento desde el optimismo centrado en un progreso donde el avance económico se
conjugaba con virtudes intelectuales y morales, hacia un malestar que construye la figura del afán predominante de la riqueza
como enemigo de la sociedad. El registro literario no deja lugar
a dudas al respecto, como se ha mostrado al observar el ciclo de
la novela realista y naturalista del período, en tanto construcción de un escenario social siempre amenazado por la literal infiltración de personajes portadores del virus mercantilista. Esas
críticas, por lo demás, constituían una suerte de respuesta co-

[85] Eduardo Wilde, *Tiempo perdido*, Buenos Aires, W. M. Jackson, Inc., 1945, p. XXXV.

mún en todos los sitios donde la dinámica modernizadora trastrocaba el mundo tradicional.[86]

Si contemporáneamente Durkheim creaba la categoría de la anomia para describir el fenómeno moderno de la pérdida de sentido de pertenencia al grupo, y Barrès popularizaba en *Les déracinés* (1897) el tema de la atomización de la sociedad, en la ciudad de Buenos Aires la constitución de una sociedad signada por la heterogeneidad y animada por valores económicos generó una situación que los sectores dominantes y dirigentes asimilaron con una suerte de anomia nacional ante la debilidad de los ideales republicanos y patrióticos. Es el movimiento discursivo que aparece condensado en este conocido pero imprescindible fragmento de Cané, en el que cuerpo femenino y cuerpo de la patria se comunican por la posesión de calidades semejantes (linaje, castidad), ambos al mismo tiempo amenazados por los turbios materialismos de la economía y la lascivia:

> Les pediría más sociabilidad, más solidaridad con el restringido mundo a que pertenecen, más respeto a las mujeres que son su ornamento […] para evitar que el primer guarango democrático enriquecido en el comercio de suelas se crea a su vez con derecho a echar su manito de Tenorio en un salón al que entra tropezando con los muebles. No tienes idea de la irritación sorda que me invade cuando veo a una criatura delicada, fina, de casta, cuya madre fue amiga de la mía, atacada por un grosero ingénito, cepillado por un sastre, cuando observo sus ojos clavarse bestialmente en el cuerpo virginal que se entrega en su inocencia… Mira, nuestro deber sagrado, primero, arriba de todos, es defender nuestras mujeres contra la invasión tosca del mundo heterogéneo, cosmopolita, híbrido,

---

[86] En Alemania, por ejemplo, hacia 1890 Georg Simmel cuestionaba el hecho de que después de la unificación alemana y de la guerra franco-prusiana las fuerzas sociales y políticas hubieran privilegiado el desarrollo de un materialismo práctico sobre los valores espirituales (cf. D. Frisby, ob. cit., p. 87).

que es hoy la base de nuestro país [...] Pero honor y respeto a los restos puros de nuestro grupo patrio; cada día los argentinos disminuimos. Salvemos nuestro predominio legítimo, no sólo desenvolviendo y nutriendo nuestro espíritu cuando es posible, sino colocando a nuestras mujeres, por la veneración, a una altura a que no llegan las bajas aspiraciones de la turba. [...] Cerremos el círculo y velemos sobre él.[87]

Pocos años después, su escritura ya ha recorrido una odisea por la modernidad de Buenos Aires que hemos visto iniciarse como búsqueda de la Atenas del Plata para ahora terminar encallando en la Cartago sudamericana. Como contraste con la anterior celebración de "la culta Buenos Aires", en la alocución de homenaje a Sarmiento en 1888 el orgullo de Cané se ha mutado en desazón: "Siento, señores, que estamos en un momento de angustioso peligro para el porvenir de nuestro país", porque "no se forman naciones dignas de ese nombre, sin más base que el bienestar material o la pasión del lucro satisfecha.[88]

Todas estas representaciones se especificaron en una serie de preguntas: ¿cómo tornar transparente, esto es, cognoscible y por ende gobernable, esa sociedad aluvional y magmática? (y a contestarla se abocará sobre todo el ensayo positivista); ¿cómo educar a los educadores, es decir, a la propia elite? (y las próximas intervenciones de Cané circularán en esta dirección); por fin, ¿cómo constituir el lazo social en esa realidad heteróclita? (y la respuesta apuntará a la construcción de una identidad colectiva que, como en todas partes, fue pensada en torno de unas prácticas identitarias de corte nacionalista). Esta última cuestión, la "cuestión nacional", remitió a su vez a la definición de un arco

[87] M. Cané, "De cepa criolla", 1884, en *Prosa ligera*, ob. cit., pp. 129 a 131.
[88] M. Cané, *Discursos y Conferencias*, ob. cit., pp. 95-96.

simbólico y axiológico que oficiara como fundamento legítimo de aquella identidad, y en este terreno la clase dirigente verá con inquietud que los recién llegados no se mostraban proclives a la aceptación excluyente de los símbolos patrióticos argentinos.[89]

Esas proclamas identitarias nacionalistas tenían tras de sí una estela de construcciones intelectuales, ya que en la Argentina, desde su surgimiento como país independiente, la reflexión sobre la nación había ocupado una parte considerable de las intervenciones político-intelectuales, y, como en todas partes, dicha reflexión se desplegó en relación con la organización del Estado y la consolidación de grupos de poder económico, político y cultural. Luego de las producciones de sesgo ilustrado y jacobino desarrolladas entre entre 1810 y 1830, correspondió sobre todo al ensayo romántico de la Generación del 37 tramar un conjunto de significaciones capaces de dotar de sentido a los acontecimientos de una historia que no por breve carecía de enigmas. Dentro de ese estrato ideológico fueron los escritos de Alberdi y Sarmiento los que alcanzaron la mayor entidad intelectual en la tarea por diseñar "una nación para el desierto argentino", según el título del clásico estudio de Halperin Donghi. Pero más allá de las también conocidas diferencias interpretativas y prescriptivas de los autores del *Facundo* y las *Bases*, la matriz conceptual que organiza sus discursos corresponde dominantemente a ese tipo de nacionalismo imitativo y político que Habermas ha denominado "constitucionalista" y para el cual una nación es un espacio sobre el que se realizan un conjunto de valores universales. Éste será agrupado bajo diversos epítomes (República, Civilización, Progreso...), pero no caben dudas de que no se exige

[89] Al visitar un local de la colectividad italiana, otra vez el periodista Ceppi señala que no dejó de llamar su atención que los retratos del general Mitre y del general Roca, colgados de una pared, estuviesen mirando a los de Garibaldi, Victor Manuel, Mazzini y Humberto I, colgados de la pared de enfrente, y que los guerreros argentinos de Pavón, dibujados en un cuadro, hiciesen digna compañía a los guerreros italianos de Solferino (*Tipos y costumbres bonaerenses*, ob. cit., pp. 82-83).

de ellos ni de la nación proyectada ningún carácter específico capaz de diferenciarla esencialmente de otras naciones. De tal modo, no existe en el "programa" con que se cierra el *Facundo* una sola propuesta que no tenga esas características de pretendida universalidad (porque en rigor se trata de "occidentalidad") también adscribibles a otras entidades nacionales. Por su parte, Alberdi acuñará en las *Bases* una fórmula igualmente universalista para la definición de la nación: "Recordemos a nuestro pueblo que la patria no es el suelo. Tenemos suelo desde hace tres siglos y sólo tenemos patria desde 1810. La patria es la libertad, es el orden, la riqueza, la civilización organizados en el suelo nativo, bajo su enseña y en su nombre".

En los tiempos de Miguel Cané, e inmigración mediante, se está iniciando una reconfiguración de esta temática en el seno de un exacerbado retorno de la cuestión nacional. Esta problemática dominará la polémica simbólica entre 1890 y el Centenario, cuando alcanza un momento de significativa condensación ideológica. Puede decirse por ende que en ese lapso se produce una "disputa por la nación" entroncada en la polémica por definir y/o redefinir un modelo de nacionalización para las masas y una nueva identidad nacional, querella que en sus terminales colocará, junto con aquel nacionalismo imitativo y universalista, otro de carácter diacrítico, esencialista y culturalista.[90]

Esta demanda de identidad fue planteada desde el Estado y desde la sociedad, incluyendo en este reclamo no sólo a los na-

---

[90] "Friedrich Meinecke en 1908 distinguió la *Kulturnation*, la comunidad cultural fundamentalmente pasiva, de la *Staatnation*, la nación política con autodeterminación y activa" (A. D. Smith, *La identidad nacional*, Madrid, Trama Editorial, 1997, p. 7).

Al hablar de una querella simbólica, adhiero en términos generales a la imagen "modernista" de la nación, según la cual el nacionalismo es el que crea la identidad nacional. En términos de Gellner: "El nacionalismo no es el despertar de las naciones a la conciencia de sí; inventa naciones donde no existen, pero necesita que existan de antemano algunos signos distintivos en los que basarse, incluso aunque sean exclusivamente negativos" (ibíd., p. 65).

tivos sino también –como demostró el libro de Adolfo Prieto sobre el criollismo– a los inmigrantes.[91] Para responder a esa demanda también aquí el papel de los intelectuales resultó relevante, y sus representaciones de la nación produjeron efectos simbólicos sobre estratos sociales más amplios.

Por otra parte, en el caso argentino el operativo implementado para la definición de la nacionalidad contenía un desafío simbólico novedoso, ya que si hasta entonces la dialéctica necesaria para la construcción de un Nosotros había recurrido a la constitución de un Otro instalado en la absoluta exterioridad (como en el caso del indio, de quien Alberdi había expresado que "no componía mundo" en Hispanoamérica) o en una vecindad ambigua y difícilmente asimilable al proyecto moderno con todas sus características reales (como ese habitante mestizo y nativo que era el gaucho), ahora la otredad encarnada en los inmigrantes era parte esencial del mismo programa. Éste había demandado –con una concepción ampliamente compartida por las elites occidentales– un componente racial blanco y culturalmente cristiano como el que básicamente arribaba a los puertos argentinos.

Además, al natural proceso de extrañamiento de los inmigrantes se le superpuso lo que se advirtió como debilidad de lazos comunitarios en la sociedad. Ese vacío societal trató de ser cubierto por el activismo estatal, que montó un dispositivo nacionalizador destinado a cumplir los siguientes objetivos: dotar a los inmigrantes de símbolos identitarios para incorporarlos de manera homogénea a la nación, y así inducir efectos de gobernabilidad; definir una posición de supremacía de los criollos viejos ante los extranjeros; producir nuevas identidades para limitar los efectos de anomia en los recién llegados, y competir de tal modo con otras propuestas identitarias (como las respec-

---

[91] A. Prieto, *El discurso criollista en la formación de la Argentina moderna*, Buenos Aires, Sudamericana, 1988.

tivas nacionalidades de origen, pero también otras como la católica o la anarquista); transferir y/o tramitar una crisis de legitimidad dentro de la elite; construir un fundamento simbólico estable en medio del proceso modernizador. Además, y por tratarse precisamente de una construcción simbólica, este emprendimiento ofreció un espacio de intervención y de legitimación para los intelectuales, en un momento en que no lo hallaban ni en un mercado todavía por crearse ni en un mecenazgo en vías de extinción. Todo ello, por fin, en el marco de una época signada por agudos conflictos internacionales que exacerbaban las pasiones patrióticas y que en la Argentina se materializaban en la inminencia de una guerra con Chile.

Justamente, y recuperando concepciones del nacionalismo romántico herderiano, Renan había dictado en la Sorbona el 11 de marzo de 1882 una conferencia de vasta repercusión (*"Qu'est-ce qu'une nation"*) donde defendía la tesis de que "un país no es la simple adición de los individuos que lo componen; es un alma, una conciencia, una persona, una resultante viviente". Llegaba así a la definición tantas veces repetida después: "Dos cosas constituyen esta alma. [...] Una se halla en el pasado y la otra en el presente. La posesión común de un legado de recuerdos y el consentimiento actual. [...] Ella supone el deseo claramente expresado de continuar la vida en común".

En la Argentina, ese pasado común estaba por construirse, y el "plebiscito cotidiano" se veía dificultado por la presencia de una formidable masa de extranjeros mal dispuestos a nacionalizarse y que ofrecieron a la mirada de la elite la imagen de una sociedad excesivamente heterogénea. Este fantasma de la heterogeneidad había sido tempranamente percibido por Vicente Quesada al observar en Nueva York un espejo que adelantaba un futuro indeseable. "Esa ciudad no tiene carácter propio –pensaba–; diríase que es una ciudad de tránsito [...]. No hay, pues, un carácter típico nacional, no hay pueblo-nación, son porcio-

nes fragmentarias de muchos pueblos que aún no se han fundi-
do en una entidad."[92]

Esos males del avance modernizador en la Argentina sólo pueden ser resueltos, para Cané, "desde arriba", pero en ese arriba
debe ubicarse un sector legítimo en el ejercicio de la dirección.
Nada innovará en este sentido en la concepción general que
había guiado a la elite argentina en su visión de la relación entre gobernantes y gobernados: una minoría dirigente que construye una sociedad y se autolegitima en el linaje, el saber y la
virtud, verificando el paisaje relatado por Botana en *El orden
conservador*:

> Esta gente representó el mundo político fragmentado en dos
> órdenes distantes: arriba, en el vértice del dominio, una elite
> o una clase política; abajo, una masa que acata y se pliega a
> las prescripciones del mando; y entre ambos extremos, un
> conjunto de significados morales o materiales que generan,
> de arriba hacia abajo, una creencia social acerca de lo bien
> fundado del régimen y del gobierno.

En el caso de Cané, ese conjunto de significados se iba a construir sobre la convicción de que el núcleo del proyecto nacional
ya no podía abandonarse a la espontaneidad de la economía y
del mercado (devaluados por la crítica antimercantilista), y en
cambio era menester poner diques de virtud frente a la marea
fenicia. Entonces solía recurrirse con familiaridad a la definición republicana clásica, entendida como sustracción de energía
del interés privado para ser canalizada hacia los asuntos públicos. De allí que el esquema finalmente adoptado volvió a ser el

---

[92] V. Quesada, *Memorias de un viejo*, ob. cit., p. 367. En el capítulo dedicado a Ernesto Quesada se verá de qué modo fue debatida la cuestión nacional en esos años.

de una república aristocrática, donde los que mandan tutelan a la sociedad hasta la emergencia de la república real, cuya llegada estaría indicada por el preciso momento en que las masas hubiesen internalizado aquellos principios. En cuanto a las calidades necesarias de esa aristocracia, nuevamente estaban vaciadas sobre un molde renaniano, tal como Groussac lo entendía al definirlas dentro del mundo de los bienes del espíritu: "Es que la civilización [...] marcha a impulso de un grupo selecto que domina la muchedumbre [...], una aristocracia intelectual".[93] La confianza en la capacidad de esa clase para poner en marcha un dispositivo integrador de los recién llegados la había visto en práctica en los Estados Unidos. Allí observó "uno de esos grupos toscos, judíos del fondo de la Polonia, levantinos, haraposos, calabreses de los montes", pero que no provocan ninguna inquietud entre la clase dirigente porque ella sabe "con cuánta rapidez, en una generación, la poderosa máquina tritura, transforma y homogeneiza esa masa exótica".

También para Cané el primer requisito del buen orden reside en la definición y presencia de una aristocracia. A su vez, las calidades que esa minoría debía contener habían sido vislumbradas como contracara de las carencias de la vida norteamericana en la década de 1880, puesto que "aristocracia quiere decir distinción, delicadeza, tacto exquisito, preparación intelectual para apreciar los tintes vagos en las relaciones de la vida, fuerza moral para elevarse sobre el utilitarismo".[94] De allí que una encarnación positiva de ese ideal lo encuentre en el *foyer* del Covent-Garden en los días de temporada:

---

[93] Paul Groussac, *Del Plata al Niágara*, ob. cit., pp. 315-316. "La conciencia de una nación –había escrito Renan– reside en la parte esclarecida de una nación. [...] La civilización en su origen ha sido una obra aristocrática. [...] Patria, honor, deber, son cosas creadas y contenidas por un pequeño número en el seno de una multitud que, abandonada a sí misma, las deja caer" (*La réforme intellectuelle et morale*, ob. cit., pp. 67-68).

[94] M. Cané, *En viaje*, ob. cit., pp. 304 a 306.

He ahí el lado bello e incomparable de la aristocracia, cuando es sinónimo de suprema distinción, de belleza y de cultura, cuando crea esta atmósfera delicada, en la que el espíritu y la forma se armonizan de una manera perfecta. La tradición de raza, la selección secular, la conciencia de una alta posición social que es necesario mantener irreprochable, la fortuna que aleja de las pequeñas miserias que marchitan el cuerpo y el alma, he ahí los elementos que se combinan para producir las mujeres que pasan ante mis ojos y aquellos hombres fuertes, esbeltos, correctos, que admiraba ayer en Hyde Park Corner. La aristocracia, bajo ese prisma, es una elegancia de la naturaleza.[95]

En el mismo sentido, Lucio V. López consideraba preciso recordar que la democracia es "el gobierno de las clases intelectuales, de los varones justos y capaces de la república", ya que no puede haber "nada más plebeyo y nada más contrario a la virtud republicana que la familia bastarda de los enriquecidos anteponiéndose al elemento pensador de la nación".[96]

Una precisión mayor, y distintiva de esta aristocracia europea, la hallamos allí mismo donde se producía su invocación a "cerrar el círculo", cuando el alter ego de Cané pronuncia la defensa de lo que llama "las aristocracias sociales". Ya que si en las instituciones debe imperar la igualdad más absoluta regida por la ley, cuando se trata del perfeccionamiento de la especie, dado que esos valores se obtienen por "una larga herencia de educación, por la conciencia de una misión casi diría providencial", allí encuentra su razón de ser una aristocracia, que "entre nosotros existe y es bueno que exista". Se trata entonces de una aristocracia social de la virtud y del talento en tanto cualidades no heredadas sino cultivadas mediante una prolongada educación que permita adquirir eso que llama "una concepción de la vida".

[95] Ibíd., pp. 69 y 71.
[96] "Discurso del Dr. D. Lucio V. López", ob. cit., p. 288.

En el discurso pronunciado en la inauguración de la estatua de Sarmiento el 25 de mayo de 1900, Cané retoma la cuestión: "Ésa es la ruta que nos trazó y ésa la que debemos seguir; por la cultura intelectual, que trae siempre consigo como primera consecuencia la elevación del nivel moral, iremos a la formación de una vasta clase gobernante que asegure el porvenir; por la adopción de todos los progresos de la ciencia y la industria, a la riqueza y la prosperidad".[97]

Esa cultura de la clase dirigente debe serlo en un sentido integral, es decir, no sólo debe perseguir una formación intelectual, sino apuntar a la construcción de un *ethos* que implica la adopción de hábitos formados a través de una entera sociabilidad institucionalmente programada. De tal modo, se colocaba el acento en la configuración de una elite diseñada sobre un conjunto de virtudes morales y estéticas. En su proyecto de creación del Jockey Club, Cané explicita que "no será, como los de Viena o París, un círculo cerrado y estrecho, una camarilla de casta, en que el azar del nacimiento, y a veces de la fortuna, reemplaza toda condición humana"; por el contrario, será "una selección social, vasta y abierta, que comprende y debe comprender a todos los hombres cultos y honorables".

Si para Alberdi el lugar de fragua de los usos y costumbres era la sociedad civil, y para Sarmiento y Mitre "la sociedad política y con la forma de gobierno republicana",[98] para Cané la civilización tiene su palanca en una minoría cultivada con capacidad para difundir su cultura. El orden republicano requiere un sistema de talentos, prácticas, saberes y virtudes (también de haberes que alejen de "las pequeñas miserias que marchitan el cuerpo y el alma"), todos ellos desenvueltos en el seno de una sociabilidad definida y apuntada a una aristocracia cultural. La clave del lugar imaginado para esa palanca civilizatoria reside

---

[97] M. Cané, *Discursos...*, ob. cit., pp. 94-95.
[98] N. Botana y E. Gallo, *De la República posible...*, ob. cit., p. 23.

en la siguiente afirmación de Cané: "Digámoslo o no, el hecho innegable es que somos republicanos en la vida política, esencialmente aristocráticos en la vida social".[99]

Hacía algunos años, W. H. Hudson, sabedor desde su lente finalmente inglesa de que libertad e igualdad son difícilmente compatibles con un buen orden político, había percibido que la Banda Oriental había decidido pagar por la conciliación de estos principios un precio, y que ese precio era la pobreza, la cual alimentaba a la libertad.[100] El precio que Cané suponía pagadero por ese modelo de república era, en cambio, la misma libertad (al menos de algunos), con la consiguiente tensión que ello abría en el corazón de la doctrina liberal. Por eso, aunque le resulta evidente que la ley de residencia "no condice con los principios de fraternidad universal de que se jacta el liberalismo moderno", es no obstante "la ley más cómoda y más útil que conozco".[101]

Tampoco en el terreno económico se encuentra un Cané dispuesto a encolumnarse tras un programa liberal rígido de ideas, sino más bien a ejercer un uso pragmático de las mismas. Al evocar su participación en las pugnas en torno del proteccionismo y el libre cambio en la década del 70,[102] considerará que "la galería universal está ya fatigada de aquellos enfáticos duelos entre el proteccionismo y el librecambio que nos maravillaban hace un cuarto de siglo. [...] Hoy, en esa materia, ningún hombre sensato es adepto de una escuela, ni nadie, en el poder, cree abdicar principios siendo alternativamente proteccionista o librecambista".[103]

[99] Cit. en *Miguel Cané y su tiempo*, ob. cit., p. 212.

[100] W. H. Hudson, *La tierra purpúrea*, prólogo de Ruben Cotelo, Montevideo, Instituto Nacional del Libro, 1997, p. 15.

[101] M. Cané, *Notas e impresiones*, ob. cit., p. 144.

[102] Cf. J. C. Chiaramonte, *Nacionalismo y liberalismo económicos en Argentina. 1860-1880*, Buenos Aires, Solar/Hachette, 1971.

[103] M. Cané, *Notas e impresiones*, ob. cit., pp. 302-303.

En definitiva, el diseño final de su perfil político lo hallará en el liberalismo conservador que conoció en Colombia, encontrando su propio lugar en un estricto centro que llama "liberalismo templado". Es entonces cuando teme –con inocultada entonación *à la Taine*– el destino de los moderados ante la fuerza de los extremismos, que ilumina asimismo el sitio político que Cané desearía ocupar, ejemplificado en la Asamblea Legislativa francesa de 1790: "De un lado, la intransigencia del antiguo régimen, los restos del feudalismo señorial y eclesiástico"; "en frente, el grupo de los innovadores, con los terribles cuadernos de quejas en las manos, el espíritu nutrido de Rousseau, grupo encarnado en esos obscuros abogados de provincia sin la menor noción de gobierno y con la misión única y fatal de derribar. En el centro, Mirabeau, Barnave, los Lameth, Lafayette, ... queriendo unir en un abrazo de conciliación el pasado y el porvenir, regenerar la monarquía por medio de la libertad, ponderar la libertad por medio de la institución monárquica". Dado que, en suma, "los verdaderos y únicos principios de gobierno consisten en armonizar el orden con la libertad".[104]

La palabra "armonía" ha sido evocada, y su extraordinaria recurrencia en el discurso de Cané es una calle real para ingresar en el estrato básico de categorías que subtiende su programa. Porque diversos tópicos reactivos que hemos visto constituirse en su discurso ante la modernización resultan vinculables con un tema que reaparece en todos los autores aquí tratados: la fragmentación de la totalidad. Ya que si la modernización contiene la tendencia a desagregar esferas de competencias autónomas tanto de prácticas como de saberes, por ello mismo instala

---

[104] M. Cané, *En viaje*, ob. cit., pp. 176-177, y *Notas e impresiones*, ob. cit., p. 144.

la búsqueda de un espacio de retotalización que ya no pueden brindar ni la religión ni la metafísica.[105]

A partir de este diagnóstico, entonces, se generaron dos alternativas básicas para recomponer la totalidad quebrada por la modernidad, con cruces de sistemas diferentes que construyen líneas complejas. Una va a ser la planteada por el positivismo, y esta impronta se hace levemente presente en Cané cuando busca la unidad de los estudios en los métodos que se corresponden "con la aspiración moderna que tiende a habituar el espíritu a descubrir la verdad positiva, por medio de la observación, la comparación, la clasificación, la experiencia, la inducción y la analogía". Porque, en rigor, Cané iba a permanecer más cerca de Renan que de Taine. Este último podía, en efecto, ser elogiado en una encuesta de *La Revue Blanche* tanto por Barrès como por Zola y luego por Durkheim, es decir, por los extremos de las posiciones en el campo cultural francés, dado que reunía en sí al hombre de letras y al científico. En cambio, Cané siempre resultará más fiel a la cultura literaria; sus acercamientos hacia las intervenciones fundadas en la ciencia revelaban que se trataba de un canon impostado sobre alguien que provenía de un estrato intelectual colocado en el borde anterior del positivismo, y que tempranamente había lamentado que "la invasión del positivismo en las artes y en las letras va ahogando en la sociedad universal todo germen de adoración a la belleza eterna". En esta nota de 1872, Cané identificaba el positivismo no sólo con una propuesta epistemológica; lo asimilaba con una concepción materialista, entendido este término en sentido moral.[106]

---

[105] El tema remite a la caracterización de Max Weber de la modernidad cultural "como la separación de la razón sustantiva expresada en la religión y la metafísica en tres esferas autónomas: ciencia, moralidad y arte" (cf. J. Habermas, *Modernidad: un proyecto incompleto*, en *Punto de Vista*, agosto 1984, y *El discurso filosófico de la modernidad*, Madrid, Taurus, 1989).

[106] "Sé que todo lo bueno, noble y generoso se va; sé que las ideas elevadas no encuentran eco ya en nuestra sociedad mercachiflada; sin embargo, hay un deber sagrado

Consecuentemente, Miguel Cané resultará un representante de la cultura estética, puesto que coloca el deseo de una nueva totalización en un modelo de belleza que remite a la noción de la armonía griega. Ya en los relatos de *En viaje* se muestra inscrito en esa representación de la naturaleza helénica de acuerdo con la versión fundada un siglo antes por Winckelmann, donde todo confluye en descripciones que construyen como términos autoimplicados las nociones de belleza y de armonía.[107] Resultó natural apelar así a "la bella totalidad" de la polis para oponerla a la fragmentación de la modernidad, y a esa forma particular de dicha fragmentación encarnada en un conflicto social que, por formar parte del fenómeno democrático, desconocía toda noción de un orden armonioso y jerárquico.

Ese programa resulta legible en el proyecto y creación de la Facultad de Filosofía y Letras de la Universidad de Buenos Aires, en 1896, que luce como una respuesta directa a aquella demanda de remoralización republicana, aristocratizante y de un esteticismo clásico. La historia de esta facultad porteña, medida con la vara de uno de sus fundadores, relata así la historia de un desencuentro que refleja en escala micro los estupores de una parte de la elite ante el curso del proceso modernizador.

Se cuenta en ese aspecto con un balance previo de la cultura letrada producido en 1891 en el corazón de la institucionalidad intelectual argentina, habida cuenta de la tradicional función proveedora de cuadros estatales asignada a la Facultad de Derecho de la universidad porteña. Allí, el hijo de Vicente Fidel, nieto de Vicente López y Planes y futuro ministro del Interior de Luis

---

de propender incesantemente al retorno de los días serenos del reinado de lo bello" (M. Cané, "Positivismo", en *Ensayos*, ob. cit., p. 19).

[107] "La naturaleza helénica, con sus montañas armoniosas y serenas, como la marcha de un astro, su cielo azul y transparente, las aguas generosas de sus golfos que revelan los secretos todos de su seno, arrojó en el alma de los griegos ese sentimiento inefable del ideal, esa concepción sin igual de la belleza, que respira en las estrofas de sus poetas y se estremece en las líneas de sus mármoles esculpidos" (*En viaje*, ob. cit., p. 48).

Sáenz Peña, comunicaba en su discurso a pares y recientes egresados que "nuestra carrera decae", porque el derecho se ha convertido en un mero artificio para ganar pleitos, y esa evidencia se construye sobre la sospecha más temible de que las clases superiores, intelectuales y dirigentes se hallan en vías de extinción, envueltas en un síndrome de escepticismo y nihilismo generalizados: "¿Qué creencias tenemos? ¿Este pueblo no cree en nada, o por lo menos ha dejado de creer? [...] No somos ni artistas ni poetas, somos escépticos, y hay quien ya dice que hemos dejado de ser belicosos". La crítica de Lucio V. López dirigida hacia el interior de la propia elite es tanto más grave porque resiente la tarea tutelar que ésta está llamada a ejecutar en la promoción de una raza pura, selecta y letrada. Puesto que si la instrucción del pueblo es el resultado de la alta cultura intelectual de ciertas clases, de allí nace la necesidad de una elite cultivada para educar tanto al pueblo como al futuro patriciado. Máxime porque "en una sociedad nueva, estanque inmenso en que se derraman todas las corrientes del mundo", de esa "inmensa polenta humana" deberá salir el futuro patriciado. Mas si la elite no es capaz de superar el ambiente de mediocridad en ciernes, "no podemos esperar, señores, sino días opacos, porque un pueblo que no cultiva lo bello no tiene ideales, y un pueblo sin ideales carece de ese signo característico de la fuerza que imprime la originalidad".

Las oligarquías iletradas, la barbarie intelectual, la democracia plebeya y el ansia de goces materiales son por fin para López un enemigo temible que avanza como una irrupción persa pero sin encontrar un Temístocles que se le oponga, y en esta alegoría hiperbólica que demanda otra Termópilas puede observarse el carácter límite que le adjudica a la crisis que acaba de denunciar. Ante esa decadencia de la propia minoría dirigente, anuncia la clave de aquélla en un registro idéntico al de Cané: "En una democracia como la nuestra, a la que no emigran atenienses", se ha cometido el error de descuidar y hasta abandonar los estudios clásicos. De modo que si Lucio V. López sigue valorando que la Facultad de Derecho haya sido "de una dignidad conservadora inalterable", protesta porque no ve en ella el cultivo del espíritu clásico, que constituye para él una auténtica propedéutica y herramienta para la dirección de la sociedad.[108]

El discurso pronunciado por Miguel Cané en 1904 en el acto de transmisión de su decanato de Filosofía y Letras constituye una pieza de respuesta, trece años demorada, al llamamiento de López. Con una retórica ahora ya tocada por metáforas biologistas, el autor de *Juvenilia* dice que "la Facultad de Derecho ha muerto de aislamiento, que es la tuberculosis especial de los centros de cultura cuyos órganos no se adaptan bien a las funciones para que se crean". Y como relevo propone "a la modesta Facultad de Filosofía y Letras", en cuya sede se halla "el porvenir intelectual de nuestro país", destinada a ser en sí misma un correctivo para el particularismo y la especialización.[109]

En rigor, ése había sido parte del proyecto fundacional. Al asumir en 1888 la tarea de organizar dicha facultad, Norberto Piñero y Eduardo L. Bidau manifestaron que, ante el inexorable desarrollo de "la riqueza, los bienes de fortuna, las industrias, el anhelo de la opulencia y los negocios, [...] es necesario difundir los altos conocimientos filósoficos, las artes y las letras, para que los caracteres no se rebajen y no miren, como el propósito supremo, la acumulación de intereses materiales".[110] Prosiguien-

---

[108] Todas las citas anteriores corresponden al "Discurso del Dr. D. Lucio V. López", ob. cit., pp. 284-295.

[109] "El espíritu universitario y el método científico", en *Discursos y Conferencias*, ob. cit., pp. 19-20. Julio Ramos ha señalado el papel de la literatura en análogo emprendimiento: "La literatura emerge como disciplina universitaria, paradójicamente, criticando la especialización, legitimándose a base de un concepto aurático de 'cultura' como esfera donde podía reconstruirse el 'hombre integral', fragmentado en la cotidianidad moderna por la especialización" (J. Ramos, *Desencuentros de la modernidad en América Latina. Literatura y política en el siglo XIX*, México, FCE, 1989, p. 62).

[110] N. Piñero y E. L. Bidau, *Historia de la Universidad de Buenos Aires* en *Anales de la Universidad de Buenos Aires*, tomo I, Buenos Aires, Imprenta Martín Biedma, 1888, p. 290. Cf. *Desencuentros de la modernidad...*, ibíd., pp. 58-60.

do esos lineamientos, y al contraponer modelos, Cané verificará que las bellas letras no han surgido en los Estados Unidos debido a que "sus planos no son el esfuerzo de los maestros de la arquitectura empeñados en rimar las leyes de la gravedad en el molde de la estética, sino la obra de los mecánicos y el producto de sus usinas". La confirmación final de su diagnóstico reside en que justamente en ese mismo país, frente a ese mundo plebeyo y al cosmopolitismo pervertido de Nueva York, se encuentran Boston y Filadelfia, donde se conserva "el palladium de la aristocracia washingtoniana", ya que allá "todavía hay una escuela de griego y de latinidad".[111]

La matriz en que proyecta el tipo humano ideal que cursará las carreras de Filosofía y Letras lo construye con derivados del romanticismo y exacerbando la autonomía de la moral sobre la esfera de los intereses económicos. En su discurso de colación de grados de 1901 convoca a asistir a ese espacio intelectual a aquellos jóvenes "de grandes ojos vagos y llenos de infinitas interrogaciones", y es perfectamente visible que dicho escenario tiene las mismas características que el que, dentro de una representación análoga, había canonizado el *Ariel* de Rodó un año antes: un "huerto cerrado" donde "se constituirá la pequeña falange indispensable a toda vida nacional en armonía con la dignidad humana".

Es preciso que ese huerto sea clausurado porque sólo así podrá emanciparse del severo y duro impulso del siglo. Y entonces la función de esta institución intelectual no será la misma que en las vetustas Salamanca o La Sorbona, donde los sabios se dedican "a desentrañar el sentido de una obscura frase de algún padre de la

---

[111] M. Cané, *Cartas a mi hija*, ob. cit.

Martín García Mérou expresaba: "Con qué razón me escribía Bourel, hace diez años: 'Hoy más que nunca las bellas letras están aquí desamparadas, en camino de la más completa decadencia. Es un signo de esta época dolorosa. Progresamos, pero es un progreso material. [...] No progresamos en inteligencia ni en corazón, es decir, ¡no progresamos realmente!'" (M. García Mérou, *Recuerdos literarios*, ob. cit., p. 184).

iglesia más obscuro aún, o a estudiar en un volumen in folio el uso de la coma en el romance del Cid". Para que publicar un libro en Buenos Aires no sea lo mismo que recitar un verso de Petrarca en la rueda de la Bolsa, se debe imponer el sistema académico norteamericano, que si ha podido conciliar desarrollo económico y espiritual es porque ha colocado sus admirables facultades literarias y científicas lejos de las ciclópeas agrupaciones donde el impetuoso genio de la raza concentra su acción y su poder. De esa manera, las vibraciones del alma nacional llegan a ellos depuradas de todo elemento espurio, al establecer la imprescindible distinción entre la materia y el espíritu.[112]

Cerrar el círculo; cerrar el huerto; enclaustrarse para resguardar un ámbito jerarquizado dentro de una sociedad con tendencias igualitarias, pero también para conjurar el caos de un colectivo social magmático y aluvional, para allí distinguir entre los constructores materiales de una nación y quienes tienen la más alta misión de cultivar los valores de una patria espiritualizada. Puesto que es evidente que la facultad que Cané ambiciona se inscribe dentro del proyecto de re-espiritualización, entendiendo al espíritu como el concepto exactamente opuesto al materialismo identificado con el predominio de los valores económicos.

Existía otro aspecto por atender, y aquí el mal de la Facultad de Derecho ha consistido en vivir dentro del más estrecho espíritu de particularismo, obra de quienes "nunca quisieron concebir la Universidad de la única manera como puede constituir una fuerza, esto es, como un vínculo de elevada cohesión, capaz de dar vida vigorosa a los diversos órganos que alcanza". Dentro de la concepción que en el materialismo utilitarista denunciaba el predominio del especialismo, se trata ahora de componer un *uomo universale*, ya que "el hombre moderno, de alta cultura, no es, ni puede ser, el producto único de una escuela especial; [...] requiere, no el haber agotado las enseñanzas parciales, sino ha-

[112] M. Cané, *Ensayos*, ob. cit., p. 140, y *Discursos...*, ob. cit., pp. 49-50.

berse habituado a las generalizaciones fecundas, que sólo apoyándose en el espíritu universitario se alcanzan. Para ello se
ofrece la enseñanza de las lenguas y la cultura clásicas".[113]

Es así como, en la búsqueda de la totalidad perdida, en Cané
termina dominando el retorno a una armonización que recurre a
la moralización y estetización de la cultura, así como a la recuperación de valores patriótico-republicanos. Es por eso que pro-
pugna que, junto con aquella facultad, los hombres de buena
voluntad apoyen el establecimiento de otra institución del espíritu: "el modesto Museo de Bellas Artes que acaba de abrir sus
puertas en la Chicago argentina".[114]

En este diagnóstico no es difícil encontrar las prevenciones finiseculares hacia el especialismo, que se correspondía con análogos mensajes provenientes de Europa. Había sido objeto por
ejemplo de una intervención de Henri Bergson quien, al propugnar una enseñanza humanística, había escrito que "toda la inferioridad del animal está ahí: en un especialista". Esa posición
sería generalizada por Ernst Troeltsch cuando manifestaba su resistencia al cientificismo positivista mediante la impugnación del
intelectualismo, de la gran metrópolis, el poder del dinero, la especialización, y la matematización y mecanización del mundo.[115]

Traducidos al terreno del poder, la creencia que subyace a estas propuestas consiste en que ese tipo de formación universal
concede un punto de vista totalizador sobre la sociedad que se
pretende gestionar. Esta creencia fundaba la anglofilia de alguien como Taine, convencido de que sólo una clase superior no
dedicada a la especialización sino a las ideas generales y volca-

---

[113] M. Cané, "La enseñanza clásica", discurso pronunciado el 20 de octubre de 1901
en el acto de la colación de grados en la Facultad de Filosofía y Letras, en *Discursos...*,
ob. cit., pp. 24, 25 y 47.

[114] M. Cané, *Notas e impresiones*, ob. cit., p. 126.

[115] Cf. M. Barlow, *El pensamiento de Bergson*, México, FCE, 1968, pp. 29 y ss., y S.
Schwartzman, "El gato de Cortázar", en F. Arocena y E. de León, *El complejo de Próspero*, Montevideo, Vintén Editor, 1993, pp. 168 y 169.

da al servicio público asegura una gran sociedad. Y para esta síntesis, otra vez Renan ofrecía el ideal de "una civilización completa" que para ser tal debía tener "casi tan en cuenta al arte y la belleza como a la moral y el desarrollo intelectual".[116] En cuanto a Cané, puede verse que mantenía los viejos criterios de legitimación que debían definir a una elite: la épica y la estética. Por eso añoraba la era en que "se peleaba en toda la América por la libertad, [cuando] la lucha engendraba el patriotismo, y ese sentimiento, superior a todos, elevaba los espíritus y calentaba los corazones".[117] Precisamente, la decadencia que ve instalada en su propia época deriva de una inversión de los valores de esa tradición patricia, que promueve un conocido juicio negativo respecto de su presente: "Nuestros padres eran soldados, poetas y artistas. Nosotros somos tenderos, mercachifles y agiotistas. Ahora un siglo, el sueño constante de la juventud era la gloria, la patria, el amor; hoy es una concesión de ferrocarril, para lanzarse a venderla al mercado de Londres".[118] Podría conectarse esta opinión con el rechazo a la especialización según la interpretación de Pocock, por la cual, tempranamente, en los tiempos modernos se construyó un tópico de la lucha entre los ideales agrario y antiguo, por un lado, y comercial y moderno, por el otro. El primero elaboró una imagen de "patriota" opuesta al comerciante, hundiendo sus raíces en la tradición clásica al arrastrar "la imagen de una personalidad libre y virtuosa en tanto carente de especialización". La representación cerraba su círculo ideológico al sostener que justamente la propiedad territorial garantiza el ocio y protege de la especialización; al revés, el comercio y el artesanado son demasiado especializados para ser compatibles con la ciudadanía.[119]

---

[116] E. Renan, *Oeuvres*, ob. cit., t. II, p. 242.
[117] M. Cané, *Ensayos*, ob. cit., p. 19.
[118] M. Cané, "Positivismo", *Ensayos*, ob. cit., p. 19.
[119] Cfr. J. G. A. Pocock, *Virtue, Commerce and History*, ob. cit.

Sea como fuere, y pasados los tiempos guerreros, Miguel Cané concluye en la necesidad de una reforma de la educación de las elites, y fundamenta la necesidad de los estudios clásicos en la formación de la minoría dirigente como un modo de operar mejor sobre una realidad alterada por los resultados "bajos" de la modernidad. Había escrito ya en 1883:

> No lo sé; pero en mis momentos de duda amarga, cuando mis faros simpáticos se obscurecen, cuando la corrupción yanqui me subleva el corazón o la demagogia de media calle me enluta el espíritu en París, reposo en una confianza serena y me dejo adormercer por la suave visión del porvenir de la América del Sur; paréceme que allí brillará de nuevo el genio latino rejuvenecido, el que recogió la herencia del arte en Grecia, del gobierno en Roma, del que tantas cosas grandes ha hecho en el mundo, que ha fatigado la historia.[120]

Para ese emprendimiento tiene como ejemplo sobre todo el caso alemán, que desde las últimas décadas del siglo XIX se ha propuesto como un modelo de relevo frente la decadencia de las naciones latinas, tema cuya actualidad revelaba el éxito del libro del francés Edmund Demolins titulado *A quoi sert la supériorité des anglo-saxones*. Pero allí donde éste propone la necesidad de construir hombres prácticos alejados de las lenguas antiguas, como ese director de escuela inglés que parece un "trabajador del Far West",[121] Cané en cambio adjudica esa superioridad no a una educación fundada en disciplinas técnico-científicas, sino justamente al cultivo de las clásicas. Por eso, de los dos paradigmas antagónicos que entonces desarrollaban las universidades francesa y alemana (escuelas profesionales y establecimientos de investigación, la primera, y universidad en-

---

[120] M. Cané, *En viaje*, ob. cit., p. 46.
[121] Edmundo Demolins, *En qué consiste la superioridad de los anglo-sajones*, Madrid, Libr. de Victoriano Suárez, 1899, pp. 51 y 22.

ciclopédica y humanista, la otra), Cané se desprenderá por un momento del ejemplo francés porque "todos los que han cruzado el vasto territorio de la Unión y estudiado la organización de sus universidades hacen constar que en ellas se reproduce el fenómeno admirable de la Alemania, esto es, la coincidencia del mayor desenvolvimiento de los estudios clásicos con el más vigoroso desarrollo de la potencia nacional". Y si se trata de asimilar por momentos ambas culturas finiseculares (la científica y la estético-espiritualista), Cané lo hará canibalizando los desarrollos técnico-científicos por la cultura clásica:

> en los triunfos más sorprendentes de la mecánica, en esas máquinas maravillosas cuya acción inteligente deja atónita a la inteligencia misma, hay más resabios clásicos de lo que se supone. Vedlas funcionar, y en sus movimientos cadenciosos, en su elegante precisión, os mostrarán que fueron ideadas y perfeccionadas por cerebros en los que los maestros de la armonía griega y de la claridad latina influyeron por atavismo y por acción directa.

También el progreso en las condiciones sociales que separan a "un siervo del siglo XIV y un obrero moderno se debe únicamente a los estudios clásicos"…[122]

Justamente, el proyecto de facultad de filosofía y letras que imaginó permite replicar la representación de una sociedad escindida entre habitantes laboriosos, prácticos e instruidos en una especialización científica, por un lado, y por el otro un sector letrado, dotado de la máxima espiritualidad y universalidad. Los frutos necesarios, pero no tan dulces, de la modernidad debían ser cultivados así por la casi totalidad de los argentinos, quienes transformarán, no ya rutinaria, sino científicamente, gracias a la sólida instrucción secundaria recibida, el suelo de la patria hasta

---

[122] M. Cané, *Discursos…*, ob. cit., pp. 50, 83, 93-94, 53 y 54.

extraer el máximo de riqueza y por tanto de poder, mientras en la nueva facultad, "sin ruido, sin pretensiones, sin ambiciones casi diría terrenales, nos entregaremos a la cultura intensiva del espíritu de aquellos que, siguiendo la ley de su organismo, dan la espalda al mundo de la fortuna, para correr en pos de satisfacciones quizás más fecundas y duraderas".[123]

Dado que la formación clásica tiene tal valor estratégico en su sistema de razonamiento, se torna relevante indagar el sentido de lo clásico en Cané, que se puede construir desde dos perspectivas: la comprensión del sentido de las humanidades y de la noción de "armonía". En el primer aspecto, cuando Peter Burke se pregunta "qué era lo específicamente humano de las humanidades", responde con la definición de uno de los líderes del movimiento renacentista de recuperación de los estudios humanistas. Leonardo Bruni había afirmado que reciben este nombre porque perfeccionan al hombre, y que esa perfección es posible dado que lo que diferencia a los seres humanos de los animales es su capacidad de hablar, y por tanto de distinguir el bien del mal. Así pues, era fundamental el estudio de las materias relacionadas con el lenguaje (gramática y retórica), que de tal modo pasarían a formar parte del universo de la ética, del mismo modo que la historia y la poesía se consideraban, hasta cierto punto, ética aplicada porque "enseñaban a los estudiantes a seguir los buenos ejemplos y a rechazar los perversos".[124] Ecos de este discurso que ha atravesado los siglos y alcanzado el Río de la Plata siguen resonando en Cané:

definición

> Entiendo por estudios clásicos la especial manera de cultivar el espíritu de los hombres durante la infancia y la adolescencia, puesta en práctica en el mundo occidental a partir del Renacimiento, sistema que, combinando la luz griega y el

---

[123] M. Cané, "La enseñanza clásica", ibíd., pp. 47 y 48.
[124] Peter Burke, *El Renacimiento*, Barcelona, Crítica, 1993, p. 28.

poder de organizar de los romanos con la fuerza moral del cristianismo, ha dado por resultado la civilización actual, que, buena o mala, es lo mejor que hasta ahora se ha conocido sobre la tierra.[125]

Cuando después de la debacle del 90 se encomendó una reforma de la enseñanza a un conjunto de notables, Groussac opinó precisamente que "el latín no es una asignatura neutra", sino que configura un instrumento de formación mental al representar en la educación "la invencible preponderancia de las ideas sobre los cálculos materiales". Con ello, la cultura humanista, al par que motor de la inteligencia, "es un desarrollo moral por el contacto diario [...] con la belleza y la virtud antigua".[126] El otro cimiento categorial capaz de sostener el edificio argumentativo de Cané en este registro reside en la noción de "armonía", extraída también de un archivo que en sus extremos conduce a la concepción de la estética de Schiller como armonización entre el conocimiento y la moral. Era el modo, efectivamente, en que el filósofo alemán había dado cuenta de la fragmentación moderna y propuesto la alternativa de la educación estética.[127] En un sentido análogo, los comentarios de Cané sobre *Orfeo* de Glück iluminan su concepción acerca de la belleza armónica de los tiempos clásicos, opuesta al gesto crispado y hasta violento que percibe en la modernidad:

---

[125] M. Cané, *Discursos...*, ob. cit., p. 53.

[126] Cit. en A. Korn, "Filosofía argentina", *Obras completas*, Buenos Aires, Claridad, 1949.

[127] "¡Cuán distintos somos los modernos! [...] Hasta tal punto está fragmentado lo humano que es menester andar de individuo en individuo preguntando e inquiriendo para reconstruir la totalidad de la especie. [...] Eternamente encadenado a una única partícula del todo, el hombre se educa como mera partícula [...]; nunca desenvuelve la armonía de su esencia". Resulta entonces necesaria la educación estética, ya que "el gusto es lo que introduce armonía en la sociedad, porque infunde armonía en el individuo" (Johann C. F. Schiller, Cartas VI y XXVII de "Sobre la educación estética del hombre" en *Escritos sobre estética*, Madrid, Tecnos, 1991, pp. 111 y 214).

Así, cuando los ojos fatigados de la brutal batalla del color
en la escuela moderna, inquietados por la violencia ator-
mentada del dibujo o sacudidos por el movimiento epilépti-
co del mármol, aspiran a la impresión serenadora del arte
puro, es a las obras del arte viejo que se vuelve, a la expresión ingenua y profunda de los primitivos. En el cansancio
de la vida moderna, cuando todo reviste ese signo característico, no diré de decadencia, pero sí de fatiga, de complica-
ción, cuando el libro es un laberinto, la estatua un espasmo,
la tela un policromo, el verso un enigma y la música un
caos, se recibe como una bendición del cielo el fresco rocío
de una obra maestra, impecable en la sencillez inmaculada de
su corte.[128]

La idea de armonía que se comunica con la ética y con la estética permite asimismo un uso que la conecta con la verdad al entender a la idea de belleza como *organon*, esto es, no sólo como
aquello que garantiza el goce estético, sino que oficia de instrumento para penetrar en la esencia de la realidad. Es el motivo
por el cual Renan "asimila los 'errores de juicio' a los 'errores
de gusto', y considera que 'el pensamiento no está completo sino cuando ha llegado a tener una forma irreprochable, desde el
punto de vista de la armonía incluso'".[129]

Sobre este molde se fundirá el proyecto pedagógico de Cané
para educar a los educadores, esto es, a la elite: dicho proyecto
debe prescindir tanto del "sombrío dogma católico" como del
"árido principio del utilitarismo", y ser sustituido por "la adoración por la belleza estética". En un artículo temprano contrapo-
nía ya las "bellas artes, letras, pintura, poesía, música", a
quienes hablan de "cupones, de sheckes, de empréstitos, cotiza-
ciones y fondos públicos", y reeditaba de tal modo la antinomia

[128] M. Cané, *Notas e impresiones*, ob. cit., p. 80.
[129] E. Renan, *Essais de morale et de critique*, 1859, cit. en C. Grignon y J.-C. Passe-
ron, *Lo culto y lo popular*, Buenos Aires, Nueva Visión, 1991, pp. 171-172.

romántica entre lo útil y lo bello.[130] Es en la estela de todas esas inquietudes que impulsa la creación de la Facultad de Filosofía como una nueva institución intelectual destinada a generar una espiritualización clasicista relegitimadora, para conformar y reformar la estructura mental de la propia elite mediante una composición de cultura estética, aticismo y patriotismo republicano, como marcos del programa regeneracionista. Sobre este entramado de creencias, prospectivas y vacilaciones de la elite nació y creció el proyecto de esa facultad.

Sin embargo, su mismo desarrollo, aun bajo el rectorado de Cané, mostrará bien pronto el desatino de ese proyecto. Ya que, lejos de convertirse en una institución de la elite adecuada para aquel que había propuesto "cerrar el círculo y velar sobre él", reclutará su público entre maestras que ven allí una posibilidad de una carrera superior y alumnos que trabajan y que pueden compatibilizar esas tareas con el estudio. En 1904 éstas son las conclusiones a las que arriba el profesor de Ciencias de la Educación Dr. Francisco Berra: "No conozco alumno que se consagre por completo a los cursos de la Facultad; todos, o casi todos, tienen un empleo o ejercen alguna profesión, que les absorbe la mayor parte del día, y, algunos, hasta horas de la noche; y si hay quien no desempeñe cargo público o ejerza profesión, sigue los cursos de otra Facultad".[131] Igualmente, en los recuerdos de Roberto Giusti se cruzan apellidos de alum-

---

[130] M. Cané, *Ensayos*, Buenos Aires, Casa Vaccaro, 1919 (primera ed. 1877), pp. 180, y 18 y 19.

[131] Cit. en Patricia Funes, "Entre el positivismo y el espiritualismo", 1996, mimeo, p. 8.
Extendiendo la inquietud al conjunto de la universidad, Estanislao Zeballos observaba que "en los últimos diez años no ha salido de nuestras universidades un dos por ciento de jóvenes pertenecientes a las casas más favorecidas por el abolengo de buena cepa o por la pretensión de tenerlo. Los laureados, las medallas de oro, los estudiantes más distinguidos, pertenecen generalmente a esa gente 'no conocida', desdeñada por los otros sin razón alguna y que pronto será la dueña el país" (N. Botana y E. Gallo, *De la República posible...*, ob. cit., pp. 524-525).

nos del primer año de esa facultad que son el índice de que la institucionalidad intelectual ha empezado a ser penetrada por lo que una década más tarde Lugones llamará "la plebe ultramarina": Ferrarotti, Ravignani, Bianchi, Debenedetti... Y que los recién llegados han venido para quedarse, lo muestra también una carta de Bianchi a Giusti donde lo felicita por haber entrado a trabajar como bibliotecario en esa facultad de la que un día será decano...

Además, en esa misma institución que quería orientar prioritariamente hacia el estudio de las lenguas y la cultura clásicas, Cané ve con desagrado e impotencia que Horacio Piñero –penetrado de cultura científica y positivista– instala un laboratorio de psicofísica, o que David Peña –invirtiendo provocativamente el panteón sarmientino– dicta en esa misma facultad exitosas conferencias sobre Facundo Quiroga. En estas últimas, Peña aspira a "la vindicación de una personalidad simpática y grandiosa", sin dejar de reconocer en el caudillo riojano una serie de valores, tales como el coraje y aun el patriotismo, para concluir poniendo en labios de Quiroga una pregunta dirigida a Lamadrid que amenaza desbalancear la tradición establecida por la mayoría de sus ancestros: "¿De qué lado está la civilización? ¿De qué lado está la barbarie?".[132]

Si esto ocurría cuando Cané miraba hacia esa casa de altos estudios, cuando torcía la vista hacia la clase pudiente el panorama no dejaba de resultarle igualmente inquietante. Porque mientras observa que en Europa todos los museos e instituciones de salud u otras de bien público han sido enriquecidos por donaciones particulares de un valor incalculable, "no tengo noticia de que en nuestro país un solo ricacho, al morir, haya pensado

---

[132] H. G. Piñero, "La psicología experimental en la República Argentina, 1903, en *Cuadernos Argentinos de Historia de la Psicología*, Facultad de Ciencias Humanas, Universidad Nacional de San Luis, 1996, 311.

D. Peña, *Juan Facundo Quiroga*, Buenos Aires, Eudeba, 1968 (1906), pp. 22 y 161.

ni en su país, ni en su ciudad, ni en su aldea".[133] Así, a las debilidades históricas estructurales que padecen estos países nuevos, que no tienen "un siglo XVII como la España o la Holanda, un siglo XVIII como la Inglaterra, un Renacimiento como la Italia o un Napoleón como la Francia, que hizo beneficiar a su patria, por medios más o menos legítimos del esfuerzo universal en arte", se le agrega la indolencia y el egoísmo de la clase pudiente. Así como en el naciente museo de bellas artes no todos los cuadros son dignos de ocupar ese lugar, Cané sabe muy bien que en los muros de muchas casas particulares de Buenos Aires (las de Guerrico, Del Valle, Quintana, Uriburu, Casares, Leloir, Pereyra…) hay telas muy superiores en general a todo lo que se exhibe. "¿No sería entonces una obra patriótica y digna de buenos ciudadanos que cada uno de los propietarios de buenas colecciones ofreciera al museo dos de sus mejores cuadros?"; que "hicieran el sacrificio (¿lo es alguna vez servir a su país?) de donar uno de los mejores al Museo".[134]

En suma, que a todos estos desvíos del proyecto de nación y de la institución intelectual que prohijó, se le podría aplicar un lamento análogo al que Groussac le había confesado al propio Cané en una carta, dando cuenta de que *La Biblioteca* no saldría más por falta de apoyo oficial:

> El público pensante y leyente se ha compuesto en toda la República de 800 a 900 suscriptores, con una progresión natural que me abría perspectivas halagüeñas ¡para 1950! […] Soy, y somos, amigo mío, un cuerpo extraño en este organismo, cuyo visible ideal es el yankismo; un yankismo que odia

[133] Nota de mayo de 1896, en M. Cané, *Notas e impresiones*, ob. cit., p. 68. Eduardo Wilde había criticado en 1870 la misma falta de solidaridad por parte de muchos médicos millonarios que jamás habían establecido premios o becas para el desarrollo de los estudios de los menos pudientes (en N. Acerbi, *Eduardo Wilde. La construcción del Estado nacional roquista*, Buenos Aires, Confluencia, 1999, p. 31).
[134] M. Cané, *Cartas a mi hija*, ob. cit., pp. 126 y 128.

el trabajo. Estas democracias de bastardos profesan dos o tres odios que se refunden en uno solo: el odio del espíritu, caso particular del odio general por toda aristocracia [...] Algo ha muerto con Renan y Taine, que no ha de resucitar...[135]

---

[135] Cit. en *Miguel Cané y su tiempo*, ob. cit., pp. 460-461.

II. JOSÉ MARÍA RAMOS MEJÍA:
UNO Y LA MULTITUD

Si éstas eran las derivas finales de la propuesta fundada en la cultura estética clásica, otra versión que se ofrecía como un relevo modernizador encontrará en el positivismo las condiciones teóricas de posibilidad para plantear un diagnóstico y también un programa ante la problemática finisecular. Se ha dicho que la categoría de "positivismo" debía ser utilizada con recaudos, para no englobar bajo su rubro textos que en rigor pertenecen a una inspiración cientificista no dispuesta a adoptar todas sus variantes metodológicas y sus concepciones filosóficas. Para que estos recaudos estén mejor fundados, es preciso recordar brevemente las características centrales de dicha filosofía.

Receptor de una parte del legado kantiano, el positivismo desecha por incognoscible todo lo que no sea experimentable a través de los sentidos. En esto reside su "fenomenalismo": el sujeto cognoscente debe atenerse a los "hechos", entendiendo por tales a los fenómenos accesibles a la experiencia sensible. Esos datos se vincularán entre sí mediante un conjunto de regularidades constantes o "leyes". Semejante criterio cognoscitivo y de prueba rige para el conjunto de los conocimientos, y esta "unidad de la ciencia" impide la aceptación de metodologías diferenciadas para fenómenos pertenecientes a distintos órdenes de realidad que el positivismo, precisamente, se niega a admitir: sólo hay hechos vinculados por leyes. Esto implica declarar fuera del rango de los conocimientos legítimos a los contenidos de la religión y la metafísica, pero también de las disciplinas que contienen juicios de valor como la ética, puesto que ésta se compone de juicios prescriptivos que refieren no a la realidad sensible sino al ámbito inexperienciable del deber ser.[1]

Estos principios, desarrollados principalmente por Auguste Comte y Herbert Spencer, tuvieron una nítida repercusión en la cultura argentina. El filósofo francés gravitó especialmente sobre un fragmento de intelectuales estrechamente vinculados al normalismo argentino, como Pedro Scalabrini, Alfredo Ferreira, Víctor Mercante y Rodolfo Senet.[2] Para el período y el estrato de intelectuales que nos ocupa, en cambio, la presencia de Spencer resultó largamente dominante. El filósofo inglés había construido con enorme persistencia un sistema evolutivo destinado a dar cuenta de la totalidad de lo existente, mediante una serie de trabajos publicados principalmente en las décadas de 1860 y 1870, tales como los *Primeros principios*, *Principios de biología*, *Principios de psicología*, *Principios de sociología* y *Principios de ética*.

Según ellos, el universo era representado como un gigantesco mecanismo sujeto a una causalidad inexorable que se identificaba con la marcha misma del progreso indefinido, el cual adoptaba la forma de la gran ley de la evolución. De acuerdo con ésta, a través de una integración de materia y una disipación concomitante de movimiento, la realidad pasa en todos sus órdenes –físico, biológico, psicológico, social y moral– de una homogeneidad indefinida e incoherente a una heterogeneidad definida y coherente. Se enunciaba de tal manera una concep-

---

[1] Cf. Enzo Paci, *La filosofía contemporánea*, Buenos Aires, Eudeba, 1965, y L. Kolakowski, *La filosofía positivista*, Madrid, Cátedra, 1981.

[2] Cf. H. Biagini (comp.), *El movimiento positivista argentino*, Buenos Aires, Editorial de Belgrano, 1985, y Ricaurte Soler, *El positivismo argentino*, Buenos Aires, Paidós, 1965.

Una impronta positivista también marcó al Colegio de Concepción del Uruguay, Entre Ríos, bajo el rectorado de Alberto Larroque. Por sus aulas pasaron entre otros Julio A. Roca, Eduardo Wilde, Olegario V. Andrade, Federico Ibarguren, Victorino de la Plaza. Cf. Beatriz Bosch, *El Colegio del Uruguay*, Buenos Aires, Peuser, 1949, y Antonio Sagarna, *El Colegio del Uruguay*, Buenos Aires, Fac. Filosofía y Letras, 1943.

ción prometedora de vastas aunque no totales certidumbres, que trasuntaba optimismo respecto del destino del hombre, constituyéndose en uno de los últimos grandes relatos como filosofía de la historia dadora de sentido del mundo y de la vida.

Al pasar de ese conjunto de saberes, según la distinción de Bourdieu, a su configuración como capital simbólico (en tanto intervención que produce efectos de verosimilitud y de poder capaces de organizar visiones del mundo en ámbitos más amplios que el de los especialistas), el positivismo alcanzó en la Argentina una penetración imposible de subestimar, ofreciéndose tanto como una filosofía de la historia que venía a servir de relevo a una religiosidad jaqueada, cuanto como organizador fundamental de la problemática político-social de la elite entre el 90 y el Centenario.

Tempranos registros de la influencia del positivismo spenceriano pueden hallarse en una conocida referencia de Sarmiento en *Conflicto y armonías...* donde manifiesta "llevarse bien" con Spencer, o en la carta de 1893 de Eduardo Wilde a Roca en la que caracteriza al filósofo inglés como "la potencia intelectual más grande en el mundo", o en un artículo de Federico Tobal *Tobal* dedicado a Littré: "el Positivismo, si bien reciente y quizá en sus primeras etapas, ha ejercido ya una fuerte influencia y se ha infiltrado en las convicciones, dando ser en la ciencia el experimentalismo de Claudio Bernard, en la literatura el naturalismo de Zola y en política el oportunismo de Gambetta".[3]

En el terreno de la cultura intelectual institucionalizada, el impacto positivista marca el discurso de Rodolfo Rivarola de fines de siglo con motivo de la inauguración de la cátedra de Filosofía en la Universidad de Buenos Aires. Allí se daba cuenta de esta presencia y de su rival ideológico según la descripción de Taine contenida en *Les philosophes classiques du XIX siècle*:

---

[3] Véase H. B. Campanella, *La generación del 80*, Buenos Aires, Tekné, 1983, p. 36, y F. Tobal, *Cartas desde Europa*, ob. cit., p. 108.

Los espiritualistas consideran las causas o fuerzas como seres distintos, diversos de los cuerpos y de las cualidades sensibles […], de tal modo que detrás del mundo extenso, palpable y visible hay un mundo invisible, intangible, incorporal, que produce al otro y lo sostiene. Los positivistas consideran las causas o fuerzas, principalmente las causas primeras, como cosas situadas fuera del alcance de la inteligencia humana […]; limitan las investigaciones de la ciencia y la reducen al conocimiento de las leyes.[4]

No obstante, dentro de un tono de moderatismo y tolerancia, Rivarola realiza un balance de la cuestión donde, junto con la admiración por el emprendimiento científico y totalizador de Spencer, resulta notoria la bienvenida acordada a los aspectos abiertos a inquietudes metafísicas o espiritualistas de su sistema, al celebrar la circunstancia de que "no desdeña el estudio de las cuestiones metafísicas como lo hace en los *Primeros principios*. Admite lo incognoscible, afirmando por ello implícita y explícitamente su existencia; demuestra la relatividad de todo el conocimiento".

Algunos años más tarde, de la recepción y perdurabilidad del positivismo sobre los más jóvenes daba cuenta el discurso del graduado Mario Sáenz en la Facultad de Derecho porteña, al evocar la fascinante impresión experimentada cuando tuvo acceso a los libros de Herbart, Wundt, Ribot, Comte, Taine, Spencer, Le Bon y Sighele, que llegaron para demoler a los "desabridos y secos" Jules Simon, Balmes, Janet…[5] Y en sus recuerdos de formación intelectual, Joaquín V. González seguirá refiriéndose a Taine y Zola como integrantes de "las modernas escuelas" que reemplazaron al romanticismo, dando paso "a las novísimas teorías fundadas en la biología, la psicología y las leyes natura-

[4] R. Rivarola, *Escritos filosóficos*, Buenos Aires, Facultad de Filosofía y Letras, Instituto de Filosofía, UBA, 1945.
[5] En *La crisis universitaria*, Buenos Aires, Libr. de J. Menéndez, 1906.

les de la sociedad". Antes de hacerse socialista, Juan B. Justo relata también que sus "más importantes lecturas de orden político y social habían sido, hasta entonces, las obras de Herbert Spencer".[6]

De todos modos, si bien estas presencias positivistas y/o cientificistas eran sin duda dominantes, convivían de manera compleja con tendencias espiritualistas.[7] Una hojeada al catálogo de una de las casas editoras españolas más activas en el mercado local –la Editorial Prometeo, de Valencia– basta para encontrar a principios de siglo una oferta en donde figuran autores de aquella tendencia (Darwin, Büchner, Haeckel, Spencer, Taine) junto con quienes como Schopenhauer y Nietzsche mal podían inscribirse en la línea de la cultura científica.

En el mismo desarrollo de la enseñanza de Rivarola se encuentra ese cruce temprano de positivismo y espiritualismo, que se iba a traducir en 1904 en su Programa del Curso de Metafísica. La prioridad sin duda recae en Spencer, ya que "habría muy buenas razones para justificar la preferencia que doy a los *Primeros Principios*", pero introduce asimismo la *Crítica de la razón práctica* de Kant y textos de Fouillée, Guyau, Schopenhauer, Bain y otra vez de Nietzsche. Importante en este aspecto es la autopercepción de Rivarola, para quien el kantismo es una cuña que permite relativizar la hegemonía positivista.[8]

Y sin embargo, asincrónicamente respecto de la producción europea, el positivismo seguía gozando de un prestigio domi-

---

[6] J. V. González, *Intermezzo. Dos décadas de recuerdos literarios 1887-1910*, en *Obras Completas*, Buenos Aires, Universidad Nacional de La Plata, 1936, tomo XVIII, pp. 364-366, y J. B. Justo, *La realización del socialismo*, en *Obras de Juan B. Justo*, Buenos Aires, La Vanguardia, 1947, t. VI, p. 318.

[7] Sobre este aspecto, véase A. A. Roig, *El espiritualismo argentino entre 1850 y 1900*, Puebla, México, Cajica, 1972.

[8] "Después del período de éxito del positivismo [...] reaparece con mayor vigor la influencia de la filosofía de Kant, que propone la cuestión previa de todo conocimiento como examen crítico de la razón" (*Escritos filosóficos*, ob. cit., pp. 27 a 35).

nante en la Argentina, funcionando como ideología que se apoyaba y al mismo tiempo organizaba el saber de las ciencias. Colocaba con ello la figura del intelectual científico como la de un sacerdote laico dotado de capacidades explicativas superiores. Dicho prestigio era evidentemente inseparable del ganado entonces por la ciencia, tanto en su eficacia cognoscitiva cuanto en sus aplicaciones técnicas. Y ese prestigio oficiaba de criterio de verosimilitud transferido a los discursos que aun retóricamente adoptasen los protocolos científicos. Pocas citas como ésta del "Ensayo sobre Bacon", publicado en 1837 por el influyente historiador y político inglés Thomas Macaulay, resultan tan exhaustivamente representativas de aquel ambiente espiritual:

> [La ciencia] prolongó la vida; mitigó el dolor; extinguió enfermedades; aumentó la fertilidad de los suelos; dio nuevas seguridades al marino; suministró nuevas armas al guerrero; unió grandes ríos y estuarios con puentes de forma desconocida para nuestros padres; guió el rayo desde los cielos a la tierra haciéndolo inocuo; iluminó la noche con el esplendor del día; extendió el alcance de la visión humana; multiplicó la fuerza de los músculos humanos; aceleró el movimiento; anuló las distancias; facilitó el intercambio y la correspondencia de acciones amistosas, el despacho de todos los negocios; permitió al hombre descender hasta las profundidades del mar, remontarse en el aire; penetrar con seguridad en los mefíticos recovecos de la tierra; recorrer países en vehículos que se mueven sin caballos; cruzar el océano en barcos que avanzan a diez nudos por hora contra el viento. Éstos son sólo una parte de sus frutos, y se trata de sus primeros frutos, pues la ciencia es una filosofía que nunca reposa, que nunca llega a su fin, que nunca es perfecta. Su ley es el progreso.

Casi seis décadas más tarde y entre nosotros, en el número 1 de la revista *La Escuela Positiva*, editada en Corrientes en febrero de 1895, Alfredo Ferreira extendía esta confianza a sistema:

"El positivismo –decía– es la ciencia espiritualizada, sistematizada y generalizada. Fuera de la ciencia no hay nada: después de abrazar el arte y la industria, ella puede llegar hasta predecir la aparición de un grande hombre con el advenimiento de un acontecimiento social del futuro, como el paso de un cometa en el cielo".

Por cierto que existieron manifestaciones que desde matrices religiosas no podían sino denunciar en esas conquistas una nueva muestra de la originaria soberbia humana. Tal la que en Buenos Aires exponía Pedro Goyena mediante un cuestionamiento ya canónico a "la celebración de Macaulay":

> Los hombres que penetran en los arcanos del mundo –decía–; que se lanzan al espacio aéreo y navegan allí […]; que recorren los mares y la tierra con la velocidad del vapor; que mandan con mayor velocidad todavía la palabra vibrante en los hilos del teléfono; […] que analizan los astros lejanos; que descubren la vida en organismos ignorados por su pequeñez; los hombres que realizan tales maravillas no son por eso más leales, no son más abnegados que en otros tiempos de la historia; su egoísmo, por el contrario, se refina y se hace más poderoso; ¡y las sociedades contemporáneas ofrecen un desnivel chocante entre su grandeza material y la exigüidad, la pobreza, la debilidad de sus elementos morales!

No obstante, se trataba de voces minoritarias dentro de la elite, en la cual dominará finalmente la versión laica que con vigor había promovido Juan M. Gutiérrez en escritos como "El año mil ochocientos setenta y la reforma", donde, dentro de inspiraciones del romanticismo espiritualista, eleva un encendido elogio de ese siglo XIX cargado de esperanzas. "La voz *ciencia* en el diccionario del año 1870 –escribe– es sinónimo de *verdad*". Aquélla "no puede menos que ser revolucionaria; es decir, demoledora de la obra del error, con el objeto de edificar otra nueva en su lugar, porque en esto consiste el *progreso*, que es el

destino forzoso de la humanidad, y la ciencia es el ministro de
ese progreso". Y en el surco de Macaulay afirma que la ciencia

> desecha el misterio, porque éste es cuando menos la charlata-
> nería del oscurantismo; [...] llena de amor y de caridad entra
> en la atmósfera pestilente para descubrir los gérmenes que la
> emponzoñan, facilitando su destrucción; entra en los lupanares
> y las mansiones del crimen para salvar almas, buscando con
> las cifras materiales de la estadística las leyes morales que
> pueden prevenir los delitos; da los músculos y el organismo
> del buey al hierro [...]; con la llave del crédito penetra en los
> cofres de todos y acumula sumas fabulosas para transformar
> de tal manera la geografía del globo que podamos realizar en
> cuarenta días el viaje que Magallanes en el espacio de muchos
> años; ella, por último, ha creado lo que se llama *industria*, y
> por medio de la economía política y de la educación, ha mos-
> trado que riqueza es moralidad, que la instrucción es el bautis-
> mo que redime del pecado y que para que un pueblo sea rico,
> inteligente y virtuoso, es indispensable que sea libre.[9]

Puede por fin medirse este clima de embriagante confianza en
las promesas del siglo que finalizaba en una nota del joven Carlos Ibarguren, para medirla al final de este recorrido con otra
veinte años posterior donde esta admiración se habrá trocado en
menosprecio. "Al declinar este siglo –decía en 1897–, podemos
despedirlo con las elocuentes palabras de Peladan: 'siglo XIX,
eres el más grande a los ojos de Dios; llevas en ti una efusión
de la Divinidad; has brillado magníficamente en el espacio'."[10]
    Eran los ecos casi terminales del legado iluminista, y de
ellos es preciso retener la solidaridad que Gutiérrez sostiene en-

---

[9] Juan M. Gutiérrez, en *La Revista de Buenos Aires*, t. XXI, 1869, cit. en A. A. Roig,
El espiritualismo argentino, ob. cit..

[10] C. Ibarguren, en *Juventud*, 1° de mayo de 1897, p. 2 (cit. en E. J. Cárdenas y C.
M. Payá, *La familia de Octavio Bunge*, Buenos Aires, Sudamericana, 1995, p. 289). La
cita contrastante se hallará en el capítulo final de este libro.

tre ciencia y virtud, ya que aquí aún la ciencia es aliada y guía incondicional del progreso humano, tras el impulso que en la segunda mitad del siglo XIX había acelerado su avance sobre las creencias religiosas. Sus mayores prestigios los había obtenido entonces del formidable desarrollo de las disciplinas médico-biológicas. Claude Bernard y Charles Darwin son los símbolos de esta expansión científica sobre nuevos aspectos de la realidad, y en Buenos Aires, acerca del éxito de las ideas del sabio inglés daba cuenta tempranamente Ernesto Quesada.

> Nos interesa ahora establecer –decía– que la doctrina de Darwin tuvo un éxito tan rápido como inesperado, conquistando al mundo científico de una manera asombrosa. […] Por eso me concreto aquí a recalcar el hecho de que la teoría darwiniana conquistó al mundo científico de su época y ha orientado por completo al pensamiento y a la ciencia, desde entonces, siendo su influencia actual decisiva todavía.[11]

En este registro, Florentino Ameghino seguirá entonando en el Río de la Plata la celebración de la ciencia a partir de dichos éxitos, y si se compara la cita siguiente con la anterior del escritor inglés se medirá hasta qué punto estos enunciados forman parte de un discurso cuya aparente evidencia lo ha llevado hasta la estereotipia. Cuarenta y cinco años después de Macaulay, escribe Ameghino:

> La ciencia ha llegado a investigar y conocer un grandísimo número de las leyes de la naturaleza que rigen en nuestro

[11] E. Quesada, "Herbert Spencer y sus doctrinas sociológicas", en *Revista de la Universidad de Buenos Aires*, 1906, p. 165. Sobre la recepción del darwinismo, véase M. Monserrat, "La presencia del evolucionismo", en *El movimiento positivista argentino*, ob. cit.., y "La mentalidad evolucionista: una ideología del progreso", en G. Ferrari y E. Gallo (comp.), *La Argentina del Ochenta al Centenario*, Buenos Aires, Sudamericana, 1980.

planeta y aun en la inmensidad del espacio. Ahí podréis ver que los adelantos de la física, la química y la mecánica han producido verdaderas maravillas que no tendrían nada que envidiar a los famosos palacios encantados y demás obras que los supersticiosos pueblos orientales atribuyen a las hadas, a los magos y a los nigromantes. Allí veréis que, gracias a los adelantos de la mecánica, el hombre ha conseguido fabricar verdaderas ciudades flotantes que atraviesan el océano en todas direcciones, transportando naciones de uno a otro continente. Con los adelantos de la óptica ha penetrado el secreto de otros mundos que se encuentran a millares de millares de leguas de distancia de la tierra. Por medio de la electricidad se ha adelantado al tiempo, ha arrebatado el rayo a las nubes, transmite la voz amiga a luengas distancias y reproduce la luz solar en plenas tinieblas nocturnas. Con el descubrimiento del vapor y sus aplicaciones, ha multiplicado sus fuerzas a lo infinito, y en el día cruza la atmósfera con mayor velocidad que el vuelo de las aves, viaja por la superficie de la tierra y del agua con pasmosa celeridad, desciende al fondo del mar y pasa por debajo de las más altas montañas. A cada nuevo descubrimiento se hacen de él mil aplicaciones distintas y este mismo conduce a otros de más en más sorprendentes".[12]

En *La antigüedad del hombre en el Plata* su entusiasmo cientificista predecía que la humanidad se preparaba para seguir su marcha hacia el porvenir con verdaderos pasos de gigante, y en rigor este optimismo no reconoce límites: en una carta a Carlos Moyano fechada en La Plata en mayo de 1892, Ameghino sostiene que "la muerte no es una consecuencia fatal e inevitable de la vida", y continuando con esta idea en *Mi credo*, no vacila en asociar esa religión del porvenir centrada en el conocimiento

---

[12] F. Ameghino, "La Edad de la Piedra", conferencia dada en la Exposición Continental que se efectuó en Buenos Aires en 1882, en *Conceptos fundamentales*, Buenos Aires, El Ateneo, 1928, pp. 23-24.

de la verdad con logros concretos que colocarán al hombre "resueltamente en el camino de la inmortalidad".[13]

El positivismo proyectándose hacia el monismo naturalista se convirtió así en "un instrumento de difusión que llevó la tonalidad inmanentista y antropocéntrica a sectores hasta entonces inmunizados a lo moderno por sólidas barreras tradicionales".[14] Libros de gran venta como *Fuerza y materia*, de Büchner, o *Los enigmas del universo*, de Haeckel, divulgaron esa versión hacia sectores mucho más amplios que los específicamente intelectuales. Y por cierto que en la Argentina difícilmente pueda encontrarse a alguien que haya encarnado aquella figura de manera más cabal que Florentino Ameghino, como lo seguirán revelando ya avanzado este siglo su prestigio como símbolo del progresismo laico y la inquina que seguía reclutando entre los sectores católicos tradicionales. Nacido en un hogar de genoveses, se trata sin duda de un intelectual formado en el exterior de la elite, exterioridad que será exagerada como parte de la construcción del tipo de sabio laico, pobre y autodidacta. Puede decirse que está junto con Almafuerte estabilizando un linaje de intelectuales de fuertes rasgos identificatorios para los sectores subalternos, y que no dejará de asociarse en sus orígenes con el Sarmiento de *Recuerdos de provincia*.[15] Ese perfil (que oficiaba

[13] F. Ameghino, *Conceptos fundamentales*, ob. cit., p. 16, y *Mi credo*, p. 182.

[14] C. Real de Azúa, *Escritos*, Montevideo, Arca, 1987, p.151.

[15] Dentro de esa construcción se encuentran las posteriores referencias de Ingenieros: "El esfuerzo autodidáctico se trasunta en su producción entera". "Por singular coincidencia, ambos [con Sarmiento] fueron maestros de escuela, autodidactas, sin título universitario, formados fuera de la urbe metropolitana, en contacto inmediato con la naturaleza, ajenos a todos los alambicamientos exteriores de la mentira mundana" (J. Ingenieros, discurso en homenaje a Ameghino en la Facultad de Filosofía y Letras de la UBA, en *Las doctrinas de Ameghino*, *Obras Completas de José Ingenieros*, Buenos Aires, Mar Océano, 1962, v. 8).

Muchos años después, una descripción como la siguiente prosigue la misma construcción ejemplificadora: "Todavía se conserva hoy, como una reliquia destinada a un culto laico, la pequeña casa de ladrillo, desprovista de toda pompa y hasta de todo detalle de lujo o de comodidad suntuaria, que arrendaban en Luján [...] y donde habitó en

de garante del acceso a los saberes prestigiosos a partir de orígenes "bajos") se articuló homogéneamente con el contenido de las fantasías cosmológicas revestidas de saberes científicos de Ameghino. Y esto porque esta versión rioplatense de Haeckel y Büchner despliega en sus *Conceptos fundamentales* una cosmología que, si entonces gozó de verosimilitud, no puede sino deberse al mencionado prestigio de la ciencia transferido a este héroe del saber moderno que trata de extraer literalmente de la tierra sus más escondidas verdades. Pero, sobre todo, que profesa un monismo naturalista que afirmaba la unidad y continuidad esencial en la gran cadena de los seres, y que cabía como una de las versiones posibles del positivismo según su canon anti-deferencial de explicar "lo más alto por lo más bajo". De esta manera, el pensamiento de Ameghino, al intentar exponer la continuidad entre la materia inorgánica y la orgánica a través de un evolucionismo universal que busca explicar las causas primeras y finales con prescindencia absoluta de un Ser Supremo, efectiviza el pasaje del positivismo agnóstico al cientificismo metafísico.[16]

En efecto, el monismo materialista difundía su mensaje con éxito en un sector de las clases subalternas. Este sector se identifica en buena medida con los simpatizantes socialistas y en general con las corrientes del "progresismo argentino", recientemente exploradas en el caso ejemplar de la Sociedad Luz. A partir de 1915 y, sobre todo en las publicaciones del Partido Socialista o en las de sus afiliados, Ameghino sería un paladín de

---

los años de su niñez aplicada y estudiosa, hasta que la familia pudo, con trabajosas economías de un negocio, no sólo comprarla sino hasta construir casa propia y nueva en la calle (de nombre promisorio) Doctor Muñiz" (F. Márquez Miranda, *Ameghino*, Buenos Aires, Nova, 1951, p. 19).

[16] H. Campanella, *La generación del 80*, ob. cit., p. 41. Véase por ejemplo la siguiente afirmación: "Por ende, los organismos se han formado por evolución espontánea" (F. Ameghino, *Conceptos fundamentales*, ob. cit., pp. 170-171).

la lucha contra el oscurantismo de la Iglesia Católica".[17] Esta influencia tiene que ver seguramente con razones que superan el marco específico de los descubrimientos de la ciencia, y apunta a la función ético-política desempeñada por la representación de los saberes científicos dentro de esos sectores sociales desde fines del siglo pasado argentino, y su fe inquebrantable en la estricta asociación entre ciencia y progreso. Antonio Gramsci, aun dentro de su conocida oposición al marxismo positivista, indicaría al respecto un curso posible de reflexión. Cuando las clases subalternas no tienen la iniciativa –escribió en los *Cuadernos de la cárcel*– "el determinismo mecanicista se torna una fuerza formidable de resistencia moral, de cohesión, de paciente perseverancia. […] Es un 'acto de fe' en la racionalidad de la historia, que se traduce en un finalismo apasionado, que reemplaza a la 'predestinación', a la 'providencia', etc., de la religión".[18] Así, muchos de los saberes y las prácticas de esos sectores pueden perfectamente remitirse a aquella estructura de resistencia fundada en un dios laico (la Naturaleza), que garantizaba la esperanza y legitimaba un presente de lucha. El monismo naturalista en sus traducciones existenciales habría ofrecido una metafísica materialista que brindaba respuestas a "los enigmas del universo", pero sobre todo, respuestas que anunciaban el curso hacia niveles superiores de perfeccionamiento a través del saber científico; de tal modo fundaba una irrestricta religión del progreso alentadora de visiones humanistas y optimistas. Este "determinismo hacia lo mejor" puede haber desempeñado aquel rol de sostén ético-existencial en sectores populares, y es significativo que se oponga en este aspecto al uso ético-político

---

[17] Véase D. Barrancos, *La escena iluminada*, Buenos Aires, Plus Ultra, 1996, e Irina Podgorny, "De la santidad laica del científico Florentino Ameghino y el espectáculo de la ciencia en la Argentina moderna", en *Entrepasados*, núm. 13, 1997, p. 45.

[18] A. Gramsci, *Quaderni del carcere*, Turín, G. Einaudi Editore, 1977, vol. II, p. 1064. Edición en español: *Cuadernos de la cárcel*, México, ERA, 4 vols., 1981-1986.

conservador que del mismo saber científico hacía Comte cuando afirmaba que "el profundo sentimiento de las leyes que rigen los diversos géneros de fenómenos sólo puede inspirar una verdadera resignación, esto es, una disposición a soportar con constancia, y sin esperanza de compensación, males inevitables".

En este sentido, la doctrina lamarckiana se avenía mejor con un programa de mejoras impulsado por la voluntad consciente de los seres humanos. Como es sabido, su diferencia crucial con el darwinismo sistemático afirma la heredabilidad de los caracteres adquiridos por los seres vivientes. Esta idea otorga un valor relevante tanto al medio como a las prácticas individuales en la evolución de la especie, y es comprensible que esta doctrina contuviera de hecho un aura ideológica afín con la tradición iluminista, confiada en la potencia de la pedagogía para modelar y civilizar a los seres humanos, según la consigna del "atrévete a saber" kantiano y la máxima de que "el saber hace libres". En cambio, según el propio Darwin, en su concepción predominan consideraciones que "inclinan a atribuir menos importancia a la acción directa de las condiciones ambientes que a una tendencia a variar debida a causas que ignoramos por completo".[19]

Consecuentemente, Ameghino afirma, tanto en textos científicos como de divulgación de lo que se llamaba "paleontología filosófica", su adhesión al lamarckismo: "El movimiento funcional hacia la adaptación [...] provoca la formación gradual de los órganos destinados a desempeñar las nuevas funciones adaptativas. Estos órganos [...] aparecen en las generaciones sucesivas. [...] Otro tanto sucede con los caracteres psíquicos".[20]

---

[19] Ch. Darwin, *El origen de las especies*, Barcelona, Planeta-Agostini, 1991, p. 169.

[20] F. Ameghino, *Conceptos fundamentales*, ob. cit., pp. 227-228. "Otra objeción, todavía, podría hacerse a su obra, que ya ha llamado la atención de Cabrera, quien nos dice: 'Rindió culto a Darwin, en quien creía ver algo así como el principal apóstol del evolucionismo, pero, por una singular paradoja, fue un verdadero lamarckiano, y lamarckiano de un subido matiz mecanicista'" (F. Márquez Miranda, *Ameghino*, ob. cit., p. 136).

Aquel talante difundido por el cientificismo naturalista también garantizaba el inclusivismo democratizador del saber que nos revela un artículo del diario *La Vanguardia* de la época: "El pináculo de la Ciencia no es inaccesible; es accesible a cualquiera que estudie... y mucho más accesible todavía para los militantes de un ideal de justicia e igualdad". Prestigio de la ciencia y democratización del saber son los elementos que tan bien pudieron conjugarse en una versión evolucionista que incluyó al lamarckismo como garante de la heredabilidad de los caracteres adquiridos y de esa manera otorgó plena racionalidad a la estructura de sentimientos cientificistas de esos sectores subalternos. Fueron ellos entonces los que aceptaron como buena la ecuación de que la sumatoria de Verdad (Ciencia), Moral (Fraternidad) y Justicia (Socialismo) era igual a Progreso.

Cuando de las versiones del cientificismo monista y naturalista pasamos a las sustentadas por la elite, se encuentra formalmente una mayor coherencia en la aplicación del canon positivista; también la evidencia de que esas intervenciones intelectuales, apoyadas por igual en la cultura científica, extrajeron conclusiones menos optimistas (pero no desesperanzadas) de su indagación de la realidad.

José María Ramos Mejía será uno de los primeros promotores de la aplicación de este código ideológico al análisis de una problemática nacional. Este intelectual de linaje patricio, nacido en 1849, se doctora como médico en 1879 y de allí en más despliega una vasta tarea científica, política y cultural. Creador de la Asistencia Pública, del Departamento de Higiene y de la cátedra de Neuropatología, lo es igualmente del Círculo Médico Argentino que en 1882 organiza un homenaje a Charles Darwin. Y si sus vínculos con el oficialismo quedan testimoniados en su paso por la política al ocupar una diputación, más importante ha de considerarse su desempeño hasta dos años antes de su muerte –ocurrida en 1914– al frente del Consejo Nacional de Educación. Toda una curva vital e intelectual, pues, donde se percibe uno de los puntos precisos de constitución y penetración del discurso positivista en la cultura argentina: a partir de la disciplina médica se organiza aquí una interpretación de lo social únicamente posible por la simultánea concepción de la sociedad como un organismo y de la crisis como una enfermedad –todo ello acompañado por la pretensión de la fracción médica dentro del campo intelectual por capturar el derecho habilitante para emitir mensajes vinculados con la política–.

Curva vital que pone de relieve, además, hasta qué punto resultaba valorado como puesto clave en la organización institucional argentina el Consejo Nacional de Educación. Dado que si –como ha señalado Claude Lefort– la laicización de la modernidad descorporaliza el poder y con ello demanda otro tipo de gobernabilidad fundada en la sacralización de las instituciones, pocas cosas como la organización de la liturgia patria que hizo Ramos Mejía desde aquel espacio educativo avalan tan linealmente este aserto, ni bien se consideran las precisas instrucciones comunicadas a las escuelas para que en ellas se celebre un culto a la patria minucioso, en cuya mecanización se confiaba –como en tantas partes del mundo– para la pronta nacionalización de las masas.

Cuando en 1878 Ramos Mejía publicaba, con introducción de Vicente Fidel López, *La neurosis de los hombres célebres en la historia argentina*, y luego *La locura en la Argentina* prologada por Paul Groussac, aquella incursión teórica alcanzaba también a la historiografía avalada por consagrados y consagratorios referentes, hasta desembocar en *Rosas y su tiempo*, de 1907, del cual *Las multitudes argentinas* iba a oficiar de introducción.[21] Aquí

---

[21] Para los aspectos vinculados con la concepción de la psicología de Ramos Mejía, véase H. Vezzetti, *La locura en la Argentina*, Buenos Aires, Paidós, 1985.

son notorias las improntas positivistas al sostener que "no puede ser que el mundo moral esté regido por distintas leyes que el mundo físico; [...] parece racional que el análisis descubra ese encadenamiento invisible entre la humilde forma embrionaria y supersticiosa del espíritu de protesta, y la idea más trascendental y concreta de la independencia política".[22] Y con frase que evoca el programático y provocativo aserto de Taine en la Introducción a la *Historia de la literatura inglesa*, Ramos Mejía se pregunta retóricamente "¿por qué el pensamiento no ha de ser algo pareci- do, que engendre en el cerebro verdadera fuerza motriz colecti- va?; y ¿por qué las investigaciones del porvenir no nos han de enseñar a interrogarle dentro de su resonador adecuado, transmi- tiéndose como el calor y la luz y transformándose como ellos?".[23]

Pero además, para la organización textual de *Las multitudes argentinas*, el alienista que era Ramos Mejía, y que había reci- bido de Cesare Lombroso un elogio, a sus oídos indudablemente halagador (*"uno dei più grandi alienisti del mondo"*), apoyará sus razonamientos expresamente en *Psicología de las multitu- des* de Gustave Le Bon. La inquietud básica que acucia la escri- tura del sociólogo francés y que compartirá Ramos Mejía es el problema de la gobernabilidad en una sociedad atravesada por la presencia de esas multitudes que han llegado a la historia para no abandonarla. Expresión metodológicamente renovada, pero temáticamente tardía, de la reflexión desatada por el ciclo revo- lucionario francés; en la continuidad y decantación de dicho si- glo se ubicaba, junto con Renan, la otra figura de mayor predicamento en el mundo intelectual francés y sus zonas de in- fluencia de la segunda mitad del siglo XIX: Hyppolite Taine.

---

[22] J. M. Ramos Mejía, *Las multitudes argentinas*, [1899], Buenos Aires, Tor, p. 30.

[23] "Que los hechos sean físicos o morales no importa, siempre tendrán sus causas; las hay para la ambición, para el valor, para la verdad igual que para la digestión, para el movimiento muscular, para el calor animal. El vicio y la virtud son productos como el vitriolo y el azúcar" (H. A. Taine, *History of English literature*, Londres, Chatto and Windus Piccadilly, s/f.: Tomo I, Introducción, p. 6).

Éste había dominado el panorama intelectual de su país y había sido unánimemente considerado entre los representantes más emblemáticos de la generación del naturalismo y del cientificismo, terminando por encarnar el tipo mismo del intelectual en la edad triunfante del positivismo. Gabriel Monod sostuvo así que ningún escritor ha ejercido en Francia en la segunda mitad del siglo XIX una influencia parecida a la suya: por doquier, en la filosofía, la historia, la crítica, la novela, la poesía misma, se encuentra la marca de esta influencia. En su requisitoria contra la herencia revolucionaria de *Les origines de la France contemporaine*, publicado entre 1876 y 1893, Taine elaboró muchos argumentos luego retomados por la psicología de las masas y la teoría de las elites.[24]

Un rasgo del pensamiento tainiano que Ramos Mejía compartió fue el de adjudicarle un espacio reducido a la fuerza individual y racional en la historia. En *De l'intelligence*, el intelectual francés había formulado una visión antropológica pesimista que retomará en su interpretación global de la historia francesa: "Hablando con propiedad –escribió allí–, el hombre es loco, como el cuerpo es enfermo por naturaleza; la razón, como la salud, es en nosotros sólo una ocurrencia momentánea y un bello accidente". La pasión prima entonces en los seres humanos y por ende en la historia, pero –y esta esperanza late también en los escritos de Ramos Mejía–, asediada por la irracionalidad, la razón es lo que puede dar sentido a la historia.

Si Taine suponía además que, en el seno de una multitud, el hombre retorna al estado de naturaleza hobbesiano, esta misma convicción será entonada por la psicología de las masas con un utilaje adaptado al clima científico finisecular. Esta interpretación modernizada de la sociedad aparece en Francia contemporáneamente a la Comuna de París, y se desarrolla vigorosamente entre 1885 y 1900, reforzada por el clima socio-político francés de

---

[24] R. Pozzi, *Hyppolite Taine. Scienze umane e politica nell' Ottocento*, ob. cit..

esos años: primeras manifestaciones del 1° de mayo, ola de terrorismo anarquista, aumento de huelgas y manifestaciones violentas, escándalo de Panamá, asesinato del presidente Carnot,
comienzo del affaire Dreyfus… Extendida a Italia, la *psychologie des foules* será practicada activamente por Scipio Sighele,
quien en 1891 publica *La folla delinquente*, con una temática
que será eficazmente vulgarizada por Le Bon.

También éste asiste con disgusto y resignación a la crisis del
sujeto liberal, que verifica en la muerte del individuo soberano,
plenamente consciente del mundo y capaz de controlar racionalmente sus pasiones: "La acción inconsciente de las muchedumbres –escribe–, sustituyendo a la actividad consciente de los
individuos, es una de las características principales de la edad
presente". Para la construcción conceptual de este sujeto colectivo resultó asimismo funcional la entonces naciente teoría de la
sugestión, asociada con la boga de la eficacia de las "acciones a
distancia", simbolizadas por el flujo eléctrico y el hipnotismo.[25]
En Francia, Gabriel Tarde había publicado en 1890 su obra más
famosa, *Les Lois de l'imitation*, y el hipnotismo había sido legitimado científicamente por Charcot en 1880 con su lectura en la
Academia de Ciencias de París de una comunicación sobre los
efectos de la hipnosis en las histéricas.[26] Y si la multitud ocupa
ahora el sitio del nuevo sujeto histórico dejado vacante por el individuo, resulta necesaria una nueva teoría que dé cuenta de este
novedoso objeto de estudio. Tal será la "psicología de las ma-

[25] "La 'sugestión', como término técnico, se refiere a los procesos por los cuales,
mediante mensajes verbales o de otro tipo, se crean las condiciones de una modificación en el funcionamiento del cerebro de un individuo; el agente causal eficiente puede
ser tanto una fuerza física, como es el caso del imán o de una sustancia química, cuanto
una causa que se considera desconocida" (A. Métraux, "French Crowd Psychology:
Between Theory and Ideology", extraído de W. Woodward y M.G. Ash, *The Problema-
tic Science in Nineteenth-Century Thought*, Nueva York, Praeger, 1982).

[26] Véase G. Tarde, *On Communication and Social Influence*, Chicago, Ed. Terry N.
Clark, The University of Chicago Press, 1969, y Gehan Millet, *Gabriel Tarde et la philosophie de l'histoire*, París, Libr. Philosophique J. Vrin, 1970.

sas", que entre nosotros Juan Agustín García llamará "psicología social", y de la cual dirá que "su objeto es el espíritu público, las distintas agrupaciones que constituyen una nación, la resultante moral de todas las tendencias individuales, la cualidad común, predominante, que imprime su sello al conjunto".[27]

La adjudicación de los atributos de inconsciencia e irracionalidad a este sujeto social e histórico así constituido arrastra una serie de consecuencias relevantes. Por una parte, en ese fin de siglo desde distintas esferas del saber se trabaja en la construcción de la noción de inconsciente, que va a ser adoptada por todos quienes se interesan en la vida psicológica: médicos, psiquiatras, filósofos y escritores. Proyectada esta idea sobre el papel de las multitudes en la historia, produce efectos historiográficos en la línea de lo que en nuestros días se denominaría "el descentramiento del sujeto", ya que al desmarcarse del antropomorfismo histórico-político este relato se despide de la historia de alcobas y batallas para atender a lo que Ramos Mejía llama "las fuerzas ciegas que discurren en las entrañas de la sociedad y que cumplen su destino sin odios ni cariños". Inexorablemente, pues, la apelación a la psicología de las masas colocaba a esas muchedumbres en las antípodas del sujeto cartesiano al considerarlas movilizadas por fuerzas no conscientes que determinan las prácticas de los actores sociales.[28]

---

[27] J. A. García, *Introducción al estudio de las ciencias sociales argentinas*, Buenos Aires, Ángel Estrada y Cía., 1907 [1896], p. 39. La bibliografía sobre el tema que García propone incluye a G. Le Bon, *Psychologie des foules*; S. Sighele, *La foule criminelle* y *Psychologie des sectes*; G. Tarde, *Philosophie pénale* y *Psychologie sociale*; H. Taine, *L'Ancien Régimen* y *La Révolution*.

[28] "Las doctrinas liberales clásicas basadas en la autonomía individual dieron paso a teorías que construían al individuo como parte integral del organismo social" (Charles A. Hall, *The Cambridge History of Latin America*, Cambridge, vol. IV, p. 369). Schorske ha descrito en los siguientes términos la crisis del yo liberal": "En nuestro siglo, el hombre racional ha tenido que dar lugar a esa criatura más rica pero más versátil y peligrosa, el hombre psicológico. Este nuevo hombre no es meramente un animal racional, sino una criatura de sentimientos e instintos" (C. E. Schorske, *Viena Fin-de-Siécle*, Barcelona, G. Gili, p. 26).

La magnitud de este giro cultural ha sido equiparada con "una reorientación del pensamiento europeo tan trascendental como aquella otra tan diferente y aun opuesta que señaló la decadencia de la Edad Media y el advenimiento de la Edad de la Razón tres siglos antes".[29] Aquello que define entonces al fenómeno multitudinario reside en que allí la personalidad se aliena de manera irremisible. Junto con ello, en las representaciones reactivas ante el ciclo revolucionario francés y europeo en general, lo que inquieta es el número: "Visión de las multitudes revolucionarias incontrolables, masa indistinta e imprevisible, monstruo sin rostro congénitamente irrepresentable en tanto grado cero de la organicidad. El número, fuerza bárbara e inmoral que no puede sino destruir".[30] Sin duda, en Ramos Mejía la constitución del objeto multitud desde matrices biologistas definirán la presencia de la masa en la historia como la de una fuerza fenomenal vaciada de inteligencia y raciocinio. Si no por la razón, las muchedumbres están animadas por un puro instinto que las aproxima a la animalidad; puro inconsciente, "como las mujeres apasionadas", la hipertrofia de sus sentidos es el acompañante ineludible de su escasa capacidad reflexiva. Sin embargo, en el texto de Ramos Mejía, las multitudes argentinas son pasibles de cargarse de espontaneidad y violencia pero también del heroísmo de los seres primitivos.

Recuperando a su vez un tema comteano, Le Bon había considerado que, en una época de extrema laicización, las tradicionales creencias religiosas desquiciadas por una etapa crítica tienen que resultar sustituidas por ideas capaces de organizar y orientar una voluntad colectiva. Ya que si hemos ingresado sin retorno en "la era de las muchedumbres", es preciso aceptar este dato en toda su crudeza para extraer de su estudio objetivo las enseñanzas

---

[29] R. Nisbet, *La formación del pensamiento sociológico*, Buenos Aires, Amorrortu, 1977.

[30] P. Rosanvallon, *Le moment Guizot*, París, Gallimard, 1985, p. 76.

necesarias para tornarlas gobernables. La apropiación de estos instrumentos fundados en la ciencia prometía el develamiento de las leyes que rigen el imaginario de las multitudes, y con ello la obtención de precisas instrucciones acerca de esa posibilidad, ya que –según Le Bon– "el que conozca el arte de impresionar la imaginación de las muchedumbres conoce también el arte de gobernarlas". Dentro de un razonamiento que poco después retomaría Georges Sorel, si la muchedumbre "piensa por imágenes", y la imagen configurada evoca a su vez otras múltiples representaciones que no tienen lazo alguno con la primera, entonces el mecanismo de razonamiento de la multitud implica la ruptura de toda relación entre los significantes. De tal modo, el individuo se precipita en un perpetuo presente que arrastra la fractura de la identidad y constituye al sujeto que soporta esta operación en un "nadie", puesto que el individuo disuelve en ella toda su especificidad. De allí la comparación de Ramos Mejía de los integrantes de la multitud con los miembros del ejército y los pacientes de los hospitales como instituciones productoras de hombres-masa: "Individuos sin nombre representativo en ningún sentido, sin fisonomía moral propia: el *número*[*] de la sala de hospital, el *hombre* de la designación usual en la milicia, ése es su elemento".

En el espacio así abierto entre lo real y lo representado, lo que impresiona según Le Bon y Ramos Mejía a la imaginación popular no son los hechos en sí mismos, sino la manera en que son presentados y distribuidos. En la historia, la apariencia ha desempeñado siempre un papel mucho más importante que la realidad; la multitud, no pudiendo pensar "sino por imágenes, no se deja impresionar sino por ellas, y sólo las imágenes las aterrorizan o las seducen, convirtiéndose en los únicos móviles de sus acciones".[31]

[*] Salvo en los casos indicados, todos los subrayados de las citas son subrayados del original.

[31] J. M. Ramos Mejía, *Las multitudes argentinas*, ob. cit., p. 158.
Asimismo: "La historia de las manifestaciones de la actividad popular, especial-

A estas conclusiones casi cínicas o severamente realistas no se les ocultaba que la sustentación de estas posturas contenía un desplazamiento de la argumentación racional en beneficio de los recursos del lenguaje y las imágenes sugestivas. Es posible que tampoco se les escapara que de tal modo se producía una lamentable pero inevitable ruptura de vastas consecuencias entre política y racionalidad, aun cuando para Ramos Mejía dicha ruptura se verifica en el terreno de las clases subalternas. Y esto porque la materia prima de las masas está constituida por elementos anónimos, e históricamente el hombre de las multitudes argentinas habría sido el individuo humilde, de inteligencia vaga y sistema nervioso relativamente rudimentario y escasamente educado, que percibe sentimentalmente y piensa con el corazón y a veces con el estómago. Este sujeto así reducido básicamente a sus funciones vegetativas es, sin embargo, capaz de agruparse en multitud tanto para protagonizar actos de barbarie como de heroísmo, sanguinarios o piadosos según las circunstancias, pero cuyos componentes siempre requieren una alta capacidad combinatoria que naturalmente los define en las antípodas de los hombres solitarios; hombres solitarios y por consecuencia, libres, que una literatura –que tenía en Ibsen su representante más exitoso– valorará más y más como contrapartida de la medianía de las masas.[32] Por todo ello, para Ramos Mejía, ese hombre de las multitudes debería llamarse el "hombre-carbono", porque en el orden político o social desempeña, por su

---

mente en las épocas revolucionarias, demuestra lo fácil que es impresionar a las multitudes; con qué medios tan simples varían sus opiniones y dirigen sus sentimientos los que tienen el raro don de comprenderlas; cómo son juguete de todas las excitaciones exteriores que las conmueven inmediatamente y con rara viveza" (J. A. García, *Introducción...*, ob. cit., p. 41).

[32] En *Un enemigo del pueblo*, publicado en 1882, el protagonista positivo del drama termina sancionando el quiebre entre *liberté* y *fraternité*: "El hombre más fuerte del mundo –dice el doctor Stockmann– es el que está más solo" (H. Ibsen *Un enemigo del pueblo*, Buenos Aires, Libros de Tierra Firme, p. 127).

fuerza de afinidad, las funciones de aquél en la mecánica de los cuerpos orgánicos.

Pero si además la incapacidad de desarrollo teórico y racional es una connotación del hombre multitudinario, en esa misma caracterización se recorta un espacio propio de autolegitimación del intelectual, puesto que quien ejerce el arma de la crítica se coloca en una posición distanciada que lo habilita para observar objetivamente a esa ciega muchedumbre en cuyas pulsiones básicas Ramos Mejía busca la clave del pasado argentino. Construía así también él esa figura que, en *Literatura argentina y realidad política*, David Viñas encuentra en *La Bolsa* de Martel y que diseña una "totalidad menos uno": porque, a diferencia de Le Bon, Ramos Mejía descree de la tesis inquietante de que todo hombre puede ingresar en estado de multitud. Nosotros, dice, "como críticos *no somos multitud*", y desde ese autoadjudicado distanciamiento, realiza por una parte el diagnóstico de su época y por la otra pasa revista a la historia argentina.

En el primer aspecto, se mostró interesado –desde su práctica intelectual y su adscripción al grupo gobernante– por obtener reglas de comprensión y cursos de ordenamiento del confuso mundo social argentino de fines de siglo, cuyo centro aparecía ocupado –ahora que el mundo rural ha sido efectivamente normalizado– por esa multitud urbana y aluvional. *Las multitudes argentinas* dedica entonces un apartado específico al tema inmigratorio, dentro de algunos parámetros definidos por el darwinismo social. Según esta última inspiración ideológica, el caso argentino no podía ser una excepción a los fenómenos derivados de la lucha por la supervivencia que se verifican en toda sociedad entre capacidades desiguales, en la cual inexorablemente el más fuerte concluye por oprimir al más débil. Pero, si el primer capítulo del libro marca una acentuación biologista

que no está presente en Le Bon, de todos modos el discurso de
Ramos Mejía sobre la inmigración contiene una dosis de inte-
gracionismo paternalista que sigue considerando a los extranjeros como un aporte conflictivo aunque imprescindible para la
construcción de una nación moderna. Así, estas propuestas re-
servarán un lugar legítimo para la incorporación del inmigrante,
remitida al área construida por la moral del productivismo y
por la educación primaria, como dispositivos encargados de
construir sujetos adecuados para semejante inclusión.

Y no es que no existan remembranzas por ese interior de
"vieja cepa" que se ha visto construir como reservorio de virtudes morales ante el cosmopolitismo corruptor de Buenos Aires,
pero en Ramos Mejía esa sospecha eventualmente xenófoba se
diluye frente a la invariable confianza en la potencia integrado-
ra y pedagógica del ambiente argentino sobre la psicología social del inmigrante. Mediante una analogía de figuraciones
biologistas, piensa que el extranjero podría recorrer en estas tierras el sendero filogenético que lo conduciría a ostentar primero
"algo así como la estructura anatómica de los peces, más tarde
la de los anfibios y por fin la de un mamífero, quiero decir
–aclara– que habría seguido en el orden de su perfeccionamiento intelectual y moral un transformismo semejante". Dado que,
casi por milagro, sobre aquella estructura psicobiológica prácticamente celular "el medio opera maravillas en la plástica man-
sedumbre de su cerebro casi virgen". Como a la estatua de
Condillac que se iba dotando de sensaciones hasta devenir un
ser humano –y según un modelo que a Ramos Mejía debió de
haberle llegado a través de los ecos de la *Ideología en el Río de
la Plata* prolongada por Lafinur, Fernández de Agüero o Diego
Alcorta–, al inmigrante arribado a la Argentina, la luz de este
cielo y sobre todo el sonido potente de la locomotora que arrastra el producto de una cosecha más que generosa, lo iban constituyendo en sujeto humanizado. La pampa ya no es entonces el
desierto que debía civilizarse mediante el trasplante poblacional

de extranjeros; por el contrario, es el medio que induce la incorporación a la modernidad a los mismos recién llegados.

Es cierto, de todas maneras, que la presencia extranjera puede resultar a veces excesiva y hasta abrumadora. "Como son tantos, todo lo inundan: los teatros de segundo y tercer orden, los paseos que son gratis, las iglesias porque son devotos y mansamente creyentes, las calles, las plazas, los asilos, los hospitales, los circos y los mercados." Empero, no deja de observarse con simpatía la voluntad de integración de esos inmigrantes que se obstinan en disfrazarse de gauchos para los carnavales. Aquella ingenuidad estimulada por la libertad y el trabajo conforma para Ramos Mejía el signo positivo de un aporte sustancial para la nacionalidad argentina *in fieri*, hasta el punto de concebir a la primera generación de inmigrantes como la depositaria del sentimiento futuro de la nacionalidad en su concepción moderna.

Para fundar ideológicamente ese optimismo adopta el referido criterio lamarckiano de la transmisibilidad genética de los caracteres biológicos adquiridos. Más que detenerse en profundizar distinciones que en la práctica relativizaban el darwinismo social doctrinario, el autor de *Las multitudes argentinas* está preocupado por enfatizar los logros adaptativos de la educación pública y por marcar los bordes de ese universo social extranjero en donde cree observar desviaciones malignas respecto de la función laboriosa y terminalmente patriótica asignada a las masas inmigratorias. De allí la necesidad de clasificar ese universo magmático donde al lado del "*paise* trajinante" conviven otros miembros cuasi zoológicos que componen esa pequeña fauna que medra en la confusión de las multitudes urbanas. En esa paleontología social Ramos Mejía describirá entonces los tipos desviados del guarango, el canalla, el huaso y el compadre, para detenerse en la denuncia del burgués, que se enriquece con la usura y permanece impermeable a las virtudes de la caridad y el patriotismo. Habiendo hecho fortuna por el trabajo o por el azar, en él se realiza cabalmente la antinomia entre la virtud y el mercado, ya que este personaje no tiene más programa en la vida que acumular dinero y "defenderlo de la caridad y del patriotismo que alguna vez golpea sus puertas". Puesto que mientras en las familias de abolengo se seguirían cultivando las virtudes austeras, el extranjero en América –y especialmente en esa ciudad cartaginesa que es Buenos Aires– se ve tentado por los cantos de sirena del enriquecimiento veloz y sin escrúpulos. Como este deseo de acumulación inmoderada no resultare suficientemente encauzado, "este burgués *aureus*, en multitud, será temible, si la educación nacional no lo modifica con el cepillo de la cultura y la infiltración de otros ideales que lo contengan en su ascensión precipitada hacia el Capitolio".

En esa tipología, el *guarango* luce en las antípodas de las masculinidades criollas que podrían reenergizar a una sociedad decadente. En efecto, siendo el guarango "un invertido del arte", "se parece a los invertidos del instinto sexual que revelan su potencia dudosa por una manifestación atrabiliaria de los apetitos". Si este tipo social es una amenaza para el orden que Ramos Mejía imagina, es porque ejercita la temida estrategia de la simulación, tema de época que se encarna en la obsesión de la elite para poder detectar las calidades reales de quienes pujan por incorporarse a los círculos prestigiosos. Al respecto, Ramos Mejía resulta tranquilizador para su propio sector, ya que si bien el guarango ha recibido las bendiciones de la "instrucción" en la forma habitual de "inyecciones universitarias", no deja de ser "un mendicante de la cultura". Le falta ese abolengo que sólo pueden proporcionar "el hogar de tradición" o "la cultura universitaria", claro que cuando esta última "no es simplemente profesional y utilitaria como la nuestra". Por eso, "aun cuando le veáis médico, abogado, ingeniero o periodista, le sentiréis a la legua ese olorcillo picante al establo y al asilo de guarango cuadrado". Un retorno biologizado de lo reprimido tarde o temprano lo desenmascarará: "Le veréis insinuarse en la mejor sociedad, ser socio de los mejores centros, miembro de asocia-

ciones selectas [...], pero cuando menos lo esperéis, saltará ines-
peradamente la recalcitrante estructura que necesita un par de
generaciones para dejar la larva que va adherida a la primera".

De manera que, al final de este recorrido por la sociedad argentina, Ramos Mejía extrae un balance preocupante: en ella, el
predominio excesivo de los valores del mercado atenta contra la
virtù (en el doble sentido de "entrega republicana" y "virilidad"),
esencial para el desarrollo de una nación y una nacionalidad, las
cuales, prosiguiendo con el lenguaje androcéntrico, se quieren
como "potentes" contra el "afeminamiento" de la inmigración.

Mas si el mercado no produce lazo social, sino que más bien
lo fragmenta, era otra vez el legado alberdiano el que debía ser
colocado bajo caución, puesto que el autor de las *Bases* había
confiado más en el carácter apaciguador de las prácticas económicas que en la misma ciencia del derecho. Y es que –decía–
"los derechos opuestos no pueden transigir sin traicionarse y fal-
tar a la lógica, los intereses no están en ese caso: ellos pueden
ceder y pactar".[33] Se plegaba así Alberdi a los razonamientos de
Adam Smith, allí donde la economía política se superpone con
la ética y supone que los hombres, al buscar la maximización
de su interés, se comportan siempre de manera racionalmente
egoísta, tornando con esto previsible el curso de su conducta.
De este modo, en la guerra de las pasiones las prácticas económicas conllevan el beneficio de constituir un individuo con pasiones frías y calculables, válidas para oficiar de sustento para
un orden social razonable y pacífico.

Tras la senda de Rousseau leído por Furet, el problema residía en cómo hacer del hombre liberal (individuo posesivo) un
ciudadano, esto es, un hombre público. Justamente, en la Argen-

---

[33] "La ciencia del derecho hará mucho en este sentido, pero más hará el comercio,
pues el mundo es gobernado, en sus grandes direcciones, más por los intereses que por
las ideas" (*El crimen de la guerra*, en *Escritos póstumos de Juan B. Alberdi*, Buenos
Aires, Universidad Nacional de Quilmes, 1997 [1869], t. II).

tina finisecular el desarrollo del proceso modernizador reveló que la alberdiana república del mercado contenía la amenaza de cristalizar una sociedad donde imperase lo que se ha llamado un sistema de "pluralismo negativo", colocado en las antípodas de la república de la virtud.[34] La patria, en suma, ya no está necesariamente donde están los bienes económicos. Por eso, cuando en 1898 se formó la Liga Patriótica Argentina, compuesta por miembros conspicuos de la elite, dentro de los cuales estaba José María Ramos Mejía, en una de sus proclamas esta asociación se opuso expresamente a la idea del *ubi bene ibi patria*.[35]

Ramos Mejía va a percibir esta degradación en ambos polos de la sociedad: las nuevas multitudes carecen de la energía participativa necesaria para la conformación de una nacionalidad robusta y aun republicana ("Propiamente hablando, no hay ahora en nuestro escenario político espontánea formación de multitudes") y las clases tradicionales lucen asimismo inficionadas por el virus degenerativo. En el primer aspecto, deplora la inexistencia de la efervescente pasión política propia de las multitudes "en estado dinámico", únicas que podrían lograr una participación real en la política y de ese modo aportar a ese recurso de los pequeños y anónimos que es la democracia. De allí que si la multitud dinámica de la emancipación era romántica; belicosa y emocional la de la tiranía rosista, y creyente y revolucionaria la que actuó hasta 1860, el estilo político posterior y el aluvión inmigratorio amenazan con desquiciar la fisonomía nacional al revelarse la multitud actual como escéptica y esencialmente mercantil, ya que "no piensa sino cuando un interés material la empuja a la plaza pública, y va muy pocas veces al comicio".

[34] Véase F. Furet, reportaje en diario *Clarín*, 21 de agosto de 1997, y *El orden conservador*, ob. cit..

[35] Cit. en L. A. Bertoni, *La construcción de la nacionalidad en la Argentina a fines del siglo XIX*, ob. cit.

El predominio de los valores del mercado ha conducido pues a una ausencia de la multitud política, y "este gris achatamiento político e intelectual en que vive, con ese corte *fenicio* que va tomando la sociedad metropolitana", amenaza "quitarnos la fisonomía nacional". El helado espectáculo electoral le evoca "el recuerdo lúgubre de las asambleas de fumadores de opio", y Ramos Mejía observa por fin que el país "está hasta cierto punto dirigido por fuerzas artificiales, por tres o cuatro hombres, que representan sus propios intereses (nobles y levantados en alguno), pero pocas veces tendencias políticas, económicas e intelectuales de la masa".[36]

Los hombres del 80 habían denunciado también en su presente lo que evaluaban como claudicaciones del republicanismo por parte de miembros de la elite política; habían empero contrastado ese presente con un pasado en el que las viejas virtudes imperaban, y al que podía invocarse para una tarea regeneracionista. Ramos Mejía, en cambio, se encuentra en una posición más compleja: considera que la ausencia de sentido republicano y nacional dentro de la elite se hunde en una historia que se confunde con sus mismos orígenes, ya que desde la época colonial las llamadas clases elevadas habrían aspirado sólo a un liberalismo que se reducía a obtener progresos y mejoras personales,

---

[36] Como se ha dicho, recientes estudios demuestran empero la presencia de una sociedad activa políticamente, así fuere en otros escenarios que en los electorales, "contradiciendo la difundida imagen del extranjero sólo interesado en sus asuntos privados y ajeno a la vida pública" (H. Sabato, *La política en las calles*, Buenos Aires, Sudamericana, 1998, p. 194). Iguales conclusiones apunta Lilia Ana Bertoni en su citada tesis. Situación que plantea un problema clásico de la historia intelectual: el del desfase entre lo real –si se permite hablar en estos términos– y lo que los contemporáneos se representan como real. En *El otoño de la Edad Media*, el gran historiador suizo Huizinga consideró este problema en términos convincentes. Reconoce allí que los europeos del siglo XVI "no veían" en la naciente burguesía una fuerza motriz de la sociedad, sino que seguían mirando hacia la nobleza, y con ello desatendían a aquel sector social que habría de revolucionar la historia. Y sin embargo, concluye Huizinga, también lo que los humanos no ven forma parte de su manera de ver la realidad y actuar en ella (cf. L. Huizinga, *El otoño de la Edad Media*, Madrid, Revista de Occidente, 1956).

siempre servidas "por el gobierno mismo, en perfecta concordancia con la iniciativa de los vecinos más influyentes de la ciudad". La Reconquista contra los invasores ingleses desnudó brutalmente esta situación dado que, mientras "hervía en el seno de la muchedumbre el más vivo entusiasmo por la venganza", "las clases superiores y los burgueses ricos y meticulosos habían resuelto aceptar los hechos consumados". En definitiva, y de modo inapelable, Ramos Mejía señala los males derivados de la inexistencia en Buenos Aires de "la culta y orgullosa aristocracia" que en el Alto Perú formaba el núcleo social de una clase legítimamente dirigente. Como contrapartida, la función de la plebe argentina debe ser puesta de manifiesto como parte sustantiva del proceso emancipatorio. De hecho, las grandes victorias en la historia política argentina provienen del elemento popular, aun en forma espontánea y sin contar siquiera a veces con la dirección del caudillo. Así, "la revolución argentina [...] es la obra más popular de la historia y la menos personal de toda la América Latina".

El aporte específico de esas multitudes a la conformación de la nacionalidad consiste, es verdad, en una función literalmente material y energética. "No trajeron colaboración intelectual a la civilización argentina, sino puramente física. [...] Su función parece más bien biológica que política: engendra las tiranías, como la sangre rica las inflamaciones y las infecciones mortales que producen las pioemas". Es en esa vitalidad que se identifica con los valores de la corporalidad en la que piensa cuando considera benéfico el influjo refrescante que pueden contener para la renovación de otras multitudes argentinas del porvenir. Ya en el pasado encuentra la lección de que "esos bárbaros, *físicamente* tan vigorosos en su musculatura de hierro", aportaron su contingente de sangre aséptica a las ciudades exhaustas, del mismo modo en que las descargas eléctricas de la atmósfera ejercen una acción purificadora en los imponentes trastornos del mundo primitivo.

Con estas interpretaciones adaptadas a su medio local, Ramos Mejía marchaba al compás del motivo de época que denunciaba el exceso de civilización como causa de debilitamiento, y señalaba la necesidad de estímulos reenergizantes mediante un retorno a la naturaleza. La literatura y la filosofía del momento han comenzado en efecto a exaltar al "hombre natural", pero no en el sentido roussoniano, sino correspondiente a un modelo biopsicológico en el cual naturaleza equivale a instinto y energía. "La reflexión y el análisis intelectualista se oponen al vigor de la acción, y dan como resultado esos pobres de vida como Werther. Por el contrario, Napoleón será el último *condottiero* renacentista, y este tipo creado por Taine es el que admirará Nietzsche contra la 'enfermedad de los románticos'."[37] También atentos a su propia circunstancia nacional, signada aún por la derrota frente a Alemania, Barrés y Sorel, más allá de todas sus diferencias, comparten la convicción de que Francia está sufriendo una "falta de energía" y de "vigor sanguíneo".[38]

Con este abordaje se respondía a la pregunta *fin-de-siècle* en torno del fantasma de la decadencia (que en clave biológico-positivista se nombraba como "degeneración"), decadencia que asedia a las sociedades a partir de ciertos desarrollos de la modernidad: exceso de civilización, sofisticación en el consumo y el confort agravada por la vida en las grandes ciudades, que causan el empobrecimiento de la sangre, la disminución de la energía muscular, la perversión y el acentuamiento de un espíritu de análisis hiperracionalista que desemboca en el escepticismo, el nihilismo y la ruina de la voluntad. En el horizonte de referencias más cercanas de Ramos Mejía, dicho tema había sido difundido dentro de códigos ideológicos diferentes por los *Ensayos de psicología contemporánea* de Paul Bourget y por el

---

[37] *Hyppolite Taine. Scienze umane e politica nell'Ottocento,* ob. cit.
[38] D. Pick, *Faces of Degeneration. A European Disorder, c. 1848-c-1918,* Cambridge, Cambridge University Press, 1989, p.99.

exitoso libro *Degeneración* de Max Nordau. Este último recogía una intensa reflexión sobre el tema que venía constituyéndose como tal desde el campo de la medicina y la biología a partir de mediados del siglo.

Aunque en verdad este tópico que opone al intelectualismo debilitante una "barbarie energizante" se hunde en la larga duración de las mentalidades occidentales. Para los tiempos modernos ha sido señalado que ya en Gibbon se ve que algo se pierde con la desaparición de la barbarie, y esto que se pierde es el "honor" bárbaro, por lo cual el proceso de la civilización es al mismo tiempo un proceso de corrupción.[39] Pero al inscribir estos temas en la saga de las representaciones de la elite argentina, Ramos Mejía está operando dos modificaciones de entidad. Porque ese elemento bárbaro y reenergizante lo encuentra en una porción de la sociedad y del pasado argentino que había sido en general desechada de la narración de una historia que enfatizaba otras sendas consideradas más pertinentes con el progreso. Basta evocar aquellas narraciones para percibir todas las inversiones de sentido y de valoración que en torno de esta elección de Ramos Mejía se están produciendo. En *El paraíso perdido*, Milton adjudica a las mismas palabras un significado totalmente diverso según hayan sido pronunciadas antes o después de la Caída, puesto que no podían seguir diciendo lo mismo en un mundo inocente y en otro que ha conocido el mal (y, por ende, el bien).[40] Ahora, aquello que Ramos Mejía ha conocido es ese mundo urbano poblado por una inmigración, muchos de cuyos rasgos repudia, y entonces tanto el mundo rural como el caudillismo –causa y producto del atraso argentino según el *Facundo*– cobran una valoración crecientemente positi-

---

[39] J. G. A. Pocock, *Virtue, Commerce and History*, ob. cit., p. 118. Véase asimismo N. Elias, *El proceso de la civilización*, FCE, 1987, *passim*.

[40] Tomo el señalamiento de Paul Auster, *Ciudad de cristal*, Barcelona, Anagrama, 1997.

va. Entonces, esta mirada moderna tuerce hacia las multitudes rurales del pasado argentino, que ejercen sobre él una fascinación que no oculta. Fueron justamente esas masas activas las que se derramaron "por toda la república para engendrar las tiranías vigorosas −casi estoy tentado de llamarlas musculares y sanguíneas−, que oprimieron al país durante veinticinco años".

Dentro de estas preocupaciones se inscribe el atractivo por la figura de Rosas, para cuyo tratamiento Ramos Mejía apelará en *Rosas y su tiempo* al criterio de cientificidad positivista, pero lo que es singular es que esa objetividad es ahora posible por la presencia inmigratoria: "Interpuesta entre aquella época y nosotros, existe una gruesa capa de elemento extranjero que ha incorporado a la nuestra su sangre fría y la indiferencia de sus hijos para el estudio de los problemas históricos que apasionaron a nuestros padres". Hay sin embargo un significado que no se modifica en ese pasaje, porque lo que Ramos Mejía aprecia asimismo en esas masas rurales es la capacidad de abnegación sin protesta que las llevó a desempeñar un papel positivo en las guerras de la independencia y en las luchas civiles argentinas, capacidad que saluda mediante una cita de Sarmiento:

> Esos soldados carecieron diez años del abrigo de un techo y nunca murmuraron; la pasión del amor, poderosa e indomable en el hombre como en el bruto, pues que ella perpetúa la sociedad, estuvo comprimida diez años, y nunca murmuraron; la pasión de adquirir, como la de elevarse, no fue satisfecha entre los soldados, las afecciones de familia fueron por la ausencia extinguidas, los goces de las ciudades casi olvidados, todos los instintos humanos atormentados, y nunca murmuraron.[41]

Ramos Mejía encuentra en esa virtud del acatamiento sin protesta que garantiza la gobernabilidad la síntesis deseada entre la

---

[41] *Obras completas de D. F. Sarmiento*, ob. cit., t. XIV, p. 119. Cit. en *Las multitudes argentinas*, ob. cit., p. 178.

energía bárbara de las campañas y los bienes de la modernidad que siguen residiendo en las ciudades. Aquellas multitudes, en definitiva, son reservorios de salud corporal, que también tonifica el espíritu, pero siempre y cuando la civilización urbana sepa utilizarla como medio para sus propios fines.

Puesto que esas multitudes son tan vitales como irracionales, se impone la necesidad de un *meneur* o conductor, y en ese punto el encuentro con don Juan Manuel de Rosas le pareció inevitable. Vicente Fidel López, en el prefacio de su *Historia de la República Argentina*, había indicado como fatal el momento del divorcio entre masas y elite; Ramos Mejía encuentra ahora que ese divorcio resultó fundacional, y a partir de esta convicción dará un significativo paso que otros también estaban transitando. Porque hubo un momento en aquel pasado en el que se produjo un reencuentro entre el activismo de las masas y un liderazgo nacional; ese momento fue la época de Rosas.

Las multitudes argentinas ya había elaborado un relato historiográfico que disonaba con aspectos relevantes de los discursos dominantes, y, más notorio aún, enjuiciaba con inesperada severidad la trayectoria de las clases dirigentes. Destacaba así que, lejos de obedecer al movimiento de las categorías ilustradas y europeas, la idea misma de la revolución de independencia fue primitivamente "mística y teosófica". La multitud se sintió entonces movida y agitada por una aspiración que no alcanza a cristalizar en un concepto, proceso que ocurre en ese "hombre-carbono" de las clases bajas de la Colonia, quien sentía más que ninguna de las otras clases sociales el antagonismo entre nativos y españoles. La revolución no circula, en cambio, en "la inmóvil masa de las clases superiores".

Entonces, desde la "fisiología de las masas" su mirada se desplaza hacia la cima de la pirámide del poder, especialmente cuando es ocupada por los dominadores de la multitud, quienes han tenido calidades precisas para dirigirla y, a veces, transformarla. En el fondo de este interés se encuentra la pregunta por

las condiciones de emergencia de un conductor que pueda gobernar a las masas tal como éstas acaban de ser definidas. "Tanto en la turba como en la secta –escribía igualmente Juan A.
García–, la causa de todo el proceso mental es el caudillo que
prestigia la nueva idea, aceptada y seguida por todos en virtud
de la *tendencia imitativa*, que es una de las cualidades fundamentales de la naturaleza humana".[42]

Éste es el escenario dentro del cual se inscribe la curiosidad
por la figura de Rosas, que será un tema historiográfico recurrente en esta generación de intelectuales –quienes creen llegado
el momento de visitar la figura del Restaurador sin las pasiones
enceguecedoras de sus padres–. De modo que, luego de la historia en tres volúmenes de Saldías sobre Rosas (publicados en
1881, 1884 y 1887), aparecerán las interpretaciones de Ernesto
Quesada y ahora, de Ramos Mejía, quien en 1907 le dedica su
ensayo más extenso y ambicioso, *Rosas y su tiempo*. Por cierto,
Ramos Mejía condena el terror rosista, al que califica de "brutal
y excesivo", citando opiniones análogas de Quesada y Saldías, e
incluso colocando entre los documentos de prueba de esos abusos alguno que refiere a su propia familia, como aquel donde un
vecino de Monsalvo exige al juez de paz que le facilite cuatro de
las ocho carretas poseídas por la estancia de los Ramos Mejía,
"salvajes unitarios que se hallan emigrados".[43]

En términos más sustantivos, y llamado a la construcción de
otra genealogía, Ramos Mejía opera un rescate del fondo criollo. En él inscribe el atractivo por Rosas, a quien a lo largo de
centenares de páginas se lo separa de esa figura falsa de un mediocre burgués que se horroriza del asesinato y de la sangre, para recolocarlo en su función de "un grande y originalísimo
tirano". Para llegar a ese punto crucial, *Rosas y su tiempo* re-

[42] J. A. García, *Introducción...*, ob. cit., p. 45.
[43] J. M. Ramos Mejía, *Rosas y su tiempo*, Buenos Aires, Editorial Científica y Literaria Argentina Atanasio Martínez, 1927, t. II, pp. 127-128.

construye el itinerario de la civilización y de la nacionalidad argentinas, a su entender erróneamente descrito hasta entonces. Cambia entonces el eje historiográfico que colocaba a Buenos Aires en el centro y origen del movimiento de las Luces que posteriormente se habría expandido por el interior: por ejemplo, cuando Buenos Aires aún no tenía ni librerías donde comprar papel de cartas, míseros pueblecitos como Nonogasta poseían bibliotecas que atesoraban "una cultura cuyas proporciones, en toda su patriótica trascendencia, nuestro orgullo metropolitano desconoce". Como parte de un tópico que se está constituyendo y que subvierte la visión dominante que definía a Buenos Aires como faro civilizatorio, ahora por el contrario Ramos Mejía la observa, apelando a Carlyle, como sede de "la democracia mugiente", obstinada en cultivar un patriotismo de ciudad opuesto al patriotismo nacional.[44] Un giro de significados, si se piensa en la *Historia de Belgrano* de Mitre; giro que seguramente tendría referencias inmediatas a las luchas intraelite, pero que las desborda para constituir un tema de larga duración en las interpretaciones del pasado argentino: la ciudad de Buenos Aires como fenómeno anómalo dentro del cuerpo nacional. No era por cierto un motivo novedoso, ya que en el Alberdi anterior a la federalización de Buenos Aires se había tornado una cuestión obsesionante al sentar la oposición, fundamentalmente económica pero extensiva a otros aspectos, entre Buenos Aires y el interior, y esta antinomia será cultivada en general por los adictos a los regímenes provinciales o a la Confederación urquicista. Pero si no era novedoso, se trataba de un tópico en ascenso.

Ciudad donde imperaba el espíritu mercantil, estimulado por la ausencia de vida intelectual, Buenos Aires dará como preci-

---

[44] Esto aparece testimoniado en los documentos que consulta en el *Archivo de Policía*, donde lee lee entre otros casos: "Juan Navarro. Patria, Buenos Aires", o en la correspondencia de Rosas con las autoridades de campaña, en la cual escribe "*hijo del país* cuando se quiere indicar al nacido en Buenos Aires", mientras que en otras consta: "Ambos hijos del país, y Fulano y Zutano de la Provincia de Salta".

pitado "ese vecindario conservador y tranquilo", siempre reza-
gado respecto del movimiento revolucionario, y que no descan-
sará hasta encontrar una autoridad cuya intensidad de mando le
restituya la quietud perdida. Además, mientras en provincias
las necesidades apremiantes de la vida habían de satisfacerse en
la penosa labor diaria, en cambio el plebeyo porteño nadaba en
la abundancia de una naturaleza generosa, y con ello tenía su
espíritu libre para dar cabida y rienda suelta a las ideas democráticas. Buenos Aires terminó así contando por una parte con
este populacho que "no quería tierra ni trabajo muy duro, sino
holganza, vida fácil y la igualdad soñada", y por la otra con el
tipo del comerciante, "el depositario del instinto económico de
conservación […] que escondió mucha savia para la futura Cartago americana".

Si ésta era la situación de la población porteña, mientras tanto
las multitudes de la pampa y de las soledades del litoral se repro-
ducían silenciosamente en el medio fecundo de su vida libre y
sin leyes. Empezaron entonces a ser movilizadas por toda la pa-
rafernalia de las tentaciones ofrecidas por las imágenes que seducen a las multitudes, en estricta correspondencia con su propia
base fisiológica. He aquí una de esas descripciones, que no puede
sino evocar representaciones análogas de Hyppolite Taine al referirse al aspecto y los móviles de las masas revolucionarias:

> Comienzan allí su codicia y sus sórdidos apetitos a percibir
> las fruiciones anticipadas del saqueo; despiértanse luego en
> el cerebro embotado nuevas sensaciones y necesidades en
> presencia de los vinos y de los licores violentamente estimu-
> lantes para aquellas sensibilidades poco ejercitadas, los tra-
> pos con exceso coloreados, los sombreros pintorescos, las
> camisetas y chiripáes novedosos, y la variada orfebrería, que
> llena de metales falaces el cuerpo, puebla la imaginación del
> campesino de imágenes de poderío y de riquezas magníficas,
> que acaban por despertar en su atolondrada mente la tenden-
> cia impulsiva que los precipita sobre las ciudades.

Inútil buscar móviles políticos en estas voluntades; "sólo instintos obscuros, vagas aspiraciones de organización, como fue instinto el de las otras multitudes por la independencia".[45]

El pueblo que –como la psicología de las masas había mostrado– juzga siempre más por el sentimiento que por la razón, encontrará en la figura de Rosas su líder necesario. Él encarnó en su propio cuerpo, con "sus hermosos ojos de cielo", esos símbolos, y para comprender el resto debe apelarse a la teoría de la sugestión: "Sólo así se explica que en virtud de una sugestión espiritual poderosa se impusiera, como dice Tarde, la unidad al número, un hombre solo a tantos miles de hombres armados". Para desempeñar esta función, Rosas contó con cualidades que lo homologan con otros personajes como Belgrano, Alvear o Rivadavia, pero, para mejor describirlo, Ramos Mejía construye allí un inesperado pero explícito sujeto nietzscheano. "Rosas, a quien le repugnaba la chusma, por ser un espíritu esencialmente aristocrático en el sentido de la superhombría *niechziana*" [sic], y que al mismo tiempo jamás utilizó el poder para lucrar, fue de pronto el único que estuvo en condiciones de gobernar lo que se había tornado incontrolable para los hombres de letras y de estado. Para conducir a esas multitudes compuestas por una masa heterogénea de materiales innobles a la que era preciso seducir para orientar, y en el medio rioplatense, donde nadie podría limitar sus aspiraciones al gobierno manso y regular de las leyes, fue preciso un superhombre criollo tallado en el espíritu de Zaratustra. En Rosas se cumple, en efecto,

la glorificación de los instintos rebeldes y agresivos contra toda convención social [...], de conquista y de presa, [...] una afirmación de la energía humana triunfante, brutal, implacable para los otros. La escala tradicional de valores está invertida por él; representa el más sereno desprecio de las virtudes

[45] J. M. Ramos Mejía, *Las multitudes argentinas*, ob. cit., p. 143.

cristianas, altruistas y gregarias de obediencia, benevolencia, piedad, justicia, circunspección, en las relaciones sociales.[46]

Después de todo, si Rosas triunfó sobre los demás caudillos es porque en su personalidad se produjo la síntesis de los hábitos urbanos con los instintos campesinos y bárbaros. Resumen de las bajas aptitudes morales de la plebe urbana, conformaba simultáneamente un genuino producto de la multitud de los campos, y ambas encontrarán en él a su líder, nacido de la más genuina expresión de esa superabundancia de energía a la que Darwin –dice– atribuiría un despertar tan salvaje como vital de las pasiones más bravías.

Por cierto, no resultaba novedosa esta búsqueda de una minoría dirigente. Había sido consustancial al surgimiento de un país que rompía con la corona metropolitana, y había estado fundada en diversos registros que podían ir desde las reminiscencias borbónicas del despotismo ilustrado hasta la naciente teoría de las elites, pasando por una apelación a la epifanía roussoniana de la voluntad general y del grande hombre romántico, o por la vertiente de un republicanismo aristocrático. Se había diferido y se seguiría disintiendo, en cambio, en el modelo de relación entre gobernantes y gobernados. Si para Vicente Fidel López, por ejemplo, "el caudillismo era pura negatividad, para Mitre representaba la expresión de sentimientos democrático-igualitarios que, canalizados y controlados por instituciones liberales-republicanas, podían contribuir positivamente a la formación de la nación".[47] Sarmiento, por su parte, era quien más lejos había llegado en su admiración por los hábitos del *self government* norteamericano, y de su descripción de una manifestación pública en los Estados Unidos surge clara su figuración de un buen orden político; también, todas las diferen-

[46] J. M. Ramos Mejía, *Rosas y su tiempo*, ob. cit., t. III, pp. 448 y 449.
[47] N . Goldman y R. Salvatore (comps.), Introducción a *Caudillismos rioplatenses*, Buenos Aires, Eudeba, 1998, p. 10.

cias que en análogas descripciones se han visto en Ramos Mejía. Porque para el autor del *Facundo* ese tipo de participación cívica no consiste en que un grupo de exaltados enardezca a las muchedumbres, y sí en que cada individuo cuide y responda del orden público. Cuando en Estados Unidos "una manifestación (que nunca pretende ser popular como entre nosotros, sino de una opinión o un interés) marcha por las calles, los individuos van del brazo, de modo que no se haga tumulto, agrupamiento, confusión. La luz y la vista penetran por aquellas ordenadas hileras, y el que va de buena fe responde de la buena conducta de los dos que lleva tomados del brazo".[48] Según Ramos Mejía, en cambio, la imposición de ese orden debía derramarse desde arriba hacia abajo, circulando por una serie de instrumentos personales e institucionales que interpelaran las zonas oscuras del sujeto psicológico, en tanto haz de pulsiones sugestionables por estímulos manipulados desde el poder. Es cierto, entonces, que "la virtus racional de Sarmiento se ha trocado en la virtus irracional de Ramos Mejía".[49]

La apreciación positiva de éste hacia Rosas proviene asimismo de descubrir a quien pudo establecer una justa distancia entre su persona y los gobernados, sin derrumbarse hacia los riesgos de un populismo incontrolable cuyo caso parece encontrar en Aristóbulo del Valle. De allí que también se pueda atisbar el modo en que podría quedar redefinido el liberalismo de Ramos Mejía si se conectan sus reflexiones sobre los *meneurs* con la afirmación de Taguieff de que la concepción liberal es radicalmente antipopulista y "se basa en el temor de las elites tradicionales a la nueva alianza entre el poder irracional de las

---

[48] "Incendio del Salvador", *La Tribuna*, 6-3-1875, en *Obras completas de D. F. Sarmiento*, ob. cit., t. XLII, p. 11.

[49] L. de Privitellio, "*Las multitudes argentinas*: los límites del análisis positivista en la obra de J. M. Ramos Mejía", en *Cuadernos Americanos*, México, 1996, núm. 56, p. 108.

masas y el estilo groseramente personalista de ciertos líderes de tendencia demagógica".[50]

Sea como fuere, la intervención de Ramos Mejía en *Rosas y su tiempo* no es ni melancólica ni pasatista; contiene la pregunta dirigida al futuro por una gobernabilidad que garantice los métodos más idóneos para que los estímulos éticos e intelectuales penetren en el ánimo de las multitudes argentinas. Pero esta tarea se torna cada vez más dificultosa cuando mira esa sociedad otra vez hacia la base. Ya en *Las multitudes...* había visto un "afuera" poblado de guarangos y nuevos ricos, pero pocos años más adelante se percibe que lo que allí son inquietudes que confían aún en la capacidad del medio y la educación para normalizar a una población aluvional, ahora se ha transformado en una creciente alarma.

Hacia ese "mundo de abajo" dedicó Ramos Mejía, en los primeros años del nuevo siglo, un libro al que tituló *Los simuladores del talento en las luchas por la personalidad y la vida.* En esta obra dedicada a Roque Sáenz Peña y con remisiones a Darwin ("que demostró que el mimetismo es una de las formas más aptas de adaptación a las condiciones de lucha por la vida"), las prácticas mercantiles siguen siendo denunciadas como origen de decadencia; el dinero aparece como enemigo de la sociedad, y aquí y allá se presentan juicios antisemitas ya reactivados en el relato del 80 en la estela de *La France juive* de Drumond, y al fin de cuentas enhebradas con una multisecular tradición hispánica.[51]

---

[50] P. A. Taguieff, "Las ciencias políticas frente al populismo...", en F. Adler y otros, *Populismo posmoderno*, Buenos Aires, Universidad Nacional de Quilmes, 1996, pp. 47-48.

[51] "La lucha por el dinero es una causa de disgregación de la personalidad" y se fomenta así una "vida de hebraísmo contemplativo". "El espíritu usurario parece congénito en algunos ejemplares humanos. [...] He conocido a un judío llamado Moisés T...; incoherente y aun perdido en su delirio polimorfo, conservaba sin embargo ese claro sentimiento de la usura" (J. M. Ramos Mejía, *Los simuladores del talento en las luchas por la personalidad y la vida*, Barcelona, F. Granada y Ca. Editores, s/f., pp. 191 y 53).

Pero si la denuncia del materialismo económico era ya un lugar más que común, lo que sorprende es que *Los simuladores del talento* incluye una visión desconfiada de fenómenos arquetípicamente modernos, tales como el periodismo y la ampliación del mercado de lectores. Porque para Ramos Mejía, si bien este público goza ahora de las destrezas necesarias para tener acceso a la palabra escrita a partir de la difusión de la enseñanza pública, aquello que lee no es lo que debería leer. Nueva inversión de la valoración del Sarmiento de los *Viajes*, quien se admiraba en Estados Unidos ante el espectáculo del "único pueblo que lee en masa" y "donde 2 mil periódicos satisfacen la curiosidad pública", o la de Carlos Gutiérrez, uno de los hijos de Juan María, quien en septiembre de 1883 en el primer número de su periódico *La Crónica*, expresaba en su Programa que "la prensa es la más grande creación de nuestro siglo", por haber elevado el nivel de las masas mediante la difusión de los conocimientos y la incorporación de los dogmas de la libertad y del progreso a la conciencia pública.[52] Semejante será la opinión del propio Ramos Mejía en su libro sobre Rosas ("Como se ha dicho, el lector de un periódico dispone de más libertad de espíritu que el simple oyente. Puede reflexionar lo que lee en silencio"), pero al interpretar sus efectos en una sociedad "auditiva y visual por excelencia" como la que observa en Buenos Aires, el diario (junto con otras innovaciones como la fotografía y el cine) se le aparece como un producto dañino porque configura el medio más eficaz de engaño y sugestión. ¿No es acaso evidente la apelación a registros irracionales en la propaganda que allí aparece sobre las bondades del "chocolate Pereau", equiparable al conocido grito de "¡mueran los salvajes asquerosos unitarios!"? Lejos de ser un vehículo capaz de ampliar los horizontes de informa-

---

[52] Cit. en Laura Malosetti Costa, "Carlos Gutiérrez y la introducción de una crítica de arte de carácter positivista en Buenos Aires", mimeo, 1996.

ción y de conocimiento, "el diario reduce de un modo extraordinario el radio de acción del espíritu [y] parece una pequeña máquina diestramente montada que suple al cerebro en sus más nobles funciones", empobrecedora influencia de la cual otra vez los hombres superiores se hallan liberados.[53] Puesto que aquello que Ramos Mejía añora es un tipo de lector ideal que se va perdiendo y cuyo retrato es revelador: aquel "era un hombre relativamente instruido, serio, paciente, que leía menos que nosotros pero que pensaba más; el grave y tranquilo lector de otros tiempos que meditaba recostado en sus grandes infolios cuando era profesional, bajo la luz dulce de los interiores holandeses, ha desaparecido como otros tipos sociales, arrastrados por la corriente del periodismo moderno".

Cuando aborda por fin el tema de la *simulación*, es evidente que aquel llamado de alerta se nutre en la sospecha de que ante sus ojos se está produciendo una temible escisión entre la apariencia y la esencia. Significativamente, y como indicará Walter Benjamin, en otros sitios era el momento de emergencia de la novela policial como género literario ocupado de los aspectos amenazadores de la vida urbana. Uno de ellos consistía en la ausencia de huellas de las personas en la metrópolis, y en particular en el seno de las masas. Los individuos buscaban asilo ya no en el *intérieur*, sino en la multitud. Entonces "las masas aparecen como el asilo que protege a una persona asocial de sus perseguidores. De todos los aspectos amenazadores de las masas, éste fue el primero en manifestarse. Es el origen de la novela policíaca".[54] Sobre la senda marcada tempranamente por Baudelaire, y dentro de la misma temática de los efectos de la modernidad urbana, Benjamin asimismo llamará la atención so-

---

[53] "Las personalidades de acero, los *hombres de bronce bismarckiano* no se dejan deformar por el dedo de esa extraña escultora, que modela y transforma a su manera la cera dócil de las medianías pedestres o poco conocidas..." (*Los simuladores...*, ob. cit., pp. 150 a 154).

[54] Walter Benjamin, *Ecrits français*, París, Gallimard, 1991.

bre la figura del *flâneur*, como alguien que también al pasear organiza, unifica y tipifica el paisaje de la gran ciudad.[55]

No obstante, en el caso de Ramos Mejía puede percibirse que un *flâneur* no siempre organiza el *flâner*, ya que súbitamente puede aparecer la anomia. Como esos afásicos incapaces de ordenar según sus colores un conjunto de hebras sobre un plano, el "paseante" de *Los simuladores del talento* es un sujeto invadido por una serie de escenas fugaces que se confiesa incapaz de clasificar, para terminar sumido en la angustia. Más precisamente, lo que esas visiones tienen de perturbadoras es que no dicen de dónde vienen ni llevan escrito en la frente su verdadera esencia. Ante esta ausencia de pistas, marcas y señales, Ramos Mejía retorna a la ilusión científica prometida por la fisiognómica lombrosiana como metodología capaz de garantizar la elaboración de un mapa de identidades en esa sociedad confusa y magmática. Entonces escribe: "Sería curioso averiguar si así como ciertas anomalías del físico tienen relación estrecha con las de la organización mental, la de los dientes la posee con determinadas tendencias del sentimiento. [...] ¿Por qué las disposiciones viciosas de los maxilares [...] no han de corresponder con algún reflejo del espíritu del gorila o del feroz chimpancé, oculto en algún pliegue del alma humana?".

Para todos estos males, la escritura ansiosa de Ramos Mejía concluye que al insoportable igualitarismo de la vida moderna es preciso oponerle el aristocratismo nietzscheano, sobre todo cuando verifica la constitución en el seno de esa modernidad de

---

[55] En términos de Schorske, esa función se torna necesaria ante el hecho de que "la ciudad moderna ofrece un eterno *hic et nunc*, cuyo contenido es la transitoriedad, pero una transitoriedad permanente. [...] La experiencia de la multitud es central en esta perspectiva: formada por individuos desarraigados y únicos que confluyen por un momento antes de volver a separarse" (*La ciudad en el pensamiento europeo: de Voltaire a Spengler*, separata de *Punto de Vista*). Sobre las impresiones de Baudelaire, cf. Ch. Baudelaire, *Le Spleen de Paris* [1869], París, Maxi-Livres Profance, 1998. [Hay traducción española: *Spleen de Paris*, Rosario, Ediciones del Peregrino, 1982].

un temible submundo marcado con estigmas de una diferencia excluyente, y todo ello manifestado con signos que no encuentran en Ramos Mejía su hermeneuta. Ha conocido dentro de esa fauna de la miseria a aquellos extraños tipos de nacionalidades dudosas que poseen un periodismo peculiar: la prensa de las paredes y de los muros bien blanqueados. Allí se expresan en una lengua caótica de palotes y jeroglíficos: "un pájaro dibujado con groseros contornos, un sol, una mano con cinco rayos, un sedicente caballo, una flecha o muchas rayas para arriba o para abajo, todo eso, combinado entre sí, mudo para nosotros, encierra sin duda alguna particular riqueza de expresiones impenetrables a los que ignoramos esta ciencia popular *sui generis*, en que tanta vida desconocida palpita a cada momento". Se le ocurre entonces que muchos de sus signos han de ser conjuros o amuletos, "algo parecido a las palabras mágicas de que se servía la plebe romana para hacerse invulnerable". Ha conocido a quienes así se expresan: un sastre español, un obrero, una prostituta, algunos "scruchantes"…

Otra vez puede leerse en estos pasajes un formidable giro de sentidos respecto del autoposicionamiento de Sarmiento: si en el *Facundo* el intelectual se asigna el conocido rol de intérprete y hermeneuta, y esa capacidad es lo que fija el límite entre la civilización y la barbarie, sesenta años después Ramos Mejía se encuentra frente a otro muro, no en los baños del Zonda sino en las paredes de la ciudad de Buenos Aires, y confiesa su impotencia para comprender esos mensajes cifrados.[56] Así, de Sarmiento a Ramos Mejía, la elite liberal siente cuestionada la

---

[56] Naturalmente, la referencia es al momento relatado por el *Facundo* en que Sarmiento escribe *"On ne tue point les idées"* sobre las piedras y en su huida hacia el exilio chileno; frase escrita en el lenguaje de la civilización que los enviados de Rosas no podrán descifrar. Ricardo Piglia ha escrito ineludibles reflexiones sobre este pasaje. Véase asimismo la respuesta crítica de Julio Ramos, en *Desencuentros de la modernidad…*, ob. cit., y José Sazbón, "Campo semántico y organización narrativa", *Investigaciones semióticas*, Valencia, Venezuela, Universidad Carabobo, vol. I, núm. 1, 1981.

legitimidad "edípica" de su autoasignado poder para cubrir el vacío de sentido entre los enigmas y sus significados. Cortada su capacidad para comprender lenguas diversas, lo diferente se ha tornado amenazante, y el espacio público amenaza fragmentarse en juegos de lenguaje cuya traducibilidad sólo será posible a partir de un código impuesto desde arriba. Sobre la base de esa sospecha, la paranoia crece: "¿No habéis observado en las paredes mil signos extravagantes pero obedeciendo algunas veces a cierto metódico plan?". [57]

Como ha sido señalado, la ciudad se torna cada vez más extraña para los miembros de la elite, y éste es el recorrido que muestra Cambaceres, para quien, si en *Potpourri*, de 1881, "Buenos Aires se descifra en el Club del Progreso, *En la sangre* (1887) busca la clave explicativa en los conventillos miserables".[58] La representación de la ciudad como espacio de transformaciones violentas y refugio de signos desconocidos, y como ámbito de multitudes pobladas de tipos desviados, construía otra imagen de la urbe porteña. Ella implicó en Ramos Mejía la total inversión del viaje de la nacionalidad en la tierra de los argentinos desde sus orígenes mismos. Ya que en esos tiempos fundacionales se habría insinuado en ella "el alma hebrea dentro de la abigarrada heterogeneidad de aquella población, cosmopolita desde su origen". Y como la abundancia es inexorablemente aisladora, la primitiva población española acentuó en la nueva ciudad sus tendencias regionalistas, y junto con sus riquezas dejó a sus hijos un egoísmo localista opuesto a la unidad nacional.[59] Espacio urbano entonces donde el interés se opone al patriotismo, es "la ciudad que les impidió ver la nación".

Ésos son los puntos oscuros que manchan el proyecto de la clase dirigente. Pero si ellos no lo invaden todo hasta cubrir la

---

[57] J. M. Ramos Mejía, *Los simuladores del talento*, ob. cit., p. 216.

[58] A. Gorelik, *La grilla y el parque*, Buenos Aires, Universidad Nacional de Quilmes, 1998.

[59] J. M. Ramos Mejía, *Rosas y su tiempo*, ob. cit., v. I, pp. 161, 167 y 163.

totalidad del horizonte es porque la ideología de Ramos Mejía muestra esa conjunción de misantropía más esperanza que le permite proyectar un futuro de gran nación para este rincón del planeta, sobre la base de un diagnóstico sin ilusiones en torno de los móviles ocultos y demasiado humanos de las masas. Al no dudar de lo que hoy se denominaría la eficacia de lo simbólico para producir efectos de realidad, puede apelar nuevamente a Le Bon para verificar que los símbolos adoptan ante las multitudes su forma más penetrante cuando se configuran en imágenes, y por eso los auténticos conductores han sido quienes han logrado con frases ruidosas y vivos colores la materialización instantánea de una idea en una imagen grandiosa. En la historia reciente, Del Valle encarnó en los sucesos de 1890 esa figura del tribuno que sedujo a unas muchedumbres que Ramos Mejía describe como aniñadas y femeninas en su inocente ingenuidad y su fácil apasionamiento por la verba impetuosa del caudillo de turno. Pero este éxito popular debía pagar el duro precio de esa excesiva vecindad entre intelecto y pasión a la que Del Valle habría cedido, tributando así un culto riesgoso a la "infiel hetaira" de las masas. Por el contrario, es en Carlos Pellegrini en quien Ramos Mejía coloca su paradigma de político necesario para la relación Estado-sociedad que considera recomendable para ese momento argentino. Descreído de los prodigios de las turbas, el ex presidente es dibujado en *Las multitudes argentinas* en el entrecruzamiento de tutelaje político y organicismo social, dado que si la sociedad está concebida según la metáfora del cuerpo, entonces las crisis y conflictos sociales serán coherentemente traducidos como patologías, y el político resultará por fin investido de ropajes médicos. Es lo que justamente ocurre con Pellegrini, que "en los asuntos de la política y del gobierno es un clínico, más que un sabio, aunque tenga envergadura de tal, que aplica con maravilloso acierto la terapéutica sin olvidar el temperamento y la idiosincrasia de sus enfermos: a la cabecera del paciente, las ilusiones sobre aplicaciones imprudentes de que se apasionan los neófitos quedan en los bolsones de su carruaje".

Dotada de liderazgos semejantes, y combinada con los elementos que el medio nativo ofrece, es posible pensar a la Argentina del futuro como una mezcla provechosa de sus diversos componentes aún en estado fluyente. Al remitir obsesivamente este aporte humano al ámbito de la naturaleza, Ramos Mejía encuentra no obstante por esta vía una coartada argumentativa para legitimar en la mezcla poblacional los efectos positivos del mítico crisol de razas argentino. Dado que visualiza en la historia nacional dos fuerzas poderosas que partiendo del litoral y del interior afluyen de mucho tiempo atrás "hacia este inmenso centro de la Capital fenicia y heterogénea todavía, pero futuro crisol donde se funde el bronce, tal vez con demasiada precipitación, de la gran estatua del porvenir: la raza nueva". Mediante ese desplazamiento en el espacio se logrará salvar las diferencias entre Buenos Aires y el interior. Por esto, aunque lentamente, va resultando cierta unidad de sentimiento político entre la metrópoli y el resto del país; precisamente por eso la multitud que se forme aquí tendrá más tarde su tinte nacional, porque necesariamente "la circulación general concurre a ese centro de oxigenación a refrescar la sangre que ha de enviar después hasta el más humilde capilar de la Nación".[60]

Otro corte, pero esta vez temporal, queda empero por suturar, y es el producido entre el pasado y su presente como consecuencia del brusco y saludable contacto con Europa, que amenaza sin embargo con diluir el perfil nacional. Razonando otra vez a la manera de Taine, el autor de *Las multitudes argentinas* puede ser optimista. El "medio" argentino –de nuevo identificado en el texto con una pampa que de desierto se ha tornado en ubérrima– es vigoroso, y la "raza", que llama "plasma germinativo", es conservadora. Corresponde a su propio "momento" ayu-

---

darle con algo que está literalmente en las manos de Ramos Mejía: "con una educación *nacional* atinada y estable" que permita "limpiar el molde donde ha de darse forma a las tendencias que deberán fijar el temperamento nacional".[61]

La evidencia de que un espacio económico no genera por sí lazos sociales conducirá entonces a la recurrida apelación nacionalista. Yendo en algún aspecto al menos a contrapelo de la modernidad, "ya que su principio reposa sobre el primado de una comunidad atemporal cuya entera legitimidad reside en la preservación de una herencia",[62] la idea nacional resulta funcional para proteger contra la anomia. Entonces, Ramos Mejía pasa revista velozmente a toda esa liturgia patriótica que reglamentará hasta el presente las ceremonias escolares como procedimiento de nacionalización de las masas: "Sistemáticamente y con obligada insistencia se les habla de la patria, de la bandera, de las glorias nacionales y de los episodios heroicos de la historia; oyen el himno y lo cantan y lo recitan con ceño y ardores de cómica epopeya, lo comentan a su modo con hechicera ingenuidad, y en su verba accionada demuestran cómo es de propicia la edad para echar la semilla de tan noble sentimiento". Y si bien la descripción de esta primera generación incluye una fisiognómica que no oculta las influencias lombrosianas, ya para la siguiente tanto el cambio de nutrición como los efectos del clima, sumados a los beneficios de la vida civilizada y culta, van logrando modificaciones progresivas que le permiten a Ramos Mejía observar con ilusiones la integración del extranjero en la Argentina.

Sólo entonces emergerá por fin una auténtica "multitud política" que sustituirá orgánicamente a las actuales agrupaciones

[61] En su célebre *Introducción*, Taine había esquematizado su propuesta: "Dada una literatura, una filosofía, una sociedad, un arte, tal clase de arte, ¿cuál es el estado moral que lo produjo?, y ¿cuáles son las condiciones de raza, de momento y de medio más apropiadas a producir ese estado moral?" (*Introducción...*, ob. cit.).

[62] Anne-Marie Thiesse, *La création des identités nationales. Europe XVIII-XX siécle*, París, Ed. Du Seuil, 1999.

artificiales y personalistas, por no decir facciosas. Claro que no está ausente de esta preocupación el temor de que, de no ser así, "el día que la plebe tenga hambre, la multitud socialista que la organice sea implacable y los *meneurs* que la dirijan representen el acabado ejemplar de esa canalla virulencia que lo contamina todo". Se sabe de qué modo para conjurar aquel riesgo, y desde la dirección del Consejo Nacional de Educación, Ramos Mejía apostó a la escuela pública como resorte de nacionalización de las masas. Era una apuesta que indica que, a pesar de todo, aún lo sostenía la confianza de que las pasiones patrióticas podían ofrecer un dique y un cauce a los males de la modernidad.

III. CARLOS OCTAVIO BUNGE:
RAZA Y NACIÓN

Problemáticas análogas serán tematizadas por Carlos Octavio Bunge desde parámetros ideológicos que lo colocan como un caso extremo del biologismo positivista argentino y sus correspondientes traducciones racistas. Este abogado nacido en 1875, que cuenta con antepasados paternos de origen alemán y forma parte de la minoría acaudalada y dirigente del país, buscará las causales de los males argentinos y también latinoamericanos en una sociología psicobiológica que se le ocurre fundadamente científica.[1] Con esto último no hacía más que plegarse al ya señalado clima ideológico dominante, que pretendía extender la cientificidad hacia el terreno de las disciplinas sociales. No es difícil encontrar en los textos de Bunge esta expresa voluntad de positivismo, aun cuando este credo filosófico va a ser corregido e impugnado en algunos momentos cruciales de su sistema argumentativo. Positivista es su aceptación de la ley comteana de los tres estadios (teológico, metafísico y positivo); positivista asimismo su admisión de que la atención del investigador debe estar centrada en los hechos y sus relaciones regulares; positivista, finalmente, en que esta norma debe aplicarse a todo el ámbito de la realidad, tanto natural cuanto cultural, y que ambos órdenes están sometidos a un estricto determinismo.[2]

[1] Sobre el estilo de vida y el círculo social de este integrante de la elite, cfr. *La familia de Octavio Bunge*, ob. cit.

[2] "Los fenómenos biológicos y los psicológicos o culturales resultan, más que de la iniciativa o acción humanas, del determinismo universal" (C. O. Bunge, *Estudios filosóficos*, Buenos Aires, Casa Vaccaro, 1919, p. 23).

Esa atención a las fuerzas objetivas era justamente uno de los aspectos atractivos que el positivismo parecía ofrecer. Por su inclinación a aceptar el *factum* como *Fatum*, sin duda era proclive a tomar lo dado como un destino, pero también a no subestimar las resistencias de la realidad ante los designios de los reformadores. De allí que al trasladar su retícula teórica hacia la problemática de la construcción de la nación, registrará la necesidad de contar con esas crudas materialidades para mejor domeñarlas. Después de todo, esa romantización de la ciencia que practica la filosofía de Comte había acompañado no solamente el desarrollo técnico industrial del siglo XIX; también había demandado un sistema de creencias orgánicas capaces de operar una reforma intelectual apta para poner término a la época crítico-revolucionaria abierta en 1789, y reemplazarla por un período estable en el cual la "estática" del orden y la "dinámica" del progreso pudieran convivir armónicamente. Esta positividad de la ciencia y el carácter paradigmático de la biología es lo que Bunge consideraba en *Principios de psicología individual y social*, publicado en 1903, como aquellos elementos necesarios y suficientes para explicar el creciente y ya definitivo desprestigio de "la idea filosófica"; paradigma que al traducirse al plano del análisis histórico y social iba a brindar, desde tempranos escritos, como precipitado teórico la concepción de la sociedad como un organismo psíquico.

Esos escritos van dando cuenta de su representación del individuo y de la sociedad, ya que dentro de la constelación positivista es sin duda quien mayor peso le adjudica a los estudios psicológicos en la construcción de una teoría sobre lo social, y en este punto su argumentación se articula con la psicofísica de Fechner y sobre todo con la del Wundt de *Elementos de psicología fisiológica*, que trasladaban el método positivista a una experimentación energetista tendiente a explicar las funciones superiores de la mente mediante una sumatoria de elementos constituidos en las capas más "bajas" de la sensación. En este

punto puede percibirse con nitidez la implementación del mó-
dulo positivista "duro", para el cual un hecho se considera ex-
plicado cuando ha podido ser reducido a elementos "bajos", a *átomos*
partir de cuya adición se componen los fenómenos superiores,
de modo que entre ambos registros no existe una diferencia
esencial sino meramente cuantitativa, al igual que las diferencias entre los fenómenos normales y los patológicos son más de
cantidad que cualitativos.

Dentro de este planteamiento genérico, Bunge propone para la
vida psíquica ese mismo curso de lo simple a lo complejo que
conduce desde la sensación hasta el razonamiento, pasando por
las percepciones, dentro de una "suavísima gradualidad", dado
que si la naturaleza no da saltos en lo físico, tampoco lo hace en
el reino de lo psíquico. También la conciencia es un todo graduado que se extiende desde la inconsciencia plena hasta la conciencia neta, y en ese plano "la inteligencia es la forma más elevada,
más consciente, del instinto", y éste es "la forma más rudimenta-
ria, más subconsciente, de la inteligencia".[3] El instinto, pues, es
anterior a la conciencia y a la voluntad; constituye así la primera
ley de la vida y puede formularse de este modo: "existe una fuerza psico-física, el instinto, que, atravesando todas las graduacio-
nes de la conciencia, desde la inconsciencia hasta la conciencia,
tiene por objeto inmediato disminuir o evitar el dolor y producir
o aumentar el placer, y por último fin conservar la vida del individuo y de la especie". En oposición al intelectualismo, propone
entonces que su concepción se llame *instintismo*.

Como en Ramos Mejía, pero desde otra perspectiva, vuelve a
abrirse paso así el tópico de las fuerzas ocultas que gobiernan a
los sujetos a espaldas de su conciencia, y que Bunge va a agrupar con el nombre de "subconciencia", sin dejar de tener en
cuenta para su consideración las investigaciones de Charcot en

---

[3] C. O. Bunge, *Estudios filosóficos*, ob. cit. p. 61, y *Principios de psicología individual y social*, Madrid, Daniel Jorro Editor, 1903, p. 45.

la Salpêtrière y las consiguientes teorizaciones de Pierre Janet. En resumen, "sólo tenemos conciencia de una parte, probablemente ínfima, de nuestras actividades psico-físicas", y en este sentido el hombre normal se asemeja al que actúa bajo un estado de sugestión. Si la inteligencia no es, pues, tan libre como subjetivamente podría creerse, dado que es dirigida por la inexorable ley del instinto, estas afirmaciones producen otra vez una expresa puesta en crisis de los fundamentos de la doctrina liberal clásica, cuyo contractualismo supone una presencia dominante de "la soberana y consciente voluntad de sus miembros". Se ubica así en terrenos ajenos a lo que llama "la teoría mecánica" del contractualismo clásico, propia de los tratadistas de los siglos XVII y XVIII, especialmente de Hobbes, Locke y Rousseau, en los cuales dominaría, según Bunge, un exagerado individualismo, y donde la sociedad es concebida como un agregado mecánico producido por decisiones conscientes y voluntarias.

Lo que torna a estas posiciones aun más significativas es que sobre ellas Bunge va a construir sus dos teorías de la sociedad: una resultará subsidiaria de las concepciones utilitaristas presentes en la teoría política desde *La República* de Platón, y la otra pondrá en sus bases una visión simbólico-genética de lo social. El utilitarismo como fundamento de lo social se argumenta en términos coherentemente evolucionistas, puesto que si los principios generales de la biología se reducen al de la transformación de las especies por la adaptación, la herencia y la selección natural, consistente esta última en la supervivencia de los más aptos, esto es, de los que mejor se adaptan al medio en la lucha por la vida, es posible remontar el origen de la sociedad a "la mejor defensa de los individuos por la solidaridad social y su mejor manutención por la división del trabajo productor".[4]

El segundo de los recorridos argumentativos de Bunge parte de una concepción simbólica de lo social, para expresar lo cual

---

[4] C. O. Bunge, *Principios de psicología*, ob. cit., p. 164.

apela a la definición de la sociedad como "un organismo psíquico". Esta visión en el siglo XIX remitía a Saint-Simon y a Comte con la noción de "ideocracia", cuya presencia en el Río de la Plata había sido expresa en la demanda de la "unidad de creencia" de la generación del 37. En términos de Bunge, la sociedad, aunque haya nacido determinada por factores antropológicos y económicos, representa ante todo "una entidad psíquica". Sentimientos e ideas tienen su dinamismo específico e influyen prácticamente sobre la conducta de los humanos. Propone pues que la teoría psíquica sea denominada "ideodinámica".[5]

En esta representación, por lo demás, se cumple el requisito de autorreferencialidad propio de la sociedad moderna: descalificado el fundamento divino como dador de legitimidad, la política desplaza a la religión; pero allí donde en la teoría liberal clásica aquel sustento dejaba lugar al principio de la soberanía popular, en el caso de Bunge –crítico de la teoría democrática– se apela a otro tipo de instancias legitimantes que pondrán de relieve el papel del Estado, y la necesidad de que éste se halle en manos de una minoría. Por eso es que el otro postulado que sostiene esta concepción indica que "el Estado y el derecho son genéticamente anteriores a la constitución de toda verdadera sociedad".

No obstante se halla más cercano de "la teoría orgánica", según la cual la sociedad se desarrolla sin la intervención de la conciencia ni de la voluntad humanas. Bunge tomará una distancia precisa respecto de ésta con un resultado que le permite tanto negar el contractualismo centrado en la soberanía popular como defender un papel activo de las minorías dirigentes. Una sociedad –sostiene– no es un organismo sino un "cuasi-organismo", porque en ella cada elemento conserva su individualidad, y al cruzarse esta idea con la teoría psíquica se construirá una

[5] C. O. Bunge, *El derecho (Ensayo de una teoría jurídica integral)*, Buenos Aires, Valerio Abeledo Editor, 1916, p. 208.

argumentación intelectualmente estratégica. Puesto que si, por reducción, se concluye que en la mayoría de las sociedades no existe unidad de origen étnico, ni de lengua, ni de creencias religiosas, Bunge postula que el núcleo aglutinador reposa en la unidad de sentimientos e ideales sociales, y esa unidad simbólica se apoya en el recuerdo del pasado y la esperanza de un futuro comunes. De modo que "existe una verdadera *psiquis social* (el *Volkgeist*, el 'espíritu del pueblo')", que es "el fondo psicológico común, el espíritu de semejanza y solidaridad de todo el pueblo".[6]

Esta cadena de razonamientos concluye por fin en un momento fundacional que no es otro que la fuerza: "El derecho es hijo de la fuerza"; "el derecho nace del hecho"; "el derecho es una sistematización de la fuerza".[7] Pero el viejo argumento de Calicles (la ley la imponen los más fuertes) le resulta a Bunge tan riguroso teóricamente como insuficiente desde el punto de vista moral, y aquí es donde se instala en su discurso otra instancia argumentativa destinada a introducir ideales en el mundo de la fuerza o del hecho, esto es, para plantear la existencia de un horizonte de valores a los cuales la voluntad individual o colectiva pudiere aspirar independizándose, así fuere parcialmente, del determinismo naturalista.

Esta tensión anima buena parte de la producción de Bunge, y en su seguimiento puede detectarse el carácter del positivismo realmente existente en este estrato de la intelectualidad argentina. En principio, se encuentra en Bunge una adhesión enfática al postulado agnóstico del pensamiento spenceriano. Empero,

---

[6] C. O. Bunge, *Principios de psicología*, ob. cit., p. 170, y *La evolución de la educación*, Buenos Aires, La Cultura Argentina, 1920, vol. III, p. 25.

[7] C. O. Bunge, *El derecho*, ob. cit., t. II, pp. 213, 33, 34 y 42.

este principio abre camino a una evaluación inquietante de "la posición del hombre en el cosmos", la cual demanda a su vez una resolución ética que el positivismo se encuentra doctrinariamente bloqueado para satisfacer y que va a tratar de ser respondida mediante la incrustación de un núcleo espiritualista en el interior del credo positivista.

Para visualizar los consiguientes derivados ético-políticos de este posicionamiento, no ya en el ámbito de la coherencia según el orden de las razones sino en el de la efectiva producción histórico-cultural de los saberes con prescindencia de sus valores de verdad, puede contrastarse este programa agnóstico y antimetafísico con aquel otro derivado del cientificismo decimonónico que se ha visto –en Haeckel, Büchner o Ameghino– desembocar en el monismo materialista. Y así como de este último se derivaba un *pathos* existencial confiado en la inexorabilidad del progreso, el positivismo más ortodoxo contuvo en algunas de sus manifestaciones una sensibilidad compartida por Bunge que –según lo expresado vívidamente por Arturo Ardao–, al sentirse "al borde de ese océano inmenso de lo desconocido, en cuyo fondo se halla la causa de todas las causas, y cuyas riberas fugitivas no hay bajel que pueda abordar", promovió un anhelo insaciable de saber que concluirá por engendrar, según los temperamentos, "o el misticismo exaltado de los metodistas o el escepticismo utilitario y positivista de los epicúreos".[8] De manera que si los atributos de cierto escepticismo utilitarista han sido referidos como un rasgo de la Generación del 80,[9] las derivas hacia el misticismo se corresponden con algunas tomas de posición de C. O. Bunge, concordantes con una sensación difusa pero presente en diversas capas intelectuales occidentales que no han tenido que

---

[8] A. Ardao, *Espiritualismo y positivismo en el Uruguay*, Buenos Aires, Centro Editor de América Latina, 1968, p. 152.

[9] En Th. F. McGann, *Argentina, los Estados Unidos y el sistema interamericano. 1890-1914*, Buenos Aires, Eudeba, 1965.

aguardar al decadentismo para expresar un desencanto típicamente *fin-de-siècle*.

Dicho malestar cultural puede inscribirse legítimamente en lo que Franco Crespi ha llamado la "crisis de la modernidad tardía", caracterizada por el reconocimiento de los límites del saber, así como por la ausencia de fundamento absoluto, y, vinculada con ello, la desaparición de una finalidad objetiva que pudiese sustentar una filosofía de la historia. El florecimiento espiritualista se articuló con esa crisis, y fue otra de las notas distintivas de la cultura del fin de siglo occidental, que tendrá en Francia uno de sus ejes. "La generación que recibió sus primeras impresiones científicas hacia los años 60 y 70 del siglo pasado –escribió Spranger– estaba completamente inmersa en las categorías biológicas y dominada por el esquema básico de la teoría de la evolución". Hacia 1890, en cambio, comenzó un giro decisivo en la vida entera del espíritu: "Desde entonces está lleno el aire de intuiciones fundamentales pertenecientes a las ciencias del espíritu", que promueven la actualización de pensadores como Schopenhauer, Carlyle o Emerson; y con Guyau, Renouvier y Boutroux se prepara un camino que encontrará relativamente allanado Bergson para la elaboración de una nueva filosofía que reclamará la naturaleza creadora y libre de la personalidad humana. Obviamente, el ataque se dirigió contra el positivismo, con el cual se caracterizaba en rigor la cultura científica en tanto tendencia a subsumir los fenómenos humanos en categorías inspiradas en las ciencias físico-naturales, agrupando allí al materialismo, el naturalismo, el mecanicismo y el férreo determinismo.[10]

Sobre este clima de ideas se había instalado en Francia el debate acerca de "la bancarrota de la ciencia". Los orígenes de esta

---

[10] Cfr. P. Laín Entralgo, *La generación del noventa y ocho*, Madrid, Espasa Calpe, 9a. ed., 1979, p. 68; *Espiritualismo y positivismo en el Uruguay*, ob. cit., p. 283, y H. Stuart Hughes, *Conciencia y sociedad. La reorientación del pensamiento social europeo 1890-1900*, Madrid, Aguilar, 1972.

polémica suelen ubicarse en la aparición de la novela *Le Disciple* de Paul Bourget en 1889, que plantea el señalado tema, problemático para el positivismo, de la relación entre determinismo y acción moral.[11] En 1896 Fouillée publica *Le Mouvement idéaliste et la réaction contre la science positive*, donde indica que, invirtiendo a Comte, ahora "el corazón se rebela contra la inteligencia". Con términos que alguien atribuye a Tolstoi, empieza a hablarse de "la bancarrota de la ciencia", hasta que Ferdinand Brunetière retoma la cuestión en una serie de artículos de la *Revue des Deux Mondes*, ampliamente frecuentada por los intelectuales argentinos.[12] En el número del 1° de julio de 1889, Brunetière acusa al materialismo y cientificismo de minar las fuentes de la moral, y desemboca en el más célebre de la serie ("Après une visite au Vatican"), donde plantea que la ciencia no ha cumplido su promesa de develar todos los misterios, que no es capaz de describir al hombre en su mayor dignidad espiritual sino sólo como un animal más, que no ha podido por eso reemplazar a la religión y que por ende es incapaz de proveer una moral que sólo el cristianismo puede brindar, para lo cual propone una alianza entre los defensores de los valores espirituales y la Iglesia Católica.[13]

[11] Para este debate me he servido de Harry W. Paul, "The Debate Over the Bankruptcy of Science in 1895", en *French Historical Studies*, vol. 5, núm. 3, Spring 1968, pp. 299-327.

[12] Bunge da testimonio del citado artículo de Brunetière en su libro *El derecho* al referirse expresamente a la cuestión de la "bancarrota de la ciencia" (*El derecho*, ob. cit., t. I, p. 14).

Ferdinand Brunetière (1849-1906), intelectual conservador, clerical y antidreyfusista, fue el sucesor de Saint-Beuve y de Taine en la crítica literaria francesa del fin de siglo. Director de la *Revue des Deux Mondes*, en 1893 ingresó en la Academia Francesa.

[13] *Revue des Deux Mondes*, París, CXXVII, enero 1895, pp. 97-118. Esta intervención no quedó sin respuesta, y el encargado de formularla fue Marcelin Berthelot, símbolo de la unión entre la III República y la ciencia: "El mundo hoy –escribió– no tiene misterios", arremetiendo contra el misticismo y el milagrerío y en pro de la enseñanza laica. La Iglesia terció en el debate a través de altos dignatarios, y el bando laico organizó un banquete en honor a Berthelot, al cual asistió una representación oficial.

De modo que en el mismo período en que Bunge escribe sus primeros textos, en Europa se están produciendo los iniciales y fuertes cuestionamientos a la ciencia y al positivismo. Algunos de éstos se fundaban en todo lo que de disolvente puede acarrear el mismo espíritu de conocimiento, en la medida en que el exacerbamiento analítico amenace con la destrucción de creencias socialmente aglutinadoras, sin sustituirlas por otras nuevas e igualmente eficaces. En la cultura europea esta variante se halla representada de diversas maneras, y constituye uno de los arietes de la reacción antipositivista, que puede hallarse bien en la crítica de Nietzsche al cultivo sin medida de las ciencias que disuelven todo cuanto de sagrado se ha tenido sobre la tierra; bien en los diversos tipos de dualismo (yo intelectual / yo espiritual; ciencias de la naturaleza / ciencias del espíritu...) que comienzan a poblar la filosofía para garantizar a una zona de las facultades y prácticas humanas un carácter irreductible a la naturaleza y por consiguiente a las explicaciones deterministas de la biología, la sociología o la psicología experimental.

Sin alcanzar ni mucho menos estos niveles de criticismo hacia la cultura científica, en el caso de Carlos O. Bunge aquellos cuestionamientos emergen como vacilaciones y matices derivados de su manera de poner en práctica el positivismo. Es verdad, en términos amplios, que las tres vías a través de las cuales se disolvió el edificio positivista fueron el historicismo (Dilthey), el vitalismo (Nietzsche) y la intuición y el movimiento (Bergson), más el replanteo del problema gnoseológico que significó el neokantismo; también es cierto que todas ellas tuvieron una presencia demorada en nuestro ambiente intelectual. Pero junto con ello puede observarse un deslizamiento por el cual algunas de las inquietudes que en Europa tramitaban las filosofías antipositivistas se formularon en Hispanoamérica desde el interior del positivismo, instaurando en su seno las esperables tensiones teóricas derivadas de esta actitud.

Así, en los esfuerzos por admitir tanto el legado positivista

cuanto el valor nuclear del liberalismo, puede percibirse el for-
zamiento al que estos textos están sometidos al poner juntos
principios teóricamente irreconciliables como el determinismo
y la libertad. De modo que quien establece en *El derecho* que
"la ley de causalidad o principio del determinismo universal rige también la vida del hombre entre sus semejantes", en otros
escritos presenta afirmaciones en las que se reconoce la existencia de la conciencia-voluntad, por donde se opone a lo que
considera el determinismo mecanicista de Spencer. Así, Bunge
desemboca en una afirmación que en su recurrencia al misterio
suena como el tributo que el saber científico paga a la ética:
"creo que debe bastarnos el hecho de que poseemos una conciencia-voluntad, cuyo origen y naturaleza se pierde en la noche de la *causa causarum*. Bástenos consignar y repetir bien
claro que los problemas de la libertad, del determinismo, del libre albedrío, etc., pueden sintetizarse en un hecho: la conciencia-voluntad, cuyo origen no nos es dado a conocer".[14]

Para argumentar esta fisura por la cual la voluntad humana
se introduce en el implacable mecanismo del mundo, Bunge
apela a la teoría de las "ideas-fuerza" enunciada por Fouillée,
quien desde *La psychologie des idées forces* (1893) hasta *La
morale des idées forces* (1908) ha construido lo que el intelectual argentino no vacila en calificar de "hermosa teoría", por la
cual debe reconocerse en toda idea o estado de conciencia un
impulso fatal a convertirse en acción. Esta concepción ideodinámica resulta expresamente bienvenida por Bunge, por consi-
derarla un adelanto respecto del "positivismo sensualista", en la
estricta medida en que viene a satisfacer "la *sed de ideal* que el
hombre ha demostrado en todos los tiempos y que en el nuestro
parecía un tanto aplacada por el positivismo".[15]

---

[14] C. O. Bunge, *Estudios filosóficos*, ob. cit., p. 96.
[15] Sobre esta función de las ideas-fuerza, véase François Bourricaud, "The Adventures
of Ariel", en *Daedalus*, 101, 1972.

Este intento por recuperar la eficacia de las ideas y de la voluntad se resuelve en una suerte de "idealismo posible", ya que la incorporación de temas vinculados con el deber-ser tiene que realizarse "sin romper los moldes del método positivo ni contradecir en nada la información científica contemporánea". Es, en suma, otro modo, sin duda bizarro, de admitir el principio del determinismo universal pero incluyendo entre las causas eficientes el poder de la voluntad humana. Bunge percibe incluso con agudeza que, a pesar de cierta semejanza con el pragmatismo de James y aun con la teoría de la evolución creadora de Bergson, este tipo de concepciones a las que adhiere vienen a ser un ensayo feliz "para conciliar el positivismo y la ciencia de nuestra época con la antigua hipótesis dualista y hasta con la filosofía crítica".[16] He aquí entonces explicitado ese otro sentido del "idealismo" bungeano, que ilustra un tipo de positivismo ahora sí conectado con las inquietudes idealistas finiseculares y dentro de ese movimiento que aquí como en otras partes reivindicaba los derechos del espíritu para actuar en la historia, pero que contenía como rasgo determinante el de tratar de "suscitar el ideal del seno de lo real".[17]

Estos movimientos discursivos ejemplifican bien las precauciones antes indicadas respecto de la necesidad de no abusar del carácter comprensivo del sintagma "positivismo argentino", ya que se corre el riesgo de agrupar inmoderadamente un conjunto de producciones textuales que es preciso desagregar para pluralizar ese campo y atender a los diferentes enfoques practicados dentro de un mismo espíritu cientificista, pero tomando sendas diferentes, según privilegien el abordaje antropológico y criminológico, el cosmológico, el derivado de la psicología de las masas, el de inspiración biológica o psicológica, etcétera. Al determinar así el carácter teórico de cada uno de esos positivis-

---

[16] C. O. Bunge, *El derecho*, ob. cit., pp. 84-85.
[17] C. Real de Azúa, *Escritos*, ob. cit., p. 158.

mos puede verse en el caso de Bunge un tipo de concepción que revela incrustaciones provenientes de otros registros doctrinarios que relativizan su expresa voluntad de positivismo. Puede verse, en suma –como mostraron hace ya tiempo Arturo Ardao para el caso del Uruguay y Arturo Andrés Roig para lo que en la Argentina denominó el krauso-positivismo–, el modo en que ese corpus positivista alberga motivos "idealistas".

Y es que el movimiento positivista había comenzado a dar señales de agotamiento entre algunos sectores intelectuales, en parte porque sus conclusiones traían como resultado, según la síntesis de Pierrot, una visión desencantada de la vida humana por su sometimiento a las necesidades impiadosas del determinismo psíquico, psicológico y social, que aplasta al hombre bajo las leyes de la herencia, a la especie bajo las de la evolución y al individuo excepcional bajo la ley del gran número afirmado por la democracia, mientras el amor no es más que la sumisión inconsciente a la voluntad ciega del instinto de supervivencia de la especie, y la fe religiosa, un recuerdo nostálgico.[18]

Así, Carlos Octavio Bunge tiene doctrinariamente claro que, *stricto sensu*, el positivismo no es ni materialista ni espiritualista, ya que tiene autonegado pronunciarse respecto de esas decisiones que, por metafísicas, lo colocarían más allá de la experiencia sensible en tanto exclusivo tribunal cognoscitivo que reconoce. "La única noción nueva que parece haber fijado para siempre el positivismo en la filosofía –escribe– es lo que Spencer llama 'lo incognoscible', o sea, aquello cuya realidad podrá concebir el espíritu humano, pero nunca explicar".[19] Esta deriva seguramente coherente de su positivismo introducía en su enunciación aquellas inquietudes y preguntas ético-existenciales que lo comunicaban con el malestar espiritual *fin-de-siècle*.

---

[18] Jean Pierrot, *L'imaginaire décadent (1880-1900)*, París, Presses Universitaires de France, 1977, pp. 18-20.

[19] C. O. Bunge, *Estudios filosóficos*, ob. cit., p. 30.

Un análogo sentimiento finisecular se halla en diversos pasajes de la obra de Bunge, así como también el afán por desmarcarse de esa sensación. Mas en este punto se encontrará con que su sistema teórico no lo provee de instancias para eludir el cerco del determinismo y posibilitarle la fundación de una ética o de un conjunto de ideales individuales y colectivos. Dicho "punto ciego" del discurso positivista constituirá una aporía permanente para sus mismos adherentes, que tratará de ser resuelta de modos que no podían sino afectar la coherencia intelectual de sus posiciones para favorecer sus pretensiones ético-políticas.

Un indicio inaugural en ese aspecto se encuentra en el citado curso de Ética y Metafísica que Rodolfo Rivarola dictó en la Facultad de Filosofía en 1907. En términos del mismo profesor, "después del período de éxito del positivismo, que en última tesis importaba fundar toda la ciencia en la realidad objetiva de cuanto se revelara por la percepción, reaparece con mayor vigor la influencia de la filosofía de Kant". Por ello, el curso comienza con el examen de la moral kantiana, y se desenvuelve a través de un examen de la ética de Spencer y Schopenhauer, hasta considerar el amoralismo contemporáneo, que implica, si no el examen completo de Nietzsche, por lo menos el conocimiento de su crítica y su negación de la moral. Si se atiende a esta autocolocación de Rivarola dando por perteneciente al pasado el auge positivista, entonces no resulta sorprendente el modo en que eran clasificados los "positivistas" argentinos por el peruano Francisco García Calderón en el Congreso Internacional de Filosofía celebrado en Heidelberg en 1908: "Todas las figuras interesantes del pensamiento contemporáneo en la América Latina –expresó– están orientadas hacia el idealismo", y señala como representantes de este giro en la Argentina a Carlos Octavio Bunge y José Ingenieros.

Para ese operativo de espiritualizacion del positivismo, la teoría psicológica será una de las disciplinas implementadas. Es lo que hará Bunge al sostener que el acto reflejo contiene un componente psíquico, y que esto significa el derrumbe de "la filosofía evolucionista materialista monista spenceriana", lo cual a su vez implica nada menos que la negación de "su teoría de un movimiento de lo homogéneo a lo heterogéneo, puramente mecánico". De manera que quien se proponía como primordial y casi único objeto "estudiar el fenómeno de la ética en su fase jurídica, positiva y experimentalmente, *como un fenómeno natural*, como el calor o la electricidad", culmina aceptando entre las causales constitutivas de la sociedad, elementos fronterizos entre los hechos experimentables y los ideales proyectados por las minorías dirigentes.[20]

Era una respuesta probable de alguien que además observaba con inquietud que "la ética pasa por gravísima crisis en la cultura de nuestros días". En términos que resultan en parte coincidentes con los sostenidos por Brunetière, Bunge deplora en *El derecho* que el positivismo y las ciencias hayan arrasado las antiguas concepciones metafísicas, pero sin construir aún las que deben sustituirlas. Elemento tanto más inconveniente cuando esa situación se proyecta sobre los sectores populares, carentes de la ilustración indispensable para concebir positivamente su ética, y a los cuales "una ilustración mediana puede fácilmente llevarles a una concepción amoralista, que implique un principio de decadencia histórica. Tal es la crisis de la ética contemporánea. Por una parte, la ciencia niega lo viejo, y no define uniformemente lo actual. Por otra, las costumbres peligran, pues el pueblo acepta la parte destructora y negativa del pensamiento científico, sin reconocer aún la parte creadora y positiva". La conclusión no puede ser más descorazonante para un miembro conspicuo de la milicia positivista: "En punto a conducta ética, la idea netamente científica va resultando harto menos firme y eficaz que la idea religiosa y que la filosófica".

---

[20] C. O. Bunge, *Principios de psicología*, ob. cit., p. 98, y *El derecho*, ob. cit., t. I, pp. XIV-XV.

Esta primera evidencia iluminará cuán limitados son los recursos provistos por la cultura científica para impregnar de ideales colectivos a una sociedad. Talvez por eso, y al final de este recorrido, Bunge optará otra vez por los ideales fundados en el nacionalismo. Simultáneamente, elaborará una concepción de la relación entre gobernantes y gobernados que, al descreer de la democracia, pretenderá legitimar el papel de la elite en la formulación y realización de un programa de sociedad y de nación.

Instalado en el terreno del liberalismo aristocrático, en un artículo de 1904 titulado "La ética del porvenir", Bunge había enunciado esta preocupación en términos más abarcadores: "En suma, el principio igualitario se ha desenvuelto en tal forma y adquirido tal expansión en la ética contemporánea de los pueblos de Occidente que amenaza producir el desorden y la anarquía en la vida interna de las naciones y debilitar la potencia de su política externa", y si se trata de un sofisma tremendamente peligroso es porque puede ser profesado por "una mayoría ignorante e inteligente", cuyos intereses inmediatos suelen ser opuestos a la alta cultura social. Podía refugiarse para fundar este aserto no sólo en una larga tradición filosófica o exclusivamente en ciertas estribaciones del positivismo; también le era posible utilizar, contra las presuntas exageraciones del principio igualitario y filantrópico de la moral europea de su tiempo, las influencias que reconocía en las figuras de Max Stirner y Nietzsche, que lo inducirán a visualizar tras el sentimiento igualitario democrático y cristiano una prueba de debilidad en la lucha por la vida. "Del mismo modo que las clases dominadoras inventaron antes el derecho a la desigualdad, las dominadas inventan ahora un derecho a la igualdad. La historia representa, por ende, una lucha sempiterna entre dos tenden-

cias: la aristocrática y la igualitaria." Desde el criterio de autoridad del saber científico, Bunge sostiene que sus posiciones
aristocratizantes se apoyan en un realismo tan elemental que,
en rigor, quienes deben dar cuenta de sus prejuicios son los herederos del espíritu romántico y democrático de la Revolución
Francesa, que tras el dogma del igualitarismo pretenden aplanar
las diferencias étnicas. La desigualdad entre los hombres no reside únicamente en el sistema de leyes que regulan la vida de
una sociedad, y sí en las entrañas mismas de la realidad, debido
a lo cual es la concepción de la democracia –vista como nivela-
ción en la mediocridad– la que debe ser impugnada por apoyarse en una serie de hipótesis anticientíficas como las de la
igualdad absoluta, el contrato social, el individualismo originario o la soberanía popular, que conducen al desprecio de la tradición y a un individualismo anárquico y retrógrado.

Esta desconfianza hacia la democracia nutre una propuesta
elitista sustentada en la creencia de que "toda civilización es
más o menos la obra de una aristocracia opresora". En sus últimas estribaciones, era el eco que seguía resonando en Renan,
para quien también la civilización en su origen y en su conservación ha sido "una obra aristocrática". El mismo sentido conte-
nían las afirmaciones de Juan A. García: dado que "esos
pequeños soberanos mayores de diez y siete años" son tan incapaces de saber lo que les conviene como de apreciar una proposición general, la soberanía real reside en las clases dirigentes.
Ellas, por sus sentimientos heredados de las generaciones pasa-
das, fortificados por la educación, el ejemplo y el hábito, pueden
sí entender las teorías de la política y de la administración.[21]

Es posible encontrar en algún pasaje de Bunge un rechazo por
la opresión de los poderosos,[22] pero el sentido largamente domi-

---

[21] E. Renan, *Réforme intellectuelle et moral*, ob. cit., p. 67, y J.A. García, *Introducción...*, ob. cit., pp. 29-30.
[22] Por ejemplo, en *Principios de psicología*, ob. cit., p. 224.

nante de sus afirmaciones se halla contenido en la convicción de que las diferencias, aun dentro de la misma sociedad, raza o pueblo, implican jerarquización. "Porque aunque cada hombre superior abarque las aspiraciones de todo un pueblo, del cual es síntesis e imagen ideal, no todo el pueblo abarca las del hombre superior, porque no es posible que cada miembro del vulgo pueda originalmente sentirlas en conjunto".[23] Precisamente, uno de los usos del "cuasi" organicismo psico-biologista permite la argumentación de un esquema social funcional y jerarquizado, dentro del cual su propio sector adquiere legitimidad. Si la sociedad se halla estructurada como un organismo, cada función social ha de estar encarnada en diferentes sectores. Y aun en estas sociedades que deben aceptar regirse por las normas del capital, las letras y las profesiones liberales deben ser patrimonio de una minoría del talento. Por eso, y "contra los Tolstoi y Kropotkine", es preciso enseñar a los humanos a acatar y a resignarse "a las desigualdades justas y reales".

Enunciaba Bunge así una expresión literal de la "ideología" en uno de sus sentidos más recurrentes y desprestigiados: el de una construcción argumentativa destinada a la justificación de intereses de clase o de grupo, como al sostener que "la propiedad representa una consecuencia fatal de las necesidades humanas, y aun podría decirse de las necesidades animales. Donde hay vida, hay propiedad". Reconocer estas crudas realidades implica asimismo aceptar que, "*con cualquier sistema*, habrá siempre hombres que realicen elevadas funciones de mando y de poder, y hombres que se ocupen en trabajos modestos y penosos. La desigualdad político-jurídica no está sólo en las leyes; está en la vida". Su crítica de la tendencia igualitaria contemporánea encuentra por fin ante sus ojos un fundamento antropológico. "Los instintos son egoístas y el género *homo* es eminentemente

---

[23] Ibíd., p. 180.

específico. Los hombres no son iguales entre sí, y a los más fuertes e inteligentes no les conviene una ética de igualdad".[24]

Se incluía así Carlos Octavio Bunge en la familia político-intelectual que Raymond Aron ejemplificará en la figura de Comte frente a la de Alain. Si ambos intelectuales franceses reconocen que en toda sociedad hay ricos y pobres, así como el último se preocupa más por evitar los abusos de la riqueza y del poder que por conceder a los más eficaces una recompensa en razón de sus capacidades, Comte –y Bunge con él– se orienta en la dirección opuesta y se pregunta cómo asegurar la selección de una elite y reforzar la autoridad de los mejores.[25]

Si a esta altura de sus razonamientos se interroga a estos textos con la pregunta platónica referida a la formación de la minoría dirigente (¿quién educa a los educadores?), esos mismos textos tienen la respuesta preparada, ya que para la *Bildung* de esa aristocracia necesaria el positivismo bungeano teje una currícula que terminará por redefinir el carácter de ese mismo positivismo. Concretamente, Bunge instala esa formación de la elite en un doble registro. El primero de ellos se adecua bien al programa positivista, dado que recomienda atacar el viejo tema del apaciguamiento de las pasiones indeseables en términos similares a los indicados por Hyppolite Taine cuando expresó que "la ciencia engendra prudencia, y los estudios en profundidad disminuyen el número de las revoluciones al disminuir la influencia de los teóricos". Desde otra clave de comprensión, Paul Bourget argumentaba en sus *Ensayos de psicología contemporánea* que el año crucial de 1848 explicaba el pasaje del ardor

---

[24] C. O. Bunge, *La educación*, libro II, p. 206, y *Estudios filosóficos*, pp. 127, 193 y 194.

[25] R. Aron, Introducción a Max Weber, en *El político y el científico*, Madrid, Alianza, 1967, p. 67.

romántico a la frialdad científica, donde la ciencia oficia de curadora de la política en tanto único valor subsistente luego de los fracasos de la primera mitad del siglo. Análogamente, Bunge verá en la ciencia un freno de los afanes igualitaristas, y no duda de que su trinchera se halla en el campo de una minoría dotada del capital intelectual. Contra la tendencia "doctrinaria y sentimental" del igualitarismo, el remedio será el estudio positivo de la historia, la política, la economía, la sociología. Esas enseñanzas deben ser atesoradas por la clase culta para promover desde el gobierno la difusión del conocimiento. Sólo así "el huracán de la ciencia" guiará a las multitudes "en la noche del desierto hacia la Tierra Prometida" del Progreso.

En suma, los sujetos habilitados para "decir" la sociedad y sus males deberán ser científicos, y a partir de estas minorías del saber se podrá imaginar una intervención eficaz de los intelectuales sobre la esfera estatal. Dicha cabeza pensante y dirigente inventa la ley y la impone, ya que, a diferencia de las verdades del orden físico, que se descubren, "las del orden moral se inventan".[26] Coherente en este sentido con la separación entre el ser y el deber ser impuesta por la doctrina positivista, para la fundamentación de este acto Bunge cuenta con una teoría naturalista del derecho, por la cual este último sistematiza las reacciones contra lo que ataca el desenvolvimiento de la vida; con ello, no existe diferencia de esencia entre la reacción de la ameba ante un choque externo y una sanción jurídica. Esta concepción es desarrollada sobre todo en su *Teoría del derecho*, publicada en 1905 y traducida al francés con título que refleja bien su contenido doctrinario: *Le droit c'est la force*, ya que en suma el derecho es "sistematización de la fuerza".

Sobre estas bases formulará su "Esbozo de un sistema positivo de ética", donde construye una lógica amigo-enemigo. A partir de su razonamiento, la inhibición del odio tiene un efecto

---

[26] C. O. Bunge, *Principios de psicología*, ob. cit., p. 201.

contrario a la vida, en tanto ofusca una reacción viril frente el enemigo. La primera máxima moral recomienda así la confianza en los propios y la prevención ante los extraños, con la conclusión de que "si te hallas en contienda con algunos de los extraños o de las personas que te odian, procura salir vencedor, por todos los medios de que dispongas".[27]

Como tantos otros capítulos de su pensamiento, aquella concepción elitista está argumentada en clave finalmente racial. Y es que Carlos Octavio Bunge y otros retomaban en Hispanoamérica ese pasaje transitado en Europa en las décadas de 1850 y 1860, cuando de la idea de raza-nación del romanticismo se pasa a la de raza-sangre del biologismo. Dos libros fueron fundamentales en ese camino: *Essai sur l'inegalité des races humaines* (1853-55) de Arthur de Gobineau, y la *Histoire générale des langues sémitiques* (1855) de Renan. Ambos señalaban la influencia oscura de la raza como motor de la historia humana. Bajo el impacto del darwinismo, el biologismo constituyó un modelo dotado de fuertes atribuciones explicativas, y por sus propios supuestos (dado que la categoría biológica de raza implica que las características somáticas son determinantes de capacidades psicológicas y morales) impugnaba otra vez la concepción del sujeto iluminista, que supone al psiquismo como una *tabula rasa* donde el medio y la educación van imprimiendo los rasgos de la cultura. Porque aquello que diferencia y torna superiores tanto a los seres humanos en relación con los animales, como a los pueblos entre sí, es lo que Bunge llama la "aspirabilidad", de la cual surge el progreso infinito. Pero esta cualidad no es la cosa mejor repartida del mundo, dado que sólo saben aspirar los individuos pertenecientes a las razas progresistas y civilizadoras. De ese modo, y

---

[27] C. O. Bunge, *Estudios filosóficos*, ob. cit., pp. 217 y 219.

por la inclinada pendiente del biologismo, Bunge desembocaba en la postulación definitoria del racismo al aceptar el paralelismo entre los caracteres somáticos y los psíquicos, de modo que inexorablemente "todo mestizo físico es un mestizo moral". Dentro de las razas carentes de aspirabilidad están por ejemplo esquimales y bosquimanos, que "por ello permanecen estacionarios como las bestias". Además, la raza es un destino que desmiente el programa pedagógico de la Ilustración, puesto que dicha potencia no puede crearse, y Norteamérica nos ofrece una elocuente demostración de esta verdad. Allí la educación se extiende a blancos y negros, pero éstos también padecen del estancamiento "porque su potencia aspirativa es harto menor que la de los blancos".[28] Incluso relata haber observado a dos niños huérfanos educados de manera idéntica: un indiecito pampa y otro de puro origen europeo. Naturalmente, la educación "sólo en el niño blanco consiguió despertar los sentimientos de la caridad cristiana; el indiecito nunca pudo entender el espíritu de su catecismo, y no hubo medio de corregirle su inclinación al hurto y al pillaje, al disimulo y a la venganza". Se trataba de juicios no sólo expresables en la letra del libro. El 26 de enero de 1899 llegó al puerto de Southampton, en su primer viaje a Europa. "Pocos días después, visitando el Jardín Zoológico, se sorprendió al ver expuestos a un grupo de esquimales en una jaula cercana a la de los osos blancos. Esta visión no lo espantó, pues para él los esquimales constituían una de las degeneraciones de la raza humana y no se encontraban muy distantes de los animales".[29]

Esta asunción del racismo resulta redoblada al sostener que también la herencia psicológica transmite predisposiciones psíquicas, que llegan a constituir verdaderos estados emocionales, y aun ideas virtuales o latentes. Las creencias y las prácticas

[28] C. O. Bunge, *Principios de psicología*, ob. cit., pp. 177 y 179.

[29] Carta de C. O. Bunge a Roberto Bunge, Londres, 27 de enero de 1899 (cit. en *La familia de Carlos Octavio Bunge*, ob. cit., p. 322).

morales se han formado en el seno de la lucha por la supervivencia y se han grabado en la conciencia de los seres humanos por medio de la herencia psíquica, que no es otra cosa que "la transmisión de padres en hijos de análogas tendencias, sentimientos y aun ideas concretas". No sólo se hereda de los ancestros los rasgos somáticos como el color, la fisonomía o la forma craneana, sino también el espíritu y sus inclinaciones. Este aserto refuerza la noción de raza como criterio de segregación, porque es aquella herencia psíquica lo que explica la facilidad para someter a esclavitud a un negro del África central y la imposibilidad de hacer lo mismo con un descendiente de godos o germanos.[30]

En la influyente *Introducción a la historia de la literatura inglesa*, Hyppolite Taine había definido en ese mismo sentido a la raza como ese conjunto de "disposiciones innatas y hereditarias que el hombre trae consigo". Empero, es notorio que en sus textos oscila entre esta idea biológica de raza y otra de matriz cultural, y así suma en la conformación de una comunidad los caracteres adquiridos a los heredados. Esta misma vacilación matiza a veces el racismo de Bunge, quien también implementa la versión lamarckiana del evolucionismo al aceptar la heredabilidad de los caracteres adquiridos. Apela en su caso al apoyo de Le Dantec, el que postula una combinación de Darwin y Lamarck que permite sostener que "un individuo es siempre el resultado de la herencia y de la educación".[31] Esto generaba una apertura en el carácter crasamente determinista de la herencia biológica, al introducir la experiencia cultural como elemento capaz de torcer el destino genético. Podrá así observarse de qué manera en *Nuestra América* el origen de la arrogancia española se encuentra más en la geografía de la península ibérica que en el factor étni-

---

[30] C. O. Bunge, *El federalismo argentino*, Buenos Aires, Imprenta de Biedma e hijo, 1897, pp. 151-152 y 156-157.

[31] C. O. Bunge, *El derecho*, ob. cit., t. II, p. 86.

co.[32] Esta vacilación será persistente: una y otra vez sus textos reconocen la influencia del medio como factor capaz de modificar la herencia; también recurrentemente insisten en que "la herencia, la Raza es, en inducción final, la clave del Enigma".

De todos modos, en ese mismo libro, los temas raciales ocupan en la economía de la obra un núcleo relativamente autónomo de fuertes pretensiones científicas. Aquellas convicciones reaparecen cuando traduce verificaciones fácticas en argumentaciones de derecho, como en la secuencia que concluye por sancionar la inferioridad intelectual del tipo africano a partir de la obvia comprobación de que éste no ha sido el inventor del telégrafo ni del ferrocarril. En el interior de un pensamiento tan atraído por considerar las variables raciales como ideologemas explicativos del desarrollo histórico, al tocarse la cuestión de las mezclas étnicas los efectos racistas resultarán igualmente notorios. Carlos Octavio Bunge considera así inconveniente el entrecruzamiento de razas no afines entre sí, según la creencia de que entonces el nuevo producto sólo puede reproducir lo peor de cada uno de los ancestros.[33] En pocos sitios este racismo alcanza el nivel de despiadada inquina como en aquel donde traza con rasgos casi zoológicos el retrato del "afeminado mulato músico" o del "político mestizo de indio, de cutis lampiño y gelatinoso vientre de eunuco".

Al abordar el conocido punto obsesivo del positivismo argentino acerca de la "simulación", emerge nuevamente este discurso

---

[32] "No menos importante que la influencia de la sangre es pues la del medio" (C. O. Bunge, *Nuestra América (Ensayo de psicología social)*, Buenos Aires, Valerio Abeledo Editor, 1905 [1903], p. 146).

[33] "Observa Darwin que si se cruzan varias palomas de diferentes variedades, estas variedades pierden en el producto sus caracteres distintivos y tienden a reproducir el tipo ancestral de la especie silvestre *columba livia*, de la cual todas ellas descienden. [...] Aplicado este criterio a las razas humanas, llegamos a la conclusión de que el mestizo tiende a reproducir un tipo de hombre primitivo, o, por lo menos, antiguo y precristiano" (*Nuestra América*, ob. cit.).

de matriz racista que demanda "el ojo clínico del antropólogo" para descubrir certeramente ciertas improntas de abolengo exótico en la forma del cráneo, de las manos, de las uñas, dentro de una taxonomía que no sólo debe hacer centro en el individuo aislado, sino igualmente en el entero linaje familiar: toda una lectura en clave de darwinismo social penetrada por las concepciones de Lombroso, que lo conducen a bendecir el alcoholismo, la viruela y la tuberculosis por los efectos benéficos que habrían acarreado al diezmar la población indígena y africana de la provincia de Buenos Aires.[34]

En este punto es preciso contextualizar estas intervenciones, para comprender su real representatividad en el clima de ideas de la época. En principio, en esos años las nociones raciales formaban parte de arcos extensos de creencias de los intelectuales occidentales. Para entonces, "la doctrina seudohumanitaria de Kipling del *white man's burden*' (la responsabilidad del hombre blanco), del deber de las naciones blancas de transmitir a los pueblos subdesarrollados las conquistas de la civilización europea, no resultaba una ideología hueca para sus contemporáneos, aunque generalmente iba unida a la idea de que las razas blancas, y especialmente las naciones teutónicas, estaban llamadas a dominar a los pueblos de color gracias a su mayor vitalidad y a su mayor cultura".[35]

Además, la defensa de esas tesis era considerada parte de una mentalidad científica y objetiva. Max Nordau, por ejemplo, había elevado estas opiniones a rango de ciencia al pasarlas por el tamiz del socio-darwinismo. Los emigrantes europeos –sostenía en *Degeneración*– deben tomar el lugar de "las razas infe-

---

[34] "Además, el alcoholismo, la viruela y la tuberculosis –¡benditos sean!– habían diezmado a la población indígena y africana de la provincia-capital, depurando sus elementos étnicos, europeizándolos, españolizándolos" (ibid., p. 156).

[35] W. J. Mommsen, *La época del imperialismo*, Madrid, Siglo XXI, 1971, pp. 7 y 10. Véase Nancy Stepan, *The Idea of Race in Science: Britain, 1800-1960*, Londres, 1982, y Linda L. Clark, *Social Darwinism in France*, Alabama, 1984.

riores" que no sobrevivan en la lucha por la vida. Una revista especializada como la *Anthropological Review* podía admitir asimismo como bien fundada a fines de siglo la siguiente opinión: "Así como el tipo negroide es fatal, el mongoloide es infantil [...] Son pequeños imberbes cuya vida es una tarea y cuya principal virtud consiste en una obediencia ciega".[36] Además, la figura de Cesare Lombroso permite atisbar cómo el traslado de este tipo de categorías a la doctrina penal no impedía que fuera considerado en la época como parte de las corrientes progresistas. En efecto, miembro del Partido Socialista y electo consejero municipal en Turín, Lombroso fue percibido por sus contemporáneos como alguien que utilizaba la biología evolucionista y la antropología física para atacar el "atraso" de Italia.[37] Y sin embargo, era el mismo intelectual que había escrito en *L'uomo bianco*, de 1871, que sólo los individuos de raza blanca habían alcanzado la más perfecta simetría corporal, así como el derecho humano a la vida, y el respeto por la ancianidad, las mujeres y los débiles.

Por ende, esta corriente de creencias abarcaba mucho más que a los sectores conservadores. Cuando en 1907 se debatió en el Congreso de la Internacional Socialista realizado en Stuttgart acerca del destino de los países colonizados cuando hubiera triunfado el socialismo, la moción por acordarles la autonomía política contó con una mayoría estrecha, ante una opinión numerosa que seguía sosteniendo la necesidad del tutelaje del hombre blanco –hasta tanto esas sociedades estuvieran en condiciones de autogobernarse–. Aun alguien como Renan, quien en 1871 dirige una carta a un intelectual alemán en la cual se pronuncia fuertemente contra una política fundada en el racismo que sólo puede conducir a "guerras zoológicas", no duda de

---

[36] Cit. por E. Hobsbawm, *La era del capitalismo*, Madrid, Guadarrama, 1977, vol. II, p. 145.

[37] D. Pick, *Faces of degeneration*, ob. cit., p. 122.

que esa humanidad no incluye a las razas consideradas inferiores, puesto que la naturaleza ha hecho de los chinos una raza de obreros y de los negros una de trabajadores de la tierra, mientras que la europea es "una raza de dominadores y soldados". Por todo esto, "la conquista de un país de raza inferior por una raza superior, que se establece para gobernar, no tiene nada de chocante". No podía, entonces, según Renan, existir peor fantasía para la humanidad que figurarse "el espectáculo que hubiese ofrecido la Tierra de haber estado únicamente poblada por negros, dedicados todos al goce individual en el seno de una mediocridad general, y sustituyendo la noble búsqueda del ideal por el afán y el deseo del bienestar".[38]

No serían distintas las opiniones que diversos intelectuales argentinos emitirían ante la vista de esas pretendidas razas inferiores. A su paso por África en 1896, Miguel Cané contempla lo que describe como "la bacanal más bestial que es posible idear, porque falta aquel elemento que purificaba hasta las más inmundas orgías de las fiestas griegas: la belleza".[39] Sin sentimentalismos, plantea que es preciso aceptar que, así como desaparecieron tantos soberbios mamíferos de la faz de la Tierra, ese mismo destino inexorable espera a la raza negra. Dada la robustez de sus miembros, el cumplimiento de esta ley no será sencillo. "Pero no hay que desesperar: los mastodontes eran más fuertes aún y ya no se encuentra ni uno"...[40]

En este marco de sentidos, el fin de siglo pasado muestra una revancha de la Naturaleza contra la Cultura, y en esa mirada hacia lo natural como destino se halla uno de los elementos que alimentan cierto espíritu pesimista y decadente, del que tantos ejemplos brinda otra vez en el terreno literario la novela natura-

---

[38] E. Renan, *Réforme intellectuelle et moral*, ob. cit., pp. 92-93, y Henri Peyre, *Renan*, ob. cit., p. 61.

[39] "No he visto nada más feo, más repulsivo, que esos negros sudorosos: me daban la idea de orangutanes bramando de lascivia" (*En viaje*, ob. cit., p. 86).

[40] M. Cané, *Notas e impresiones*, ob. cit., pp. 46, 47 y 48.

lista. Se sabe por ejemplo que en *En la sangre*, de Cambaceres, aparecida en 1887, el personaje Genaro es construido como "víctima de las sugestiones imperiosas de la sangre, de la irresistible fuerza hereditaria; del patrimonio de la raza, que fatalmente con la vida, al dar a luz, le fuera transmitido".[41] Unos años después, José Ingenieros ve en las islas de Cabo Verde negros que son "una oprobiosa escoria de la especie humana" y para quienes la piedad sólo puede desear la dulce extinción –son sus palabras– de las razas inferiores.[42] Cerrando un ciclo, en el balance del Centenario, Joaquín V. González persiste con la idea: "Eliminados por diversas causas del tipo común nacional los componentes degenerativos o inadaptables, como el indio y el negro, quedaban sólo los que llamamos mestizos por la mezcla del indio y el blanco". Pero la evolución de un siglo va dejando sobre el escenario demográfico a la raza europea, "pura por su origen y pura por la selección operada en nuestro suelo sobre la sangre criolla, que es también sangre europea". Esta ventaja resulta inapreciable, dado el "coeficiente o 'ratio' de potencia mental, de labor, de energía y voluntad, y cuya asimilación a las más altas formas de cultura se hallan demostradas por los resultados históricos de las más grandes nacionalidades contemporáneas".[43] Referencias todas ellas que podrían multiplicarse con facilidad, y que avalan una vez más el aserto de Real de Azúa: "el día que se trace la línea del pensamiento racista en Iberoamérica asombrará el volumen de una ideología entrelazada a lo más 'oficial' de nuestras definiciones culturales".

Otro indicador del grado de representatividad y cuasi naturalización de los criterios racistas puede encontrarse en la recepción de esta faceta del pensamiento de Bunge, de quien ni aun

[41] E. Cambaceres, *En la sangre*, Buenos Aires, Eudeba, 1967, p. 37.

[42] J. Ingenieros, *Crónicas de viaje*, en *Obras completas de José Ingenieros*, Buenos Aires, Ed. Mar Océano, 1961-1962, t. 8, p. 167.

[43] J. V. González, *El juicio del siglo*, Buenos Aires, Centro Editor de América Latina, 1979, pp. 147-148.

sus pronunciamientos provocativos generaban reacciones escandalizadas. Por el contrario, su figura intelectual reclutaba adhesiones como la de Manuel Gálvez:

> Tenía ya prestigio, principalmente por *La Educación*, que no sólo era considerada como la obra de un pensador vigoroso sino que había sido editada, y nada menos que con prólogo de Unamuno, por La España Moderna, que elegía mucho a sus autores. [...] Agréguese, a todo esto, un singular tipo de hombre del Norte, una distinción aristocrática, cierto dandysmo en el vestir y un temperamento rebelde y agresivo, y se comprenderá que, durante algunos años, Carlos Octavio Bunge fuese "un caso". Su prestigio era tan grande por entonces que pocos escritores argentinos lo han tenido semejante. Cuando se hablaba de él, no era raro oír aquella palabra que suele reservarse para los elegidos: genial.[44]

Y si se dijera que aquellos elogios provenían de un miembro de su propio sector y además futuro cuñado, contamos con otro curioso ejemplo, exterior a estas relaciones, que puede resultar ilustrativo. Al regreso en 1916 de uno de sus viajes por los Estados Unidos, Bunge recala en Lima, donde lo entrevista el entonces joven periodista José Carlos Mariátegui. Éste no es aún "el primer marxista de América" sino el "literato inficionado de decadentismo finisecular", pero, al ser nativo de uno de aquellos países que Bunge había clasificado en el reino de la inviabilidad debido a su fuerte componente indígena, no deja de sorprender que esta circunstancia en ningún momento opaque la gran admiración intelectual que el argentino le produce. "Soy un hombre –escribe Mariátegui– que admira a Bunge y que va a tener el honor de estrechar su mano", y esta admiración llega

---

[44] M. Gálvez, *Amigos y maestros de mi juventud 1900-1910* en *Recuerdos de la vida literaria*, Buenos Aires, Guillermo Kraft Ltda., 1944, t. I, pp. 293-294.

hasta el punto de incluir a *Nuestra América* como uno de sus "muchos libros notables".[45]

Existe, sin embargo, otro registro de la escritura donde sintomáticamente Bunge revisa aquellas posiciones racistas. En un farragoso relato titulado *Viaje a través de la estirpe*, de 1908, presenta a Teresa, esposa del personaje central, en momentos de su agonía. Toda su vida ha sido un fracaso, manifestado en sus hijos alcohólicos, semianalfabetos y débiles de espíritu. Y puesto que Lucas, su marido, proviene de raza de hidalgos de Castilla y patricios de América, a éste le resulta imposible atribuir a su linaje la inferioridad de su descendencia, mácula que por ende recae en "la plebeyísima sangre de mi esposa". Precisamente esta acusación es el origen de la enfermedad de Teresa, quien en su lecho de muerte lo desafía a que demuestre científicamente el origen verdadero de la desgracia de sus hijos, que ella atribuye a los aristocráticos padres de Lucas. Entonces lo lleva ante Asrael, el Ángel de la Muerte y de la Agonía, quien a su vez le proporciona un encuentro con un venerable anciano que es nada menos que Charles Darwin. Con demasiada expresa evocación, Teresa ha sido la Beatrice que ha proporcionado este moderno encuentro de Dante con un Virgilio adaptado a los saberes en vigor, y ahora será el autor de *La evolución de las especies* quien guiará al protagonista para conocer el secreto de la vida.[46] Ante Lucas desfila la sucesión interminable de las

---

[45] Bunge es asimismo definido como "un hombre ilustre" y "una de las más grandes personalidades de la ciencia y de las letras argentinas" ("Una entrevista a C. O. Bunge", en J. C. Mariátegui, *Escritos juveniles*, Lima, Amauta, 1991, t. III, p. 5).

[46] C. O. Bunge, *Viaje a través de la estirpe y otras narraciones*, Buenos Aires, Biblioteca La Nación, 1908. Como parte de un género en instalación, un "viaje" análogo había imaginado Ameghino en 1889. En una conferencia dictada en el Instituto Geográfico Argentino se transporta a otros mundos y en su vértigo se figura ser "un habitante

épocas geológicas, la formación y desarrollo de la Tierra, la lucha de las especies por su supervivencia, el desfile fugaz de las civilizaciones, hasta que, al final del viaje, Darwin lo ha persuadido de que todos descendemos de las más bajas formas de animalidad, lo que torna erróneo e injusto el sentimiento de las aristocracias. "Tu plebeya esposa Teresa –lo alecciona– no tuvo peores ascendientes que los tuyos. Todos los hombres somos hermanos." Lucas retorna al lecho mortuorio de su mujer, le pide perdón, y ella muere por fin en paz racial...

Podría pensarse que esta variación "democrática" se genera, o bien porque el canon del ensayo positivista impedía asumir un discurso inclusivista que encuentra, en cambio, condiciones propicias en la ficción literaria, o bien porque ahora se dirige a otro público que el de las disciplinas sociales, como se verá que también ocurre con la publicación de un manual para las escuelas primarias. Existe, empero, otra explicación, vinculada con una incrustación decadentista en el seno del discurso cientificista de Bunge, puesto que en un pasaje del relato el protagonista se convence de que "si la inteligencia genial es una manifestación enfermiza de la vida, toda civilización lleva en sí misma la de ser un principio de decadencia y de muerte". Se trata en efecto de un elemento posible de ser derivado del decadentismo y además acorde con una extensión "naturalista" del darwinismo. Éste contiene en efecto la posibilidad –que tiempo después Freud señalaría– de erosionar el puesto narcisístico del hombre en el universo, al colocarlo como el eslabón más alto de la evolución pero sin ocultar que se trata de una preeminencia sólo de grado y no esencial respecto del resto de las especies animales. Recientemente, John Berger ha subrayado ese sello de desilusión impreso ya en el final de *El origen de las especies*, donde se lee que aun "la cosa más elevada que somos capaces de concebir, o sea, la produc-

de los espacios interplanetarios" (F. Ameghino, "Visión y realidad. Alegoría a propósito de *Filogenia*", en *Conceptos fundamentales*, ob. cit., p. 142).

ción de los animales superiores, resulta directamente de la guerra de la naturaleza, del hambre y de la muerte".[47]

Esta marca decadentista seguía con demora y moderación cierta curva de la cultura francesa, donde en el panorama literario el predominio incontestado de Victor Hugo ha comenzado a ser amenazado por el naturalismo de Zola, hasta que a partir de 1880 el naciente "decadentismo" empieza a disputarles la hegemonía.[48] Paul Bourget, reflotando a Baudelaire, ha lanzado el término, y en los *Essais de psychologie contemporaine* (1880-1883) describe ese clima de decadencia, para lo cual señala al pesimismo como el principal mal del alma moderna, sentimiento a su vez fundado en un desacuerdo fundamental entre la realidad del mundo y los deseos del hombre, dentro de un desfase que crece con el desarrollo de la civilización. En 1884, Huysmans publica *A Rebours*, que es ya el manifiesto de una nueva estética, y cuyo protagonista –Des Esseintes–, con sus gustos perversos y sus actitudes "contra natura", es la condensación del programa decadentista.

Una parte de éste puede comprenderse al atender a un punto donde el decadentismo se comunica con el positivismo: el referido a la idea de la degeneración de la raza, con cuyo reforzamiento el cientificismo aportaba nuevos motivos para el pesimismo. Y esto, porque la Naturaleza aparece como un mecanismo insensible e impiadoso que, guiada por leyes inexorables, conduce a la decrepitud. De tal manera se invertía el tópico romántico que la consideraba como un ámbito hacia el cual era preciso retornar para reconciliarse con la esencia de la realidad. En cambio, el héroe decadentista habrá de huir, en medio del *spleen*, de esta naturaleza y también de la sociedad, para encerrarse en la esfera interior, donde mediante el refinamiento de las sensaciones

---

[47] J. Berger, *Cada vez que decimos adiós*, Buenos Aires, De la Flor, 1997, p. 177; Ch. Darwin, *El origen de las especies*, Barcelona, Planeta-Agostini, 1991, p. 638.

[48] Para este punto me baso en Jean Pierrot, *L'imaginaire décadent (1880-1900)*, ob. cit.

tratará de despojarse del hastío y la banalidad de la existencia. Se creará así un paraíso subjetivo y cultivará las experiencias oníricas y los paraísos artificiales de la droga, o bien recusará el presente buscando la salida en un pasado bizarro y exquisito como Bizancio. A través de un mensaje que recogerán los modernistas hispanoamericanos, se valorará *lo raro*, lo refinado y excepcional. De allí el cultivo obsesivo de lo artificial, que se constituirá en "la principal característica de la decadencia tal como la entendió el siglo XIX".[49]

Aspectos nítidos de este programa están presentes en una serie de cuentos que Carlos Octavio Bunge publica en 1907. En el titulado "La perfidia femenina", uno de quienes discuten sobre la mujer sostiene que los intelectuales tienen una marcadísima propensión hacia las mujeres histéricas y especialmente hacia las insensibles y perversas, mientras otro introduce el tópico clásico del decadentismo –que remite fácilmente al "Divino Marqués"– del erotismo exacerbado por el sacrilegio.[50] En otro de ellos, cuya acción transcurre en Mar del Plata, donde el protagonista ha ido a descansar para reponer las fuerzas físicas y morales gastadas durante el año "en la lucha por la vida", se le aparece una sirena que cubre prácticamente todo el canon de la figuración femenina del decadentismo. Esta criatura encarna, en efecto, "esa fatal atracción del Amor, de la Muerte, del Misterio", que la estética decadente ha filiado en la mujer fálica y estéril cuyo prototipo resultará Salomé.[51] Ni siquiera falta el tema del andrógino, perfec-

---

[49] A. E. Carter, *The Idea of Decadence in French Literature 1830-1900*, Toronto, University of Toronto Press, 1958, p. 25.

[50] "-¿Y qué acto más divinamente místico que la misa dicha por una doncella joven y hermosa?" (*Viaje a través de la estirpe*, ob. cit., pp. 159 y 161).

[51] "Las mujeres-como-serpientes de Klimt abruman al hombre no tanto con las tentaciones del Jardín, sino con un sentimiento de su inadecuación frente a su capacidad aparentemente inagotable de éxtasis carnal. [...] En su tratamiento de Salomé, Klimt contrasta aterradoramente las manos con garras y el rostro huesudo con los cálidos contornos del cuerpo. [...] El alegre explorador de Eros descubrió que caía en los anillos de la *femme tentaculaire*" (*Viena Fin-de-Siécle*, ob. cit., pp. 233-234).

tamente congruente con el modo como Mario Praz lo reconstru-
yó hasta ubicar en el escritor decadentista Péladan al heraldo privilegiado de este nuevo mito finisecular.[52]

Más curioso es que las marcas decadentistas también emergen en textos de Bunge que a primera vista podrían considerarse
inadecuados para este tipo de contenidos. Ese tratado de pretensiones científicas que es *Nuestra América* no se priva de entonar
la alabanza decadentista del vértigo ante el sadismo y la crueldad
focalizado en la tortura china.[53] Igualmente, en *La educación* se
expande sobre el carácter "femeninamente impresionable" de
Aristóteles, "femeninamente casto y generosamente maternal"
de Platón, o sobre la sensibilidad "de hetaira" de Demóstenes. Y
si "en los versos de los poetas modernos, que buscan la 'sensación nueva' hallada por Hugo en una composición de Verlaine,
vibran ondulaciones de mujer, caricias de gata", entre todos hay
uno que, "por respeto, por culto, valdría más callar". Se trata de
Jesucristo, quien "poseyó la humildad de todas las esposas, la
ternura de todas las madres y la castidad de todas las vírgenes".[54]
No resulta abusivo vincular estas incursiones de Bunge con el tema de una homosexualidad vergonzante –como ha sido señalado
para el caso de Gautier–, que si por algo puede resultar interesante es para evaluar las dificultades, dentro de la sociabilidad y la
moralidad de la elite, para adoptar conductas rupturistas con las
convenciones de una eticidad tradicional, del tipo de las que a su
manera y en su condición de género experimentaría Victoria
Ocampo tiempo más tarde.[55]

---

[52] Cf. M. Praz, *The romantic Agony*, Londres, Oxford University Press, 1933, pp.
290 ss.

[53] "'¡Cuánto más alegre es la crueldad china, bajo su túnica de seda bordada de dra-
gones, con el fino escalpelo en la mano y la corva cimitarra guarnecida de pedrería al
cinto, la crueldad que reclama eruditos jueces para discernir valiosos y hermosos premios al inventor de los suplicios más refinados!" (*Nuestra América*, ob. cit., p. 265).

[54] C. O. Bunge, *La educación*, ob. cit., t. III, pp. 172-174.

[55] Cf. J. Pierrot, *L'imaginaire décadent (1880-1900)*, ob. cit., p. 168. Sobre esos

Junto con ello, resulta significativo que ante las tentaciones de las conductas más coherentemente decadentistas o aun típicas de la bohemia finisecular, la alternativa de los personajes que representan el *alter ego* de estos autores opten por una suerte de "sublimación patriótica". De tal modo, si el personaje central de la novela *Los envenenados* de Bunge piensa, en cierto momento, en los paraísos artificiales como medio de eludir el infierno de sus preocupaciones ("Soñó un momento con la morfina, el hachich, el éter, la cocaína, el opio"…), en cambio decide viajar a Europa y retornar a la Argentina en el inminente próximo siglo, cuando el ambiente nacional habrá sin duda mejorado, dado que "adelantamos en días lo que los europeos en siglos"… Análogamente, cuando en *Nuestra América* el autor se confronta con la angustia radical de la Muerte, entonces se le presenta la ninfa Egeria para endilgarle un mandato igualmente patriótico: "Estudia tu patria, analízala, compárala, y verás que, si hay malos, hay asimismo buenos rasgos de su psicología".[56] Puede entonces Carlos Octavio Bunge conjurar su propia y pertinaz melancolía personal para encender en su corazón de patriota la luz de una esperanza que tantas señales de decadencia se obstinaban en oscurecer…

En todo caso, más allá de su curiosidad, este tipo de incrustaciones muestra la tensión ideológica entre el positivismo sociodarwiniano, algunas entonaciones decadentistas y nociones nacionalistas cuando no de solidaridad humanista enraizadas en última instancia en un fondo de cultura católica. Pero cuando

conflictos vinculados con la homosexualidad de Carlos Octavio Bunge y la ruptura de allí derivada con su padre, cf. E. J. Cárdenas y C. M. Payá, *La familia de Octavio Bunge*, ob. cit., y *La Argentina de los hermanos Bunge*, Buenos Aires, Sudamericana, 1997.

[56] C. O. Bunge, *Los envenenados (Escenas de la vida argentina de fines del siglo XIX)*, Madrid, Espasa Calpe, 1926, *passim*, y *Nuestra América*, ob. cit., pp. XIV-XX.

Bunge retorna a la teoría, a la hora de elaborar una versión historiográfica y un modelo de país, resultará largamente dominante la versión racial, al menos para el diagnóstico, aunque no totalmente para su terapéutica.

En general, el choque contra trabas notorias para la implementación del proyecto modernizador activó en Hispanoamérica un registro donde el ensayo positivista se encarnizó en el tratamiento de "los males latinoamericanos". Desde México hasta el Cono Sur, esta denuncia no escasea, y al cruzarse este diagnóstico inquietante con las señaladas variables sociodarwinianas, la mirada de los epígonos nativos de Spencer quedará no pocas veces fascinada por los factores raciales que presuntamente explicarían el retraso o las frustraciones modernizantes, en especial de aquellos países que –como México, Bolivia o Perú– conservaban un denso y supérstite fondo indígena. No otras habían sido las impresiones de Groussac al conocer esa zona latinoamericana:

> ¡Oh! ¡El espectáculo político de esta América española, que acabo de atravesar y ya conozco casi en su conjunto, es sombrío y desalentador! Por todas partes: el desgobierno, la estéril o sangrienta agitación, la desenfrenada anarquía con remitencias de despotismo, la parodia del "sufragio universal", la mentira de las frases sonoras y huecas como campanas, los "sagrados derechos" de las mayorías compuestas de rebaños humanos que visten *poncho* o *zarape* y tienen una tinaja de chicha o pulque por urna electoral.[57]

Bajo impresiones análogas, Bunge publica en 1903 su obra más célebre, *Nuestra América*, que subtitula "Ensayo de psicología social". Allí mantiene expresamente en su singular prólogo una concepción organicista de la sociedad que subtiende al proyecto

---

[57] P. Groussac, *Del Plata al Niágara*, ob. cit.

de realizar una autopsia del cuerpo nacional con el fin de "coadyuvar modestamente a algún diagnóstico para que atienda sus dolencias". Apoyado en nociones racistas cruzadas con la categoría de la "ideocracia", fabrica una suerte de psicohistoria donde el sujeto colectivo es la nación en tanto poseedora de una entidad propia o "alma nacional". Pero, si bien la organización social y política de un pueblo remite a su psicología, ésta a su vez se funda en factores étnicos y del ambiente físico y económico. Por ello comenzará por estudiar los afluentes españoles, indígenas y negros para definir a través de sus características y mezclas la psicología del hispanoamericano. La finalidad de todo este recorrido reside en describir otra vez esa política criolla que constituye "la enfermedad objeto de este tratado de clínica social que, como sus semejantes en medicina, concluye con la presentación de algunos ejemplos o casos clínicos": Juan Manuel de Rosas y los presidentes ecuatoriano Gabriel García Moreno y mexicano Porfirio Díaz.

Al término del viaje por los laberintos del alma social hispanoamericana, Bunge postula que el trípode "pereza-tristeza-arrogancia" es el que sostiene los ominosos fracasos de la política criolla. Pero concretamente, aquí la génesis de la arrogancia española se encuentra más en la geografía de la península ibérica que en el factor étnico, aun cuando luego los temas raciales ocupen un espacio sin duda estratégico en muchos pasajes de su razonamiento; ya que para dar cuenta de lo que considera la decadencia colectiva del espíritu español no bastan los elementos psicológicos, debe apelarse a los de orden fisiológico, que tornarían comprensible una degeneración que a su turno comunica con la penuria económica y los prejuicios ideológicos. De ahí que "la miseria y el hambre se explican por los gastos excesivos y la ausencia de industrias; la vida antihigiénica, porque la Inquisición ha estigmatizado y proscripto las ciencias, y porque considera concupiscente y pecaminoso el cuidado del cuerpo, incluso las abluciones, que la religión islamita santifica".

Estas dificultades resultaban más clamorosas cuando se contrastaba este "nosotros" hispanoamericano con el "ellos" exitoso del hermano-enemigo del Norte, que a partir de la guerra hispano-norteamericana había revelado a los latinoamericanos su irrecusable vocación y capacidad expansionistas. Además de poner de relieve la superioridad estadounidense sobre la vieja Madre Patria, el triunfo norteamericano en la guerra de 1898 alentó también en la intelectualidad latinoamericana reflexiones que nutrieron un primer antiimperialismo que adoptó diversos rasgos en el subcontinente, pero que en la Argentina se identificó en general con una posición defensiva ante lo que se percibía como un peligroso adversario en eventuales disputas interhegemónicas, o como un modelo que cuestionaba la tradicional alianza con los intereses británicos y, en general, con el modelo cultural europeo.

Sobre este suelo teórico y político, Bunge construye por fin las razones del contraste entre esta "Nuestra América" –revuelta y sin síntesis de los heterogéneos elementos que la componen– y los Estados Unidos de América, en donde la modernidad ha podido nacionalizarse cumplidamente. Un factor central de este desarrollo desigual lo encontrará en el puritanismo de los colonizadores norteamericanos, que impidió todo contacto sexual interracial y con ello la degeneración étnica, la cual, en todos los casos del mestizaje hispanoamericano, produjo cierta inarmonía, una relativa esterilidad y la ausencia de sentido moral. En cambio, "los colonos anglosajones tuvieron siempre mujeres europeas *pur sang*. Si faltaban, enviábales prostitutas la metrópoli en buques mercantes".

Otro elemento explicativo de la diferencia norte-sur se localiza en la disparidad de políticas económicas de las respectivas metrópolis. Mientras Inglaterra permitió el libre comercio, España impuso sobre sus colonias un rígido monopolio. De este modo, *Nuestra América* articulaba con el biologismo positivista la confianza liberista en el mercado, liberalismo que extendía a la relativa independencia de que habrían gozado las colonias angloamericanas para elegir sus autoridades, pero que se cuida bien de proyectar sobre su propio presente nacional. Aquí el reconocimiento de la autonomía individual hubiese desembocado en la para él peligrosa admisión de libertades políticas dentro de las cuales ocupaba un lugar central el sufragio universal.

Por fin, tanto el protestantismo que promueve el libre examen como la filosofía inglesa del utilitarismo contrastan con el dogmático absolutismo católico y con la filosofía teológica que en esta parte del continente ofuscó el libre desarrollo del individualismo posesivo y productivo. También contrastan con el clima romántico que en Hispanoamérica condujo al "apresuramiento con que las nuevas repúblicas abolieron la esclavitud", mientras que la más práctica y sabia Norteamérica mantuvo en los estados del sur la esclavitud durante varios años.[58]

A la luz de esta disección, para alcanzar el futuro era menester lapidar la política criolla motorizada por sus caudillos, más preocupados por sostener aspiraciones de poder faccioso que por contribuir al efectivo progreso de la historia. Si ese emprendimiento civilizador es posible en la Argentina (y de ahí el papel privilegiado que dentro de la América meridional Bunge le concede), se debe a que la inmigración puede corregir el fondo racial hispánico, negro e indígena en regiones excepcionalmente europeizables como, justamente, la zona litoral de esta nación conosureña. Cuando esta ilusión que nutre el argentinocentrismo se consume, el mítico crisol de razas de esta nación ubérrima habrá realizado la utopía de una región en la que "no habrá más que un solo tipo argentino, imaginativo como el aborigen de los trópicos y práctico como el habitante de los climas fríos, un tipo complejo y completo que podrá presentarse como todo un hombre, como el moderno: *Ecce homo!*".

[58] C. O. Bunge, *Nuestra América*, ob. cit., pp. 163-168.

Sin embargo, esta visión optimista alberga un punto ciego que los escritos de Bunge localizan en los fenómenos degenerativos que amenazan incluso a los individuos blancos tanto de la población inmigrante como de la elite a la que él mismo pertenece.

El tema de la "degeneración" había sido elaborado en el ámbito de la medicina desde mediados del siglo XIX y luego introducido en el lenguaje común sugiriendo un cambio mórbido en la estructura orgánica que consiste en la desintegración de los tejidos o en la sustitución de una forma más alta por otra más baja de la estructura. Este tópico cobrará relevancia entre 1880 y 1900, contando para entonces con un léxico fuertemente elaborado en los escritos de Morel, Maudsley, Galton, Pearson, Lombroso y diversos antropometristas, psiquiatras, antropólogos, criminólogos y legistas.[59]

En la cultura finisecular lo reencontramos definido por un cruce de literatura decadentista y darwinismo social, y se lo ha visto representado por el libro *Entartung* [*Degeneración*] de Max Nordau, publicado en 1892 y traducido al francés en 1894, que traslada esas prevenciones al clima naturalista-positivista. Como ha señalado George Mosse, recordando además el rol de Nordau (seudónimo del húngaro Südfeld) en el movimiento sionista laico, *Degeneración* está elaborado dentro del legado de la Ilustración y advierte respecto de los fenómenos de decadencia derivados del abandono de dicha herencia. En esta línea, su primer capítulo se titula "El crepúsculo de las naciones" y allí se define un fin de siglo en el que impera "la impotente desesperación del hombre enfermo" y donde "el sentimiento dominante

---

[59] D. Pick, *Faces of degeneration*, ob. cit., pp. 216, 225 y 200. Stephen Kern relaciona la emergencia del tema de la "memoria orgánica" con la elaboración literaria de la idea de la subsistencia del pasado plasmada en el *Drácula* de Bram Stocker, aparecido en 1897, allí donde la sangre de varias generaciones centenarias "fluye en la sangre del héroe de cuatrocientos años de edad junto con la sangre de sus ancestros, anteriores a los Habsburgos" (S. Kern, *The Culture of Time and Space*, Nueva York, Harvard University Press, 1983, pp. 40-41).

es el de una inminente extinción y perdición". El texto se cierra con la advertencia de que los personajes de Nietzsche, Huysman e Ibsen, todos ellos símbolos de la degeneración, deben sucumbir inexorablemente en la lucha por la vida, ya que Zaratustra, Des Esseintes y Stockmann no pueden competir con el hombre que se levanta temprano y tiene la cabeza clara, el estómago sólido y los músculos duros.[60] Y es que si la neurosis amenaza al conjunto de la humanidad moderna, el artista, por su estilo de vida y sus facultades excepcionales, será su víctima privilegiada. Esta idea está en la base del libro de Nordau y de otro *bestseller* de la época: *El hombre de genio*, de Cesare Lombroso.

Se ha visto la superposición de este tema con el específicamente decadentista; también, cómo desde este espacio se atribuía dicha decadencia a un "exceso de civilización", con lo cual reencontramos un motivo que formó parte del relato de Ramos Mejía: la civilización mata la potencia de vida de los bárbaros. Sólo que en los libros de Paul Bourget la existencia de "las razas cultivadas y fatigadas" hallaba una situación histórica más desencantada que en la Argentina, ya que de ese diagnóstico no está ausente la crisis de las naciones latinas y especialmente de Francia, donde la denuncia de la decadencia y corrupción de las costumbres del II Imperio que habría llevado al desastre en la guerra franco-prusiana fue expresada emblemáticamente por Taine: "Nuestro gran error fue haber querido que todo fuera divertido; el arte y el talento de aburrirse fue la fuerza de los alemanes".[61]

Recogiendo ese mismo espíritu, el diario *La Tribuna* de Buenos Aires había publicado el 26 de enero de 1873 un artículo donde tiene por indudable que en el Viejo Continente "arraiga en sus entrañas *la enfermedad crónica*". En el caso de Francia ese mal se condensa en "el son del diabólico can-can", el cual

---

[60] Max Nordau, *Degeneration*, Nueva York, Howard Fertig, 1968, *passim*. Véase allí mismo la Introducción de George L. Mosse.

[61] Cf. A. E. Carter, *The Idea of Decadence in French Literature 1830-1900*, ob. cit., p. 126, y R. Pozzi, *Hippolyte Taine*, ob. cit..

la había sumido en un sueño decadente que desembocó en la violencia de la Comuna.[62] De modo que a principios del 90 ese país guía para la intelectualidad argentina "parecía disolverse en un caos. [...] La República padecía todos los males sociales de la época: decadencia de la aristocracia, corrupción parlamentaria, guerra de las clases sociales, terror anarquista y barbarie antisemita".[63]

En suma, en el último decenio del XIX "todo el mundo habló de y pareció sentir *fin-de-siécle*". Según A. M. Schlesinger, la idea de Inglaterra pasó a Estados Unidos, y existen testimonios de que hacia 1890 la sociedad norteamericana "estaba profundamente imbuida del sentimiento de que la grandeza de los siglos estaba próxima a cerrarse".[64] En este sentido, la curva de Renan es indicativa: cuando en 1848 escribe *El porvenir de la ciencia*, ve la resolución de los problemas en "organizar científicamente a la humanidad: tal es la última palabra de la ciencia moderna, tal es su audaz y legítima pretensión". Pero la situación política de ese mismo año 1848 se le aparece "como la caída de una cortina que disimulaba el horizonte", y al año siguiente empieza a hablar de "la decadencia general", que se superpondrá con la desconfianza hacia aspectos de la modernidad que incluirán el progreso científico-técnico. Teme entonces "una edad de plomo y de estaño", y sospecha que su siglo "no va ni hacia el bien ni hacia el mal; va hacia la mediocridad"...[65]

Luego de la derrota francesa apareció un conjunto de libros que daban cuenta de esa decadencia nacional y extendían la duda hacia la viabilidad misma de los países latinos. "Asistimos –es-

[62] Cit. por Karen Robert, "El esplendor en los charcos: el carnaval como juego y espectáculo", mimeo, 1993.

[63] K. Schorske, *Viena Fin-de-Siécle*, ob. cit., p. 170. Véase asimismo K. W. Swart, *The sense of decadence in XIX century France*, ob. cit.

[64] Arthur Meier Schlesinger, *The rise of the city (1878-1898)*, Nueva York, The Macmillan Co., 1933, p. 421.

[65] En *Oeuvres Complètes de Ernest Renan*, París, Calmann-Lévy, 1948, t. III, p. 757, y "La poésie de l'Exposition", ibíd., t. II, pp. 94, 241, 250 y 251.

cribió Flaubert en su correspondencia– al fin del mundo latino"; hasta que el citado libro de Edmond Demolins de 1897 planteó en su mismo título la pregunta que sintetizaba esas frustraciones: *¿A qué se debe la superioridad de los anglo-sajones?* La respuesta del autor francés es al mismo tiempo el cuestionamiento a una cultura y una educación que han descuidado la formación de un espíritu empresarial como el de los anglosajones, y acompaña este diagnóstico severo con medidas imitativas de aquella cultura considerada pragmática. El libro incluye un mapa donde con un color se muestra la extensa dominación del mundo por parte de los anglosajones, y con otro "los simplemente amenazados de serlo, como Egipto y la República Argentina". Al respecto, Demolins relata que durante la última exposición universal comentó el tema del expansionismo norteamericano en Latinoamérica con el presidente de la sección argentina, quien se limitaba a lamentarse, "como lo hacen siempre los débiles, porque es obra más fácil que la de colocarse a la altura de los fuertes".

Distintas señales de parecidas sospechas aparecen en Carlos Octavio Bunge. En sus *Estudios filosóficos* presume que es la totalidad del porvenir humano lo que se halla en juego, ya que "cada día es mayor, según las investigaciones de la ciencia, la sombra funesta que la degeneración proyecta sobre la especie humana". De tal modo, "es indiscutible que vibra en la atmósfera algo de amenazador y de nefasto; un si es no es de degeneración; un debilitamiento y Nirvana, que, si bien no implican la muerte, parecen un continuo, un lento, un insensible desplazamiento hacia la muerte". Otro pasaje muestra la interferencia de decadentismo y biologismo: "¿Hacia dónde marcha la anémica humanidad contemporánea, ya vagamente degenerada y acaso decadente?".[66]

[66] C. O. Bunge, *Estudios filosóficos*, ob. cit., pp. 230 y 243-252.
La novela naturalista también podrá incluir este estilo. En *Sin rumbo*, Cambaceres diseña un protagonista "cuyo *tedium vitae* impregnaba ya a los dos principales seres masculinos de la novela anterior": "Andrés es el fruto de una sociedad decadente, refi-

De todos modos, es preciso no exagerar las analogías. Ya que la Argentina parece tener ante la vista de Bunge un porvenir no amenazado por aquellas desgracias padecidas por Francia, aunque sí algunos puntos oscuros que demandan respuesta. Precisamente, si el ideal sigue siendo el de un orden político tutelado por una minoría del talento, el fantasma de la degeneración es tanto más preocupante porque amenaza por igual a las clases bajas y a los componentes de la misma elite, y Bunge encuentra la causa de ese fenómeno en "la inacción de los ricos, decaídos por su vida antihigiénica, y en el trabajo de los pobres, debilitados por el moderno maquinismo".

Esta conexión entre las formas degenerativas de las clases alta e inferior había sido desarrollada en términos llamativos por Scipio Sighele, uno de los mayores teóricos lombrosianos de la multitud. "Las clases altas –escribió– exhiben signos de parálisis y atrofia; las bajas, signos de una evolución incompleta y rasgos de simiesca brutalidad".[67] Y en rigor estos temas atravesaban esferas intelectuales y políticas en otros aspectos bien diferenciadas. Si dentro de los ambientes anarquistas se recurría a dichos modelos para denunciar una "selección al revés" originada en el parasitismo burgués, también para Bunge los riesgos de degeneración de la aristocracia residen en esa causa, conduciendo a la disminución de la vitalidad, que se manifiesta a menudo en agotamiento y neurosis. En *Teoría de la ética y del derecho* cita al respecto a Roy Lankaster, quien confirma que "toda nueva serie de condiciones que tienden a hacer más fácilmente asequible al animal la seguridad y el alimento conducen, por regla general, a la degeneración". De tal modo, si se consigue que la vida parasitaria esté del todo asegurada, en esas

---

nada, cosmopolita, que ha llegado a la negación absoluta de todos los valores, hundido en el materialismo darwinista y en un radical pesimismo" (H. Campanella, *La generación del 80*, ob. cit., pp. 184-185).

[67] Cit. en Pick, *Faces of degeneration*, ob. cit., p. 121.

especies "veréis desaparecer poco a poco las piernas, las man-díbulas, los ojos, las orejas"...

Articulada con el higienismo, la temática sobre la ciudad con-tribuía a esos tópicos degeneracionistas. En las urbes, el proceso de declinación se debe a los efectos de toxinas como el alcohol y el tabaco, junto con la sobrepoblación, la escasa aireación y la dieta insuficiente, mientras la sexualidad se ha tornado en fuen-te transmisora de enfermedades. También para Nordau la causa de la degeneración fincaba en una excesiva "excitación nervio-sa", y como ella es un producto típico de las grandes ciudades, abría así un espacio crítico hacia la concentración urbana. Es que las ciudades, argüía por ejemplo, registran sólo vibracio-nes, y entonces los pintores degeneran hacia el impresionismo.

Por su parte, como a menudo se confunde la selección des-cendente con la degeneración, Bunge considera conveniente distinguir ambos conceptos. A diferencia de la degeneración que o bien se cura a través de la herencia, o bien se agrava hasta producir la extinción de la estirpe, la selección descendente tiende a producir un tipo inferior, pero sano y perfectamente apto para la propagación de la nueva especie.[68] A esta selección in-vertida contribuyen los progresos de las ciencias médicas, que permiten conservar la vida de los enfermos más graves y de tal modo atacan a la naturaleza en su más precioso papel, el de la selección de las especies. Para colmo, han retrocedido por igual las grandes convulsiones sociales –pestes, hambres, guerras– y las grandes intransigencias –religiosas, políticas y jurídicas– que "contribuían en primera línea a eliminar a los degenerados". Ahora, la higiene pública, la instrucción generalizada, los adelan-tos de la industria, el desproporcionado reparto de las riquezas, el *confort* difundido en ciertas clases sociales, el maquinismo, la fraternidad política, religiosa y jurídica de ciertos hombres y pue-blos, la poca frecuencia y menor crueldad de las guerras, facili-

[68] C. O. Bunge, *El derecho*, ob. cit., pp. 354-358.

tan la obra de la medicina en la perpetuación de los degenerados, que "crecen y se multiplican, contagiando la parte sana de
la población, al amparo del progreso".[69] En suma, las poblaciones actuales carecen de esos azotes bienhechores que fueron en
Buenos Aires las revoluciones, la tisis, la fiebre amarilla y el có-
lera, que barrieron al elemento negro y colaboraron en la elimi-
nación de los degenerados.

Si ahora se cotejan estas afirmaciones con una cita anterior
de Macaulay ("La ciencia prolongó la vida; mitigó el dolor; ex-
tinguió enfermedades"...) será preciso acordar que se ha producido un giro radical que ha separado la senda de la verdad del
camino de la virtud, puesto que ahora el saber científico se ha
desagregado del progreso al no conducir inexorablemente al
mejoramiento de la especie humana. Existe, además, para Bunge
un peligro mayor: si la decadencia de la aristocracia coincidiera
con el movimiento inverso, por el cual las clases dominadas se
fortalecen en la rusticidad y el trabajo, se correría el riesgo de
que éstas considerasen ilegítima la dominación, y se abriera entonces un período de lucha de clases.[70]

Esta obsesión bungeana se expresó otra vez en el género literario que cultivó, y forma parte de una denuncia destinada a impugnar a su propia fracción social. Ya en 1895 el protagonista de
otro de sus relatos se lamentaba de la fiebre mercantil que domi-
naba a los porteños y de su deseo desenfrenado de enriquecimiento, que les hacía postergar bienes más nobles. Al evocar en
un libro sobre teoría de la educación estas denuncias, Bunge re-
conocerá que "dolorosas y bien pesimistas páginas me ha inspi-

---

[69] C. O. Bunge, *Estudios filosóficos,* ob. cit., pp. 243-252. La cita continúa: "En la
Edad Media, la hoguera en que se achicharraban centenares de 'brujos' fue una herida
saludable por donde el cuerpo de muchas naciones supuró el fétido humor de sus neu-
róticos". Por eso mismo la Inquisición en sus orígenes desempeñó un papel igualmente
saludable al eliminar a los africanos. "Por esto el pueblo, que cuando no se enloquece
tiene el instinto de su salvación, la llamó 'santa'".

[70] C. O. Bunge, *Estudios filosóficos*, ob. cit., pp. 159-160. Véase la cita de Macaulay
en capítulo II.

rado, en otra oportunidad, la psicología de la clase directora, especialmente de la juventud rica, tan ociosa, frívola y burlona". Igualmente, "la *jeneusse dorée* masculina de Buenos Aires –afirmaba– es todo lo más inútil, vano, inflado, pretencioso e inservible del elemento juvenil, mezclado con alguno que otro joven de mérito sobresaliente". Según las memorias de su hermana Julia, ése fue el origen de *Revolución en Chulampo*, la pieza teatral que dio a conocer en 1904, y otra vez entona esta denuncia en 1908 al estrenar el drama *Los colegas*. En ambos advierte respecto del riesgo de la degeneración de la clase gobernante, del mismo modo en que, en su artículo "La evolución del derecho y la política", había impugnado la corrupción del roquismo.[71]

En este aspecto, Carlos Octavio Bunge volcaba expresiones que perfectamente podrían haber sido suscritas por Groussac o Cané:

> El oro y sólo el oro es lo que más ama y aprecia la sociedad de Buenos Aires [...]; he ahí una funesta influencia y una consecuencia necesaria del progreso. Ya no es éste el mundo de nuestros buenos viejos padres [...] Ya no se aprecia la reputación científica, política o literaria, ya no se aprecian tampoco los apellidos. Todos acabaremos por ser banqueros, comerciantes o industriales. Seremos al fin y al cabo tan sólo una imitación, una caricatura ridícula, desmayada, descolorida, del espíritu *yankee*, con sus defectos y sin sus méritos.[72]

Hasta el final de sus escritos esta intención estará presente, como en el citado relato *Los envenenados*, donde narra el regreso desde París de León Valdés, cuya profesión de artista lo hacía

---

[71] Cf. *La Educación*, ob. cit., t. II, p. 361; *La familia de COB*, ob. cit., p. 251; Julia V. Bunge, *Vida, Epoca Maravillosa*, Buenos Aires, Emecé, 1965, p. 201, y C. M. Payá y E. J. Cárdenas, "C. O. Bunge, un triunfador disconforme", en *Todo es Historia*, oct. 1981, n. 173, p. 38.

[72] Hernán Prins (seudónimo de Carlos O. Bunge), *Mi amigo Luis*, Buenos Aires, Imprenta Elzeviriana, 1895, pp. 12 y 125.

vivir en un mundo de belleza y de silencio contrastante con los personajes de su propia clase que frecuenta sobre todo en Mar del Plata, todos ellos enloquecidos por el afán de enriquecerse de cualquier modo y cuanto antes. Por eso "su espíritu de esteta se encontraba fuera de su centro natural en una sociedad como la *elite* bonaerense, casi totalmente compuesta de comerciantes y de abogados o, mejor dicho, de estancieros y de especuladores".[73] Y si por un momento León Valdés llega a sentirse hasta "socialista y revolucionario", comprende que si esas soluciones extremas no serán necesarias es porque aquellas gentes –los "envenenados", decadentes y degenerados– "serían probablemente reemplazadas, apenas terminase el siglo, por otras más dignas de preeminencia, conforme al generoso espíritu de la raza y a sus viejas tradiciones".

Estas preocupaciones acerca de una elite que no cumple con los mandatos a que su posición la destina se apoyaban también en esa indiferencia hacia la participación política no sólo de los inmigrantes sino de ella misma, que los estudios actuales confirman y que los contemporáneos no dejaron de indicar.[74] En *La anarquía argentina y el caudillismo*, de 1904, Lucas Ayarragaray veía al país peligrosamente dividido en dos zonas: una poblada de mandarines que viven de la política y de la agitación, y otra que trabaja sórdidamente y contempla con "indiferencia cartaginesa" las vicisitudes públicas. Del mismo modo, el autor de *Nuestra América* observaba el panorama nacional con ojos alberdianos que han tenido el tiempo de ver que las masas inmigratorias no están en condiciones aún de cambiar la "masa o pasta" de la población nativa y sus dudosas costumbres criollas, lo cual, agregado al egoísmo de las ricas, obliga a sostener la

[73] C. O. Bunge, *Los envenenados*, ob. cit., pp. 20, 22 y 96-97.

[74] "Ya en 1873 Sáenz Peña sostuvo la necesidad de imponer la obligatoriedad del voto, no para ampliar el sufragio hacia abajo sino para obligar a votar a esos sectores tan reticentes a ejercer sus derechos" (H. Sabato, "La revolución del 90: ¿prólogo o epílogo?", ob. cit., pp. 27-31).

necesidad de la acción del Estado como instancia modeladora de la sociedad. Si en ese espacio estatal se unen el cesarismo de los políticos con el saber de los científicos, se habrá realizado el modelo de estadista que Bunge encuentra en el mexicano Porfirio Díaz en tanto paradigma del "cacique progresista".[75]

El diagnóstico de Bunge extrae entonces su notas sombrías de un panorama que muestra, por una parte, una crisis de creencias o de ideas-fuerzas que puedan sustituir a las de una religión en retirada, y una degeneración que alcanza a los sectores destinados a ser dirigentes. Ante esa situación, en principio las esperanzas regeneracionistas hallarán su ámbito de despliegue en la asunción del legado iluminista, planteado como tarea pedagógica de instrucción que vaya constituyendo sujetos habilitados para vivir en sociedad. Por eso define a la educación como "el mejor campo de maniobras y campo de batalla del humanismo contemporáneo", hasta el punto de que la fórmula alberdiana se transmuta sarmientinamente en "gobernar es educar".[76] Pero aquel emprendimiento ilustrado confronta un límite estructural, constituido por las modificaciones experimentadas por el pasaje del sujeto racional de la Ilustración al "sujeto psicológico" finisecular. En este último se cumple también el predominio de la naturaleza sobre la cultura, de lo dado sobre lo adquirido, y los reflejos creados por la educación serán por eso siempre secundarios respecto de los genéticos, existiendo un tope insuperable fijado por "esa materia prima que es la herencia". De todas maneras, y aceptado este lí-

---

[75] C. O. Bunge, *Nuestra América*, pp. 228, 232 y 212. "Es pues el prototipo de la más *rara avis* del caciquismo: ¡el cacique progresista!"."A la inversa de Buenos Aires, en México, que es acaso el pueblo más indígena de América, el despotismo de Porfirio Díaz ha sido el más pacífico y el más largo. ¡Bendito despotismo!" (*Estudios filosóficos*, ob. cit., p. 280).

[76] C. O. Bunge, *Estudios filosóficos*, ob. cit., pp. 144 y 145.

mite, la educación es la instancia que, trabajando sobre el fundamento inmodificable de la estirpe, "iguala a los hombres hasta donde lo permitan las humanas desigualdades".[77]

Para ello, otro componente de ese mismo sujeto permite tornar provechosa la tarea pedagógica ante la degeneración, dado que si la característica psicológica del degenerado es su falta de sentido moral, pero al mismo tiempo resulta fácilmente sugestionable, es posible mejorar su conducta inculcándole buenos hábitos y sugiriéndole ideales, aunque –como es asimismo olvidadizo y versátil– esa tarea pedagógica "debe ser larga, repetida, continua". Según la definición de Le Bon, la educación era "el arte de lograr que lo consciente pase al dominio de lo inconsciente", y para ello debe operar en las zonas oscuras de la subconsciencia.[78] En suma, la educación no salva, pero consuela; sin obtener la cura, puede empero evitar muchos daños a la sociedad, al menos en el orden ético y político.

En cuanto a los objetivos y sujetos de esa educación, a lo largo de centenares de páginas, Bunge va organizando un proyecto educativo que contendrá tanto los elementos correctivos para atacar los males de la sociedad argentina, cuanto una ruptura de la universalidad de la enseñanza, coherente con su visión jerárquica de esa misma sociedad. Existe una primera finalidad consistente en difusión de cultura general, que inculque la rutina del "progreso lento por el esfuerzo continuo y no los golpes de Estado y las corazonadas demagógicas [...] En una palabra, ¡la Evolución y no la Revolución!". También en el ejercicio de su función jurídica Bunge sostuvo que el anarquismo no sería erradicado con leyes draconianas sino con lo que llamaba la "defensa moral", fundado en la difusión de las verdades de la ciencia social y en la acción moralizadora de una clase dirigente

---

[77] C. O. Bunge, *La educación*, ob. cit., t. III, pp. 11 y 9, y *Principios de psicología*, ob. cit., p. 226.

[78] Gustav Le Bon, *La Psychologie de l'education*, París, Flammarion, 1902, p. 4.

con un vivo sentimiento de los intereses comunes y de la dignidad nacional.[79]

A partir de allí, y con el objeto de conjurar ese mal endémico del desorden sudamericano, desarrolla toda una terapéutica que en principio ataca las falsas aplicaciones del postulado democrático representativo de la Revolución Francesa y especialmente del jacobinismo, que ve encarnado en las peroratas acerca del sufragio universal, la libertad y la igualdad. Nada mejor, por el contrario, que anteponerle el estudio positivo de la historia, la política, la sociología y la economía, que demostrarán palmariamente que los sistemas gubernativos no dependen de meras construcciones racionalistas, amén de convencer a los hombres de que el cambio violento es siempre contraproducente y de que inclusive las anomalías institucionales deben conservarse mientras resulten útiles. Sólo el recurrido "huracán de la ciencia" podrá aventar lo que Bunge considera el verborrágico culto de la *parlamentaritis* criolla y combatir eficazmente el caudillismo ignorante y mal intencionado.[80] En suma, y sin variaciones respecto del programa educativo ilustrado, si es imposible trasvasarnos la sangre, el único remedio reside en alcanzar la más alta cultura de los pueblos europeos. Con ese objeto, la única alternativa es que la elite promueva desde el gobierno –municipal, provincial y nacional– la difusión de la cultura.[81]

No en balde ya en sus estudios sobre *La educación contemporánea* había anotado que, ante la arraigada tradición levantisca de la juventud nativa proveniente de la época colonial, "conviene que el pedagogo argentino se preocupe seriamente de incul-

---

[79] C. O. Bunge, *Estudios jurídicos*, Madrid, Espasa Calpe, 1926, p. 159.

[80] "¡Pues hay que concluir con el romanticismo político! Para ello, estudiar las bases históricas del derecho, las bases económicas de la historia, las bases psicológicas de la economía, las bases biológicas de la psicología. Sólo así el huracán de la ciencia hundirá bajo los abismos del océano esas retardadísimas naves que nos traen tantos viejos víveres podridos, para estragar nuestros estómagos, corromper nuestra sangre y enfermarnos el alma" (*La educación*, ob. cit., libro II, p. 30).

[81] C. O. Bunge, *Nuestra América*, ob. cit., pp. 305-309.

car sentimientos de disciplina en sus educandos desde la infancia". Adhería así al proyecto de compulsión institucionalizada mediante el cual el positivismo argentino estructuró una respuesta al problema de la nacionalización y ciudadanización de las masas en una sociedad aluvional. Toda una empresa de expansión normalizadora que el viejo Sarmiento había enunciado sin cortapisas en 1886 en su escrito "Sobre instrucción popular" cuando alababa la gimnasia como instrumento de higiene moral: "¿Cuántas veces obedece un niño al día al ejecutar actos armónicos, de conjunto, acompasados, que no dependen de su voluntad?". Y se respondía que "la escuela, la gimnástica, la fila, la hilera, el compás van disminuyendo las crispaciones; la regla, la repetición de los movimientos vienen amasando al animalito bípedo, que cuando llega a la plenitud de su fuerza es un hombre y no un tigre [...] Las escuelas −concluía− salvarán doscientas vidas anualmente, con la gimnástica, y el sentarse y levantarse metódicamente".

A aquel disciplinamiento escolar y jurídico, Bunge le sumará en un último texto una pedagogía más alberdiana fundada en la ética del productivismo y cristalizada en la consigna de "¡civilicémonos por el trabajo!", que oficiaba de pasaje para una valoración nuevamente positiva del aporte inmigratorio. Como a Ramos Mejía, también a Bunge lo entusiasma esta población extranjera que marcha cantando a sus faenas, y que después de argentinizarse suficientemente podrá llegar a *hacer casta* en el país. Esta última finalidad está garantizada en principio por la capacidad de atracción que ejercen lo que considera la generosa política argentina, sus leyes liberales, la abundancia de su producción y hasta la belleza de su cielo.

Ese emprendimiento educativo debe siempre prescindir de la Iglesia, para no instalar el divorcio entre la enseñanza y la ciencia. De allí que esta función estratégica –fiel al programa implementado por la elite desde el 80– sea reconocida por Bunge en el Estado. Sin embargo, en este punto se replantea una tensión entre su afán modernizador y su deseo de una sociedad integrada y jerárquica, dado que si esos mismos impulsos modernizadores secularizan el *ethos* y de ese modo erosionan tradicionales criterios de legitimidad, la pregunta de Bunge traduce inquietud: "¿Qué ética nueva substituirá la vieja ética social? Éste es el punto obscuro de mi Cosmos".[82]

He aquí, entonces, una nueva encrucijada del intelectual positivista, porque al desencuentro entre la ciencia y el progreso se le suma ahora la confirmación de que el *¡Atrévete a saber!* iluminista lesiona las condiciones de existencia del orden social. Todo ello, agravado por la incómoda percepción de que el dispositivo cientificista no lo provee de instancias teóricas para fundar un conjunto de ideales, incluidos los colectivos, en años cruciales para la definición de un nuevo nacionalismo en tanto conjunto de símbolos y valores identitarios. Dicha tensión ha sido señalada en términos concluyentes: en definitiva, la conciliación entre libertad y determinismo que los positivistas pretenden es puramente verbal; el determinismo pertenece al ámbito de la descripción, y la libertad, al terreno del deber ser, que es precisamente el que la misma doctrina se ha vedado al decretar la invalidez teórica de los juicios de valor. De allí que "el cuerpo cientificista simplemente convive junto al alma idealista".[83]

Pero si salimos del ámbito de las ideas medidas por sus valores de verdad, nos encontramos con que dicha oposición abre un problema específico de la historia intelectual: el que trata de

[82] C. O. Bunge, *Estudios filosóficos*, ob. cit., pp. 242-243.
[83] J. Dotti, "Las hermanas enemigas", en *Las vetas del texto*, Buenos Aires, Puntosur, 1990, pp. 58-60.

dar cuenta de las inconsistencias, no desde el punto de vista de la lógica, sino de la historia como explicativa de las derivas del pensamiento. El caso que nos ocupa mostraría así una colisión entre lo que el canon positivista permite decir y lo que la voluntad ético-política quiere postular en forma de un arco de ideas y valores compartidos como garantes del lazo social. Ese choque está nítidamente planteado en un pasaje de *El derecho* que conviene reproducir *in extenso*. Escribe Bunge:

> La ética pasa por gravísima crisis en la cultura de nuestros días. El positivismo científico ha arrasado en sus bases las antiguas concepciones metafísicas, sin construir aún, de manera sólida y estable, las que deben substituirlas. [...] El pueblo, que cimienta todavía sus conceptos éticos en creencias místicas y en hipótesis metafísicas, carece de la ilustración indispensable para concebir positivamente su ética. Una ilustración mediana puede fácilmente llevarle a una concepción amoralista, que implique un principio de decadencia histórica. Tal es la crisis de la ética contemporánea. Por una parte, la ciencia niega lo viejo, y no define uniformemente lo actual. Por otra, las costumbres peligran, pues el pueblo acepta la parte destructora y negativa del pensamiento científico, sin reconocer aún la parte creadora y positiva.[84]

Para salvar esas carencias se ha visto el modo en que Bunge piensa la educación de los educadores vinculada con los saberes científicos. Pero además, y como la educación debe funcionar en espejo con la sociedad que imagina, tiene que estar escindida en una instrucción destinada a los simples y otra para la minoría. Con respecto a esta última, y mediante una torsión que muestra el tributo del positivismo a otros cuerpos de ideas, Bunge considera que son los estudios preparatorios clásicos los que ofrecen al médico, al abogado y al humanista una base más

---

[84] C. O. Bunge, *El derecho*, ob. cit., t. I, pp. 77-78.

sólida y completa de conocimientos que los llamados modernos, y adhiere así a una idea de educación subsidiaria de la teoría de las facultades, ya que –postula– "el griego da las nociones primarias de la ética", en tanto que "el latín desarrolla la lógica del espíritu, y precisa las ideas y el estilo".

En el primer capítulo de este libro se ha considerado el lugar estratégico que la creación de la Facultad de Filosofía y Letras porteña ocupa para Miguel Cané dentro de la institucionalidad intelectual argentina, articulada con el intento de recomposición de una clase dirigente que se ve a sí misma y a la sociedad que tutela amenazadas por la decadencia y la ilegitimidad. Asimismo, se refirió al modo como esas construcciones se orientaron en pos de una armonización que recurre a la moralización y estetización clasicista de la cultura. Lo llamativo ahora es que análogas pretensiones se localizan en el interior del positivismo de Carlos Octavio Bunge. Existe para fundar este movimiento la difundida creencia clasicista en que el aprendizaje de las lenguas grecolatinas configura un orden mental virtuoso, pero a ese motivo Bunge le suma la circunstancia de que, en los países de habla castellana, "quien ignore en absoluto el latín no puede conocer a fondo su idioma nacional". Se trataba de otra forma de filiar un linaje, puesto que si la lengua representa la forma concreta y categórica del alma nacional, cuyo culto debe ser uno de los altos objetivos de toda enseñanza eficiente, he aquí que "el idioma de los argentinos" remite a ese molde de virtudes clásicas. En rigor, se trata del idioma de esos pocos argentinos destinados a ejercer la dirección del conjunto social, ya que el técnico no necesita la misma preparación en estudios clásicos, así como "para la masa del pueblo paréceme de todo punto innecesario el estudio del latín […] Sólo conviene tal estudio a aquellos educandos que, por sus aptitudes y por la carrera elegida, están llamados a formar la clase gobernante y directora".[85] Las humanidades son

---

[85] C. O. Bunge, *La educación*, ob. cit., t. II, p. 126 a 129.

así "las más útiles y elevadas especulaciones del espíritu humano", y siendo función del humanista fijar rumbos a las sociedades, él es el más trascendente de los ciudadanos. Su acción es doble: directa en lo moral (política, artes) e indirecta sobre lo material (ciencias, riqueza). De ahí que "las instituciones en que se enseña humanidades sean las más importantes".[86] De ese modo, y ante las pretensiones expansivas de las ciencias biológicas, médicas y jurídicas sobre el ámbito de la filosofía, ahora ésta –en un movimiento inesperado en un representante de la escuela positivista– retomaba su tradicional sitio destinado a ordenar y dotar de sentido a las demás disciplinas. Entonces se produce en los escritos de Bunge una aceptación de ese papel de la filosofía como búsqueda de una totalidad perdida, plataforma, a su vez, de una definición del tipo de educación de la elite, destinado a la producción de un buen orden social.

Recapitulando: ante los límites de la ciencia y del positivismo (imposibilidad de fundar una ética; imposibilidad de organizar una visión universal), los textos de C. O. Bunge introducen de manera heterodoxa la noción de "ideal" para el tratamiento de la cuestión moral, y recurren a las humanidades clásicas para la segunda función. Ahora, el modo como propone atacar los efectos fragmentadores de la modernidad en el ámbito de los saberes, y la fabricación de un relato destinado a reforzar una simbología nacionalista en las masas, permiten caracterizar con mayor tino su posición intelectual.

Dentro de la primera problemática, debe remarcarse la conciencia que tienen los intelectuales locales de la desagregación de las esferas de competencia de las diversas disciplinas. Si se

[86] C. O. Bunge, *Estudios filosóficos*, ob. cit., p. 26.

retorna al discurso de Rodolfo Rivarola, la explicitación es contundente: "La acumulación de los diversos datos referentes a cada una de las partes en que el espíritu de clasificación divide la ciencia tiende a particularizarlas cada vez más, creándoles una independencia que las convierte a su vez en ciencias especiales; y esto se manifiesta hoy en la filosofía y en todas las ciencias".[87] Asimismo, Bunge observa que la historia, la economía, la sociología, la política, sólo presentan datos, pero no destilan "la doctrina moral que investiga el humanista".[88] Junto con este reconocimiento se observa asimismo una búsqueda de totalización de esas diversas esferas, que según los casos será colocada en diferentes disciplinas que operan como ejes articuladores: las humanidades clásicas, en el caso de Cané; la sociología, en el de Ernesto Quesada; la psicología, en el de Carlos Octavio Bunge.

En principio, la positividad de la ciencia y el carácter paradigmático de la biología son lo que este último considera como aquellos elementos necesarios y suficientes para explicar el creciente y ya definitivo desprestigio de "la idea filosófica". Emite así opiniones incluidas con coherencia dentro del agnosticismo positivista: el mundo cognoscible es el fenoménico, y todo lo que desborde el ámbito de la experiencia sensible pertenece al inabordable universo de la metafísica. Se negaba, de este modo, a hacer uso de una extensión del evolucionismo y el positivismo para construir una visión unificada de la realidad, a la manera como se ha visto operar al monismo naturalista.[89]

[87] R. Rivarola, *Escritos filosóficos*, Buenos Aires, Instituto de Filosofía de la Facultad de Filosofía y Letras, UBA, 1945, p. 21.

[88] C. O. Bunge, *Estudios filosóficos*, ob. cit., p. 26.

[89] "Los filósofos materialistas y evolucionistas incurren en un *lapsus* lamentable: buscan orgullosamente *la unidad de los conocimientos* humanos por medio de las ciencias fisico-naturales, como base única. En mi sentir, este concepto del materialismo no es más que un *nuevo absurdo metafísico*. Recuérdese, ante todo, que el materialismo, como el idealismo, constituyen sólo hipótesis. Demostrarlas sería, al menos por ahora, demostrar lo incognoscible" (*Estudios filosóficos*, ob. cit., pp. 32-33).

No obstante, negado para Bunge el acceso a la unidad del saber sobre la base del modelo cosmológico naturalista, se produce en su discurso un desplazamiento que buscará la unidad fundadora en una cierta concepción de la psicología, con lo cual redefinirá el carácter mismo de su colocación dentro del movimiento positivista. Es llamativo que ya en el prólogo que el español Luis Simarro escribe para los *Principios de psicología individual y social*, la psicología aparezca como una suerte de ciencia puente entre las naturales y las espirituales, mencionando entre los mentores de estas últimas a Krause, Wundt y Dilthey, y agrupando bajo su dominio a la lógica, la estética, la sociología, la historia, la economía política, el derecho, la ciencia de las religiones. El mismo Rivarola había indicado también que aquella particularización de las disciplinas científicas ubicaba a la psicología en una posición privilegiada, "en una ciencia especial, cuyos límites se extienden, a la vez que se definen, a medida que avanza el examen diario del hecho concreto".

El razonamiento bungeano destinado a avalar esta función articuladora de la psicología comienza por distanciarla de las pretensiones imperiales de la biología, porque dicha pretensión, sumada al desprecio por la especulación, termina por desatender algo que considera imprescindible: *la observación interna*, que "tiene prioridad sobre toda la experiencia externa".[90] Estas afirmaciones estaban en la línea de lo señalado por Wundt, a cuyos textos en alemán Bunge podía tener acceso directo, amén de que los *Elementos de psicología fisiológica* circulaban ya en la década de 1880 en una versión de las célebres de Alcan contra cuya influencia afrancesante un día protestaría Miguel de Unamuno. Justamente en aquel libro, Wundt sostenía que el privilegio de la experiencia interna provenía de que "posee para nosotros realidad *inmediata*, en tanto que los objetos de la ex-

[90] C. O. Bunge, *Principios de psicología individual y social*, Daniel Jorro Editor, Madrid, 1903, pp. II, III y 55.

periencia externa [...] no nos son dados más que *mediatamente*", y sobre todo, al ser finalmente toda experiencia una experiencia interna, ésta adquiría el predominio dentro de una filosofía monista y concedía al idealismo "la victoria incontestable sobre otras concepciones cosmológicas".[91]

Si Wundt parece así estar en búsqueda de un monismo idealista, es por la misma vía del privilegio de la introspección como el autor de *Nuestra América* introduce en su discurso tensiones que inducen efectos ontológicos dualistas. En rigor, este "desvío" convive en sus escritos con una aplicación ortodoxa del positivismo, pero el despliegue de la línea argumentativa basada en este sistema vacila en un momento preciso de su reflexión: allí donde afirma que el acto reflejo contiene un componente psíquico, y que por ende "no es sólo un movimiento *exclusivamente* mecánico del sistema nervioso", sino un fenómeno "mecánico y psíquico, fisiológico y psicológico, o sea, psicofísico". Es notable que de esta afirmación Bunge extraiga una conclusión definitoria, ya que de allí deriva el derrumbe de "la filosofía evolucionista materialista monista spenceriana", porque aquello que se está poniendo en cuestión es el principio "de un movimiento de lo homogéneo a lo heterogéneo puramente mecánico", con lo cual todo hecho psíquico sería sólo una transformación de fuerzas mecánicas. En cambio, si aun en un hecho tan elemental como el acto reflejo interviene un factor que no puede derivarse de la pura fisiología, sino que se trata de "un elemento psíquico desconocido", entonces se está aceptando un principio de heterogeneidad entre los fenómenos biológicos y los pertenecientes al terreno de la psicología. La introspección, entonces, como en Wundt, vendría a descubrir el lugar específico de la psicología,[92] y ese

---

[91] W. Wundt, *Élements de Psychologie physiologique*, París, Felix Alcan, 1886, vol. II, pp. 512-513.

[92] La psicología es igual a "observación interna" (*Principios de psicología*, ob. cit., p. 95).

lugar sería al mismo tiempo un espacio de encuentro entre dos órdenes de realidades.

Como se ha señalado con agudeza, no sólo en textos de Bunge "es explícita la referencia que atribuye importancia fundamental a ese impreciso lugar intermedio de la psicología, entre la biología y las ciencias sociales, como núcleo propiamente constitutivo de la nueva disciplina que construye sus objetos, en parte, en esa intersección de tradiciones y problemas".[93] Consumando este cruce ecléctico, resultará para Bunge que "sólo la fisiología del sistema nervioso puede hoy proporcionar las primeras bases de la psicología, y por su parte, sólo la introspección puede revelarnos las operaciones más altas de la inteligencia humana. Por tanto, uno y otro elemento resultan indispensables para construir un sistema verdaderamente científico; se complementan entre sí".

Y justamente a partir de la situación fronteriza de la psicología entre esas disciplinas es que puede postulársela como una "ciencia puente" capaz de suturar el desmembramiento de los saberes. Porque lo que esta nueva metafísica garantiza es "la realidad y conveniencia de esas *sensaciones de conjunto* que, en todos los tiempos, constituyen la metafísica". Si generalmente los positivistas la desconocen, es en virtud de un prejuicio de escuela. "Por tanto, aunque me someta al 'método positivo' para exponer mis ideas, ya que no para concebirlas, no comparto el *horror a la metafísica* de muchos filósofos positivistas contemporáneos. Hasta simpatizo, separándome del espíritu de mi época, con el método introspectivo de la revelación." Y señalando el espacio hacia el que ahora la psicología estaría desplazándose, Bunge sostiene que el método introspectivo es "también llamado, por antonomasia, filosófico".[94]

Al lado de la psicología fisiológica y de la propiamente dicha existe otra para la cual nuestro autor retoma los viejos nom-

---

[93] H. Vezzetti, *El nacimiento de la psicología*, Buenos Aires, Puntosur, pp. 24-25.
[94] C. O. Bunge, *El derecho*, ob. cit., p. 279.

bres: una psicología trascendental en la cual reposa lo que sin temor al oxímoron llama una "metafísica positiva". La función de esta última finca en deslindar lo cognoscible de lo incognoscible, y por eso "viene a constituir una especie de vanguardia de los conocimientos humanos, que avanza casi a ciegas en el mundo de lo desconocido".[95] La psicología no será entonces reductible a la biología, y junto con su autonomía científica lo que se revela es un fundamento ontológico dualista: "Aún no se ha demostrado que las fuerzas físicas se conviertan en psíquicas. [...] Contra el concepto del *monismo trascendental* puede todavía prevalecer el del *dualismo psicofísico*".[96]

Puede pues establecerse que en el caso de Bunge la psicología aparece dotada de una doble función: "dualizar" al positivismo y ofrecer una esperanza de retotalización del campo de los saberes. La conciencia de las torsiones teóricas que con tal fin deben cumplirse conducirá a Bunge a proclamar que "todo pensador original es ecléctico". Ese uso filosófico de la psicología explica el sesgo hacia la introspección que ella adoptará aun en Horacio G. Piñero, quien protestará contra el hecho de que la escuela de Wundt hace "demasiada psicometría", siendo que ésta "es sólo un pequeño capítulo de la psicología".[97] También Cané, colocado a la defensiva, sostenía que la psicología estudiada en la Facultad de Filosofía y Letras tendía a revelar que el estudio rigurosamente experimental de las formas superiores de la actividad mental es posible, y que ese estudio puede hacerse según los métodos de la fisiología de los sentidos, a condición, solamente, de que "la introspección, que ocupa un lugar muy modesto en esos métodos, pase a primera línea".[98]

[95] C. O. Bunge, "Los dominios de la psicología", en *Principios de psicología*, ob. cit.

[96] C. O. Bunge, *El derecho*, ob. cit., p. 14.

[97] Horacio G. Piñero, "La psicología experimental en la República Argentina, 1903", en *Cuadernos Argentinos de Historia de la Psicología*, San Luis, Facultad de Ciencias Humanas, Universidad Nacional de San Luis, 1996, p. 287.

[98] M. Cané, *Discursos*, ob. cit., p. 27.

Esa función "filosófica" asumida por la psicología debió repercutir en la organización misma de los contenidos de la carrera de Filosofía. Si se observa la currícula de 1908, sobre un total de treinta y una materias dictadas, sólo cuatro (Lógica, Estética, Ética y Metafísica) forman parte del canon filosófico.[99] Es posible suponer entonces que la función filosófica fuera transferida *more científico* a Psicología y, en el registro estético-humanista, a Latín y Griego. Pocos como Francisco de Veyga, el maestro de Ingenieros, parecen haber tenido tan clara conciencia de esa circunstancia cuando, apoyándose en la tesis de que el método introspectivo es el control de todos los demás métodos, pudo celebrar lo que denominaba el "triunfo definitivo de la psicología", consistente en que hacia ella convergen todas las ciencias "para acordar sus soluciones y establecer la unión entre todas ellas. La psicología elabora así la síntesis especulativa que la metafísica y el positivismo pretendían haber hecho a su manera".[100]

Estos encuadres pretendían producir expresas consecuencias prácticas. En la conferencia pronunciada en París en 1903, Horacio Piñero sostendrá que la psicología practicada en Buenos Aires no era simplemente experimental: estaba asimismo ligada estrechamente a la enseñanza y a problemas sociales y clínicos. De tal modo, considera que cuando desde el Ministerio de Justicia e Instrucción Pública del segundo gobierno de Roca se quiso preparar a los jóvenes para la vida práctica a través de "la educa-

[99] *Programas de 1908, Facultad de Filosofía y Letras*, Buenos Aires, Impr. de Juan A. Alsina.

[100] "Sumario del curso de Psicología (1906)", en H. Vezzetti, *El nacimiento de la psicología*, ob. cit., pp. 154 y 156. Asimismo, el Programa del segundo curso de Psicología dictado por Ingenieros desarrollaba puntos de acercamiento entre psicología y filosofía: "Posición de la psicología entre las ciencias filosóficas. [...] La psicología científica como base filosófica" (ibíd., p. 173).

ción del carácter", teniendo en cuenta "nuestra democracia inorgánica, a la que su carácter cosmopolita hacía poco homogénea", y con el objeto de tornarla coherente y afirmar la vida constitucional, "nos propuso una cátedra de psicología en el Colegio Nacional". Al practicar este cruce de programática positivista y funciones estatales,[101] C. O. Bunge se encontró a su vez instalado en el centro de inexorables dilemas teóricos a la hora de componer una propuesta de nacionalismo escolar. Porque el contenido político de esta propuesta debía resultar cívicamente edificante, y porque para fabricarla pagaría el tributo intelectual de ocultar convicciones que había pretendido fundar científicamente.

El sacrificio del saber estaba fundado en razones de poder a las cuales su propio razonamiento lo había conducido. Porque luego de construir su visión de la sociedad con la categoría biologista de raza, había concluido, empero, que en la mayoría de las sociedades no existe unidad de origen étnico, y que por ende el vínculo asociativo debía encontrarse en los aspectos simbólicos de la vida social. De allí la importancia crucial de la educación en tanto palanca fundamental, tanto para bien formar a la dirigencia como a los gobernados. Pero para la primera, la educación exclusivamente científica luce insuficiente por su incapacidad de generar y transmitir valores y por su limitación para oficiar de instancia totalizadora de los saberes; también, por consiguiente, para ofrecerse como observatorio de la totalidad del mundo social. En cuanto a las clases subalternas, Bunge tropieza con un doble problema: uno proveniente de su propio canon filosófico, y el otro derivado del suelo aún infértil conformado por las clases inferiores para sembrar en ellas los valores de la cultura científica.

En el primer aspecto, a las carencias ya señaladas de esta última (la incognoscibilidad de las causas originarias y de los fi-

---

[101] Cf. H. Klappenbach, Prólogo a *La psicología experimental en la República Argentina* de Horacio Piñero, ob. cit.

nes últimos), Bunge le suma el tópico del desencantamiento moderno. Percibe así en los *Escritos filosóficos* que, "como el mar, las religiones han de retirarse lentamente, dejando en descubierto nuevas tierras". Pero si estas palabras evocan rápidamente al Nietzsche de la tercera *Intempestiva*,[102] resultan opuestas las conclusiones que extrae, puesto que si de aquella "muerte de dios" el solitario de Sils-Maria derivará prescripciones tan inquietantes como liberadoras, en Bunge predomina una mirada preocupada ante la amenaza de disolución del lazo social como consecuencia de la caída de los ideales compartidos –sumada a la circunstancia de que el ámbito de la sociedad civil, en tanto esfera de intereses contrapuestos, está asimismo imposibilitado por definición para servir de cemento de la sociedad–.

De hecho, esta cierta desazón lo conduce a lamentar los efectos de la laicización, puesto que "la comunidad de culto vincula a los hombres más que la de lengua y hasta que la de origen", sin importar que justifique odios y castigos ni que sus ritos sean "bárbaros y crueles: el solo hecho de la unidad de los sentimientos místicos de un pueblo implica la cohesión", y precisamente ése ha sido el papel fundamental desempeñado por las creencias religiosas, en especial la cristiana. Esto obliga a reconocer en el integrista católico Gabriel García Moreno a "uno de los notables gobernantes criollos", ya que en Ecuador el ideal teocrático "fue una palanca de orden y hasta de relativo progreso".[103] En años habitados por los fantasmas de la anomia

---

[102] "Las aguas de la religión se retiran dejando tras de sí charcas y pantanos; otra vez las naciones se dividen en medio de la máxima hostilidad buscando despedazarse. Las ciencias, cultivadas con la máxima hostilidad y en medio del más ciego *laisser faire*, desmenuzan y disuelven toda sólida creencia; y todo esto en el seno de una economía del dinero enormemente despreciable. Nunca hubo un mundo más mundano, más pobre en amor y en bondad [...] Todo está al servicio de la barbarie que se avecina, todo, incluso el arte y la ciencia de este tiempo" (F. Nietzsche, *Conziderazioni inattuali*, en *Opere 1870-1881*, Roma, Newton Compton Ed., 1993, p. 414).

[103] C. O. Bunge, *Estudios filosóficos*, ob. cit., pp. 147-148, y *Nuestra América*, ob. cit., pp. 188 y 210.

y el desarraigo social, el positivista que Carlos Octavio Bunge quiere ser comprueba nada menos que la ineficacia de la ciencia para construir sentidos sociales.

Entonces, ante la crisis de unas virtudes cívicas colocadas en las antípodas del mundo de los negocios, y la necesidad de ideas-fuerza que puedan sustituir a las de una religión exhausta, juega un papel fundamental la importancia adjudicada a los aspectos simbólicos como instancias productoras de sociedad. La caída de las creencias tradicionales demanda otro arco de sentimientos e ideales, que Bunge encuentra en "la noción de la solidaridad colectiva y en el ideal del amor patrio".[104] De tal modo, y dentro de una estrategia de construcción social que ya forma parte de un mecanismo estereotipado, Bunge considera que, en sociedades en franco proceso de secularización, y ante la fragmentación de la modernidad, sobredeterminada en la Argentina por el aluvión inmigratorio, el relevo para aquellas convicciones debe remitir a una serie de creencias y sentimientos nacionalistas, para que la nueva religión sea la religión de la patria, que en cada individuo se presenta "como un sentimiento, una idea y una volición: el sentimiento patriótico, la idea de la patria y la voluntad de servirla".[105]

La sociedad, entonces, se funda en la unidad de ideas y valores, auténtico sistema de ideas-fuerzas para cuya construcción no puede confiarse en la espontaneidad de la sociedad; se debe en cambio apelar a la instancia estatal como productora de una simbología asociativa. En términos más precisos, corresponde a una elite "científica" proponerla e imponerla desde el Estado, ya que este último, "como representante de la nacionalidad, debe encarnar sus tendencias y propósitos".[106]

---

[104] C. O. Bunge, *El derecho*, ob. cit., t. II, p. 212.

[105] C. O. Bunge, *El derecho*, ob. cit., t. II, p. 212.

[106] C. O. Bunge, "La educación patriótica ante la sociología", *El Monitor de la Educación*, 31 agosto 1908, pp. 67-70.

Este razonamiento de principio se fusiona en estos países de América con otro de hecho: en ellos, "la pobreza de las clases bajas y el egoísmo de las ricas, la ignorancia de las masas y las imperfecciones generales del alma humana, hacen imprescindible la acción gubernamental".[107] Éste es el límite del espontaneísmo (o del "liberalismo") societal de Bunge. De allí que, para ciertos pueblos como los hispanoamericanos, "un despotismo civilizador es infinitamente más fecundo" que la libertad republicana.[108] Adoptaba así una posición que le permitía tanto negar el contractualismo centrado en la soberanía popular cuanto sostener el papel activo de las minorías dirigentes. Y esto se debe a que –como recuerda Bunge que dice Taine– si bien todo individuo es una síntesis de su nación, un resumen de su pueblo, "este hecho es más fácil de advertir, naturalmente, en los miembros de las clases directoras que en los de las clases dirigidas".[109]

Definido el sujeto legítimo para constituir la clase dirigente, para Bunge resultaría coherente que la simbología productora de lazo social se elaborara sobre la base de los saberes científicos que aquella minoría debería compartir. Y sin embargo, que tales saberes pueden resultar insuficientes para la nacionalización de las masas, lo muestra el hecho de que alguien tan prudente como Bunge, ante los excesos de un patriotismo que teme ver degenerar en *chauvinisme*, considere no obstante en *La educación* que "preciso es enseñar a los futuros ciudadanos las tradiciones y glorias de la patria, para que la reverencien y amen". Semejante preocupación nace en parte de la propagación en suelo argentino de ciertos ideales de pan-italianismo y pan-germanismo que lucen como posible peligro para el armónico de-

[107] C. O. Bunge, *La educación*, ob. cit., t. III, p. 14-15.
[108] C. O. Bunge, *Nuestra América*, ob. cit., p. 212.
[109] C. O. Bunge, *Estudios filosóficos*, ob. cit., p. 119.

senvolvimiento del país, pero especialmente de lo que en los *Estudios pedagógicos* se caracteriza como un debilitamiento de los factores psicológicos de la nacionalidad. Por cierto que no se trata únicamente de atacar en abstracto los perjuicios indudables del cosmopolitismo; también de denunciar como causales de desnacionalización "los principios jacobinos de menosprecio por el pasado y la tradición, las modernas ideas de anarquismo y de internacionalismo, en cierto modo el carácter un tanto disolvente y levantisco del criollo".

El *Hic Rhodus, hic salta!* de Bunge se torna ahora plenamente comprensible en toda su complejidad teórica: el lazo social es simbólico; para las masas no es correcto apelar a las creencias religiosas (que siguen en retirada no sólo por el clima general de la secularización modernista, sino por las precisas medidas legales e institucionales impuestas desde el Estado en la década del 80), pero esas mismas masas no se hallan aún en condiciones de comprender e internalizar los relatos fundados en un saber científico cuyas limitaciones eticopolíticas al mismo tiempo se reconocen. Este nudo problemático será desatado por Bunge con un auténtico "corte gordiano" que vendrá en definitiva a hablar por separado a lo que ya está separado: dando cuenta del abismo que escindiría a la elite con respecto a los subalternos, el desafío será respondido apelando a un discurso nacionalista para las masas, paralelo al destinado a los pares.

Ésa es la tarea a la que el propio Bunge entrega algo más que sus esfuerzos: también la coherencia de sus ideas. Cuando escribe un libro de texto para las escuelas primarias titulado *Nuestra patria* desmiente contenidos de sus obras "altas", y con ello algunos fundamentos teóricos de sus concepciones filosóficas.[110] Un objetivo práctico guía ese emprendimiento: la sabiduría de la

[110] C. O. Bunge, *Nuestra patria* (texto fechado el 25 mayo de 1910, para lectura de quinto y sexto grados y que alcanzará numerosas reediciones). El título del manual ha sido tomado del modelo alemán *Das Vaterland*, al que Bunge se ha referido en *La educación*. Se cita por la decimoséptima edición, Buenos Aires, Angel Estrada y Cía. Editores, s/f.

educación pública se manifiesta precisamente en la elección del modo de acercar esa enseñanza a mentes escasamente cultivadas, y dicho modo "podría, pues, concretarse en el culto de los héroes".[111] Pero he aquí que ese panteón todavía está en discusión dentro de la elite, y que además Bunge se verá llevado a alterar el linaje nacional que hasta entonces proponía. Si en *Nuestra América* se ha visto aplicar con implacable coherencia los principios del biologismo racista, de los cuales derivaban recaudos segregacionistas para obtener una sociedad biológicamente apta, todo ello aparece ahora contradicho por un discurso inclusivista que incorpora a gauchos, indios y negros al cuerpo generoso de la nacionalidad argentina. Cuando en 1896 publicó unos *Apuntes de historia argentina, paraguaya y uruguaya* no dudaba de la inferioridad de la raza indígena, mientras en *Nuestra patria* la cultura indígena es recuperada hasta el punto de entonar alabanzas a "la gran nación quichua" o a la "memorable sublevación" de Túpac Amaru. Y en lo que ahora es la Argentina, más que sus ideas y conocimientos, los indios aportaron generosamente "su preciosa sangre de pueblos libres". Del mismo modo, "el negro y el mestizo formaron heroicas falanges en los ejércitos de la patria", y la muerte ejemplar de Falucho ilustra "la hermosa ausencia de odios de raza y de clase; cualesquiera que fuesen su color y su origen, los argentinos se amaron siempre como hermanos".[112]

En *Nuestra América* había denunciado la falsificación de la historia argentina "al inventar grandes multitudes populares y

---

[111] C. O. Bunge, *La educación*, ob. cit., t. II, p. 30.

[112] En 1889 se había lanzado una iniciativa para levantar un monumento a Falucho, en recordación del "soldado oscuro del ejército de los Andes que prefirió la muerte a la ignominia en el motín del 4 de febrero de 1824". Fue aprobado por el Congreso en 1894 luego de escuchar el informe de Ernesto Quesada (cf. Lilia Ana Bertoni, "La *Revista Nacional* y la construcción de la tradición patria a fines del siglo XIX", mimeo). En cambio, en *La Nación* y *El Diario* del 21 agosto de 1905 se relata la polémica originada en una de las clases de Carlos Octavio Bunge en la Facultad de Derecho, donde dijo que "el valiente Falucho no era sino un negro jetón y maloliente" (cit. en *La Argentina de los hermanos Bunge*, ob. cit., p. 228).

partidos políticos de principios" en los orígenes de la nacionalidad, cuando en rigor la guerra de la independencia no se habría
originado, según Bunge, en altos ideales democráticos, ni la
realizaron multitudes ávidas de gloria y libertad. "Fue sólo un
movimiento que iniciaron, inconscientes de sus proyecciones fu-
turas, la burguesía o el comercio criollo de Buenos Aires contra
el irritante sistema del monopolio español". Del movimiento el
pueblo estuvo ausente por su ignorancia y su indiferencia, lo
cual reforzaba en los escritos científicos su descreimiento en la
democracia; sin embargo en el manual escolar se lee que "la democracia no es imitada sino orgánica en la República Argentina. [...] Si la democracia no hubiera existido antes de nosotros,
nosotros la hubiéramos inventado".

En el texto *ad usum scholari*, la historiografía liberal teje la
trama, especialmente extraída de las historias de Mitre y salpica-
da unas pocas veces por algunos hilos positivistas, como en el retrato de Rosas tomado de Ramos Mejía. Pero aquí la mezcla
racial ya no es satanizada, y ahora se la piensa sobre la base de
aquel gaucho extinguido social y realmente, pero idealizado y
transmitiendo sus genes espirituales a las nuevas generaciones,
en una fecunda mezcla con el inmigrante que un día llegó al suelo patrio. "Más dócil y disciplinado, más adaptable y ahorrativo,
aunque no tan sobrio ni valiente", es parte del curso progresivo
del mejoramiento de la población argentina: "De esta suerte se ha
venido propagando el tipo vario y complejo de una nueva generación de gauchos europeizados o de europeos agauchados, que,
por cierto, parecen heredar las buenas cualidades de su noble
abolengo. Es el argentino del futuro y casi diría del presente".

Estas previsiones resultaban, en otros aspectos, congruentes
con sus textos "cultos", donde apuesta por un relevo en manos
de las generaciones de inmigrantes nacionalizados. Se trata de
un modelo de buena "mezcla" que concilia las bondades de la
raza con las de una tradición que es la nacional; así, los nuevos
habitantes se nacionalizan con tal prontitud que "los hijos del

inmigrante no quieren ya ni oír la lengua de sus padres. Son aparentemente los más criollos; se apegan como lapas al nuevo terruño; lo cultivan, lo aman, lo pueblan... Y este nuevo terruño, como si agradeciera, se transforma en dócil arcilla bajo sus dedos activísimos".[113]

Es decir que en este tratamiento se acepta el aporte inmigratorio pero volcado sobre un fondo nativo criollo, con lo cual la cultura científica se plegaba a la revalorización de la figura del gaucho. Descendiente de españoles y árabes, a menudo de andaluces, la poca sangre indígena que se sumó a su ascendencia europea y asiática vino sólo a agregar a la idiosincrasia del gaucho cierta salvaje pasión de libertad. Es preciso entonces conocer y honrar ese ancestro que ya no existe porque no pudo sobrevivir a las nuevas condiciones. Es clara así la función que el gaucho desempeña en esta historia, porque se trata de ubicarlo en un sitio donde se señalen sus defectos (la arrogancia, la incuria e ineptitud para el trabajo y el ahorro, su vengatividad, el carácter violento que lo lleva hasta el crimen), pero donde no pueda confundírselo con otro prototipo del presente, "como el *compadrito* arrabalero y el matón de pulpería, que, so color de gauchismo, ignoran las virtudes de su pretérita grandeza para imitar los vicios de su presente decadencia". Esta desmaterialización del gaucho sirve porque, al no ser ya más que un símbolo, "sus manes, por lo que antes encarnó su persona y hoy debe representar su recuerdo, no podrán menos de sernos propicios. Acaso su sombra vela sobre nosotros".[114]

No obstante, en el terreno en que se plantean cuestiones de poder existen mayores continuidades entre su discurso científico y este otro dirigido a un público escolar, ya que éste debe ser aleccionado sobre el reconocimiento del tutelaje y de las jerarquías. Porque si la nación argentina es una república democrá-

[113] C. O. Bunge, *La educación*, ob. cit., p. 136.
[114] C. O. Bunge, *Nuestra patria*, ob. cit., pp. 253-257.

tica, dado que en ella el pueblo es la fuente primera de todo poder legítimo, ocurre que la falta de capacidad de la mayoría determina que el derecho de voto no pueda ejercerse. "Una autocracia puede componerse de analfabetos y progresar si el autócrata es capaz; una democracia sólo progresará si los ciudadanos son conscientes y virtuosos."[115]

Después de todo, esos escolares deben aprender que la naturaleza ha diferenciado específicamente a los hombres según sus aptitudes. Unos, más inteligentes, sirven para las altas disciplinas de la poesía, las bellas artes, la ciencia, o, si no, para el gobierno y la política; otros, en cambio, sin poseer capacidad especulativa, tienen especiales dotes para las artes manuales. Hay quienes inventan y fijan derroteros; y hay quienes los siguen. La humanidad es una inmensa pirámide: en su base está el trabajo de los agricultores y obreros; en su zona media, el de los técnicos e industriales; más arriba, el de los gobernantes y hombres de Estado; hacia la cúspide, el de los hombres de ciencia y de pensamiento, y, en la cúspide misma, los grandes filósofos y poetas, es decir, los genios que fijan el criterio del Bien y del Mal. Así, en un millón de hombres, habrá novecientos mil que sólo poseen aptitudes de labradores y de operarios; noventa mil con capacidad de comerciantes y de industriales; nueve mil hombres de estudio y de gobierno; novecientos inventores e innovadores; noventa y tantos hombres de ciencia y de pensamiento original, y apenas uno que sea un verda-

[115] Como dato de autopercepción de superioridad jerárquica, aun en este texto leído en la escuela primaria ineludiblemente por muchos hijos de españoles, Bunge introduce un relato autobiográfico: cuando el criado gallego que lo llevaba a la escuela protestaba contra la lentitud del niño Bunge, éste le exponía su doctrina sobre el bien andar en la calle, para finalizar exasperado manifestándole que era "demasiado bruto" para comprender los refinamientos de la alta cultura. Entonces le proponía una adivinanza que él mismo resolvía: "El animal más parecido al hombre es ... ¡el gallego!...". Y si el criado objetaba que los padres de Bunge talvez no caminaran de otro modo, el niño terminaba replicando: "Mi papá y mi mamá andan generalmente en coche. Cuando van a pie, ten por seguro que antes se dejarían tundir que pisar las junturas de las baldosas como los gallegos"... (*Nuestra Patria*, pp. 369-370, 464-466).

dero hombre de genio. Y si esas afirmaciones irritan los nobles sentimientos igualitarios de los alumnos, *Nuestra patria* aconseja aceptar las inevitables desigualdades de la vida.

Más aún: la educación no puede igualar lo que la naturaleza ha desnivelado. Y como quien abre las puertas de su propio hogar a ojos extraños y fascinados, termina diciendo:

> Ahí tienes la ciudad, abierta ante ti, con su comercio, su técnica, su pensamiento, sus bellas artes. Ahí tienes la ciudad, que espera tu conquista. Tú eres el bárbaro que viene del horizonte lejano, para poseerla por el esfuerzo de tu voluntad y de tu inteligencia. Según tu capacidad, serás el honesto artesano, en su hogar sencillo y amable; o serás el activo industrial, lleno de planes y proyectos de lucro progresista; o serás el estudioso, en su laboratorio o bufete; o bien el gobernante, el conductor de pueblos, el filósofo, el poeta. Entra en la ciudad. ¡La ciudad es justa![116]

Puede concluirse que este episodio cultural protagonizado por Bunge no debe evaluarse como un simple efecto de oportunismo, ya que estas estrategias, vistas desde la óptica de la historia intelectual, ilustran acerca de las condiciones de producción del discurso. La diferencia entre el contenido de sus afirmaciones cuando se dirige a los pares y cuando interpela a otro receptor habla de las dificultades del discurso sociodarwiniano para abandonar ese ámbito de la elite y proyectarse sobre uno más amplio. Desde esa perspectiva, se confirman las dificultades del positivismo criollo para elaborar un discurso homogéneo entre sus pretensiones científicas y sus intervenciones eticopolíticas, en la disputa por proponer un modelo de identidad nacional para las masas. Iluminan por fin, en el caso de Carlos Octavio Bunge, las complejas relaciones entre "el científico y el político" que de esas dificultades debieron derivarse.

[116] Ibíd., pp. 436-441.

IV. ERNESTO QUESADA:
SOCIOLOGÍA Y MODERNIDAD

Varios datos biográficos permiten imaginar el perfil intelectual, político y social de Ernesto Quesada. Nacido en Buenos Aires en 1858, su itinerario formativo está íntimamente ligado a la carrera diplomática e intelectual de su padre, Vicente Gregorio Quesada, quien, luego de su experiencia como funcionario de la Confederación urquicista, pasará a desempeñar cargos en el servicio exterior nacional. Participará así, junto con Manuel Quintana y Roque Sáenz Peña, de la Primera Conferencia Panamericana, reunida en 1889 en Washington, donde la delegación argentina sostuvo tanto una conocida postura opuesta a la estrategia norteamericana, así como una de reafirmación de los lazos con Inglaterra.[1] En esa misma línea, y con el seudónimo de Domingo de Pantoja, Vicente G. Quesada publicó en 1893 *Los EEUU y la América del Sur. Los yankees pintados por sí mismos,* cuyo tenor se halla resumido en la siguiente opinión: "La América para los americanos quiere decir en buen romance: la América para los yankees, que suponen ser destinados manifiestamente a dominar todo el continente hasta Magallanes". Ellos, "¡Dios sea loado!, están felizmente lejos para el bienestar y la tranquilidad del Río de la Plata". Tal como se ha

---

[1] Décadas más tarde, Ernesto Quesada recordará que el delegado mexicano Matías Romero relataba que, como gesto de desplante en aquella conferencia, "los delegados de la República Argentina no hablaban el inglés [...]; esto hacía indispensable el servicio de intérpretes" (E. Quesada, *Primera Conferencia Panamericana*, Washington, 2/10/89-19/4/90, Buenos Aires, Impr. Schenone, 1919, p. 5.).

dicho, este libro es la antítesis extrema de los *Viajes* de Sarmiento, ya que "no existe en nuestra literatura política del siglo XIX una obra tan rotundamente adversa a Estados Unidos".[2]

Luego de cursar estudios en el Colegio San José, Ernesto Quesada viajará, siguiendo los itinerarios diplomáticos de su padre, a destinos que con intermitencias lo llevarán a Bolivia, Brasil, Estados Unidos, España, México, Alemania, Austria y Rusia. Luego de estudiar en París, donde tiene como profesores a Renan y Fustel de Coulanges, retorna en los primeros años de la década del 80 y se gradúa en brevísimo tiempo de abogado, mientras participa de la *Nueva Revista de Buenos Aires* (1881-1885), dirigida por su padre. En 1883 se casa con la nieta del general Pacheco, militar rosista a cuyo través tendrá acceso al archivo familiar, que utilizará para su estudio sobre la época de Rosas. Políticamente afín al régimen surgido en el 80, se lo encuentra junto a Groussac, Cárcano, Zeballos y otros adictos a Juárez Celman en el famoso "banquete de los incondicionales". Cuando Roca retorna a la presidencia, Ernesto Quesada prosigue fluidamente sus relaciones con el poder, mientras desarrolla una intensa actividad intelectual, hasta que –en lo que aquí interesa– a principios de siglo es designado profesor titular de la cátedra de Sociología en la Facultad de Filosofía y Letras porteña.[3]

En sus escritos, Quesada revela una relación más reconciliada con los fenómenos de la modernidad que otros de sus compañeros de milicia intelectual. Es verdad que no puede estar ausente una leve melancolía ante el fin de una época,[4] pero con

---

[2] Estudio preliminar de A. Pagés Larraya a V. Gálvez [seud. de Vicente Quesada], *Memorias de un viejo*, Buenos Aires, Academia Argentina de Letras, 1990, pp. 80-83.

[3] Cf. A. V. E. Rubbione, Estudio crítico y comp. de E. Quesada, *En torno al criollismo*, Buenos Aires, Centro Editor de América Latina, 1983, pp. 12-18. Sobre su obra, véase Juan Canter, *Bibliografía de Ernesto Quesada*, en *Boletín del Instituto de Investigaciones Históricas*, Buenos Aires, Facultad de Filosofía y Letras, UBA, 1936, t. XX.

[4] "Nuestra grandiosa civilización occidental marcha a pasos agigantados, todo lo in-

todo predomina la celebración de "la vida febriciente y marea-
dora de esta Buenos Aires, tan *yankee* por el torbellino de sus
negocios y por la atmósfera mercantil estupenda en que está revuelta". Asimismo, no ahorra calificativos de admiración hacia
ese prodigio tecnológico moderno que es la construcción de las
líneas férreas que atravesarán toda la Siberia hasta el puerto de
Vladivostok, "lo que equivale a establecer la comunicación te-
rrestre de los Océanos Atlántico y Pacífico".[5]

Precisamente, al ser uno de los primeros argentinos en conocer y relatar extensamente sus impresiones sobre Rusia, puede
observarse la mirada de este sudamericano, con ojos ya educados para los fenómenos urbanos de la modernidad, ante la ciudad de San Petersburgo, con una entonación en la que por
momentos parece realizarse un cotejo espontáneo entre esa ciudad y Buenos Aires (al comparar por ejemplo la calle Florida
con la Nievsky Prospect). En presencia de esta última avenida
("realmente notable por su ancho y su largo, por los palacios y
plazas que costea, y por las lujosas tiendas que la adornan"),
Quesada consuma la vertiginosa visión comparativa de un co-
nocedor de las grandes capitales del mundo: "Tiene a cualquier
hora del día un aspecto más bullicioso que la Avenue de l'Opera de París, o más interesante que la Regent Street de Londres.
El movimiento es mucho mayor que en la clásica Unter den
Linden de Berlín, y tiene momentos que hacen recordar al me-
diodía de la Kalverstraat de Amsterdam, o a las tardes de la
Ring de Viena […]". Podría pensarse que la pregnancia que tiene
la ciudad rusa para Quesada tiene que ver con otra característica
–que en su descripción de San Petersburgo señalaría Marshall
Berman– análoga respecto de Buenos Aires. Porque se trata de

---

vade con sus ferrocarriles y sus costumbres, y pronto no quedará ni la memoria del recuerdo de aquellos pueblos y de aquella vida encantadora, tan *sui generis* y tan atrayente"
(de *En torno al criollismo*, ob. cit., p. 203).

    [5] E. Quesada, *Un invierno en Rusia*, Buenos Aires, Peuser, 1888, t. I, pp. 9 y 80-81.

una ciudad construida como símbolo de la modernidad en medio de una sociedad atrasada. Pero, pertinaz lector de Sarmiento, algo que sorprende a Quesada es esa misma diferencia que el sanjuanino había notado al cotejar Buenos Aires con Santiago de Chile: como en la capital argentina, se encuentra una "cantidad extraordinaria de tipos diversos pertenecientes a diferentes razas o nacionalidades", mas en San Petersburgo, a diferencia de la ciudad del Plata, esas personas usan trajes diferentes que marcan sus diversidades nacionales y sociales.[6]

El contraste entre la diversidad de gentes que en ella deambulan define un rasgo de "esta ciudad tan europea, tan lujosa, tan parecida a las ciudades occidentales", y es una de sus características que más entretienen al viajero que se propone "tan sólo *flâner* por las calles de esta capital". Esta referencia a la *flânerie* indica el reconocimiento expreso de un tópico de la modernidad urbana ya plenamente reconocible por Quesada, y enseguida asociado por contigüidad con otro de los que décadas más tarde será un tema benjaminiano: el mundo de las mercancías en los escaparates como espectáculo observado por multitudes. Ante las inmensas vidrieras de las tiendas, donde se exhiben toda clase de objetos, "desde el *article de Paris* de última fecha hasta los tejidos de Persia, desde los objetos más baratos y de primera necesidad hasta las cosas de lujo más rebuscado, hay siempre una verdadera avalancha de curiosos, de todos los tipos y trajes posibles, formando un conjunto abigarrado y original".[7]

---

[6] "Al lado de los europeos y de los rusos de clases elevadas que usan trajes desde los más sencillos hasta los más elegantes [...] se ve al *mujick* o paisano, con su gran camisola generalmente roja, sus anchos pantalones, sus altas botas, y su característico sombrero achatado: la *shapka*" (ibíd., pp. 132-134).

Cf. M. Berman, *Todo lo sólido se desvanece en el aire*, México, Madrid, Siglo XXI, 1988, p. 298.

[7] Igualmente, lo que décadas antes también había llamado la despectiva atención de Engels: "Así, la gente sigue siempre la misma dirección: la derecha respectiva. De ese modo no hay tropeles ni entorpecimientos en la circulación" (ibíd., I, pp. 138-139 y 145-146).

Si estos rasgos de modernidad y monumentalidad de San Petersburgo son los que a Quesada le generan una regocijada admiración, en cambio Moscú lo sorprende por una superposición sin mezcla de palacios y casuchas, de población ora rusa pura, ora aristocrática a la europea, con lo cual el viajero se convence pronto de que ésta es la ciudad de las antítesis. Y entre ellas, la de que el proyecto modernizador tropieza allí con hábitos tradicionales en las clases poseedoras, las cuales prefieren los productos extranjeros a los nacionales; tampoco existen buenas escuelas industriales, las vías de comunicación están poco desarrolladas y, por fin, "la cantidad de fiestas religiosas es desesperante".

Cuando estos ojos cosmopolitas tuercen hacia su propia realidad nacional, dentro de una tonalidad de dominante optimismo no dejan de ver uno de los motivos sombríos de la elite argentina, como lo revela en 1882 cuando comprueba que la Argentina "es un país completamente absorbido por la sed de riquezas", adhiriendo a la denuncia sobre el carácter cartaginés de la sociedad en formación. Conjuntará ambas facetas contradictorias de la modernización al decir, en un discurso en Río de Janeiro, que "la América asombra día a día al mundo por sus progresos increíbles; […] ciudades monstruosas se levantan de la noche a la mañana; ferrocarriles en todas direcciones, telégrafos hasta en sus confines, rutas, canales, líneas de vapores", pero allí mismo prevenía que "el mercantilismo ciego, o el culto exclusivo del bíblico becerro, no puede ser el ideal de una nación entera".[8]

Incluido así en la conocida dialéctica entre dinero y belleza, tiene hacia esas deformaciones una actitud comprensiva al evaluarlas como estadio necesario en la senda del progreso. El he-

[8] E. Quesada, *Discurso en la fiesta literaria de Río*, Río de Janeiro, Typographia Nacional, 1883: pp. 4-5 y 10.

cho, entonces, de que la ciudad de medio millón de almas que es Buenos Aires se distinga por "su carácter de factoría ultramarina" no le produce la desazón que a otros miembros de su grupo o de la generación del 80 como Cané o Groussac. Porque Ernesto Quesada entiende que en estos países nuevos, a los que desborda la población exuberante de las viejas naciones europeas, "tiene forzosamente que predominar la actividad material que se afana en procura de riquezas, soñadas con acendradísimo amor por todos los que abandonan su hogar natal, para expatriarse a países lejanos en busca de la ciega fortuna".[9]

Un año después de la crisis del 90 Ernesto Quesada reconoce que si la Argentina debió endeudarse por importar capitales europeos y resultó "la presa de mercaderes y judíos", una de las consecuencias más lamentables de ese momento devorado por los problemas económicos es que sociabilidades semejantes poco lugar dejan al tranquilo cultivo de las letras. Pero tampoco esta eventualidad implica para su criterio un rechazo total del sistema y las instituciones que regulan el modelo económico vigente, sino sólo de las deformaciones que se traducen en ganancias mal habidas. De allí que el punto débil de las novelas de Ocantos y Martel que analiza reside en su impugnación total de la institución bursátil, a la que Quesada intentará diferenciar de la pura especulación financiera.[10] Porque a pesar de todas las dificultades, la Argentina no ha perdido su tiempo. Medio siglo de sangrientas discordias civiles le ha permitido realizar lo que llama "su revolución social", consistente en formar una verdadera democracia y preparar una base admirable para recibir la avalancha de gentes y capitales. Con el clásico etapismo de un reformista confiado, cree que a la sociedad por venir, ya más desahogada de la dura tarea material, le tocará ocuparse de las artes y de la inteligencia. Contemporáneo al lamento de Groussac dirigido a Cané porque

---

[9] E. Quesada, *Reseñas y críticas*, Buenos Aires, Félix Lajouane, 1893, p. 374.
[10] En E. Quesada, *Dos novelas sociológicas*, Buenos Aires, Peuser, 1892.

algo había muerto con Taine y Renan que ya no renacería, Quesada proclamaba por el contrario que "a nuestras espaldas no hay problemas pavorosos: el porvenir se nos presenta despejado", ya que estas jóvenes repúblicas americanas han resuelto el más terrible de los problemas: el del orden social.[11]

Quesada luce así como un punto de *liaison* entre el viejo mundo patricio y señorial por una parte y, por la otra, el deslumbramiento gozoso ante los logros de la modernidad. Hombre de la Sociedad Rural que suele datar sus escritos desde su estancia "San Rodolfo", ha tenido acceso asimismo a un excepcional mirador a la modernidad debido a la colocación institucional de que disfruta. Pero además, si ese pasaje entre tradición y modernidad no lo espanta es porque de esa modernidad Quesada creía efectivamente conocer las leyes, y ese saber en el que confiaba era el que le brindaba la sociología –tenida como ámbito de comprensión y resolución de las fracturas que esa misma modernidad no puede sino generar–. Del carácter objetivo de ese saber tampoco dudaba, porque se nutría de la cultura científica que lo validaba. En este aspecto, Ernesto Quesada es representativo de cierto estándar de opinión de la generación del 90. No se halla compelido a adherir de manera irrestrictamente programática al credo positivista, pero tampoco está dispuesto a despreciar el carácter de seguridad que la presunta cientificidad de las disciplinas sociales pudiere garantizarle.

El tipo de su cientificismo puede filiarse a partir de diversos de sus numerosos escritos. Así, con motivo del proyecto de ley

[11] E.Quesada, *La época de Rosas*, Buenos Aires, Peuser, 1923, p. 341.
        Consecuentemente, y al prever en 1887 un desvío de la inmigración de Estados Unidos hacia la Argentina, sostenía que "este país está pues llamado a ser, dentro de poco, un gigante" (E. Quesada, "La política americana y las tendencias yankees", en *Revista Nacional*, 1° de enero y 1° de febrero de 1887).

presentado en 1901 al Ministerio de Justicia e Instrucción Pública, considerando el tema de la reincidencia, Quesada rechaza el criterio de la criminología antropológica preferido por los positivistas, pero coincide con éstos en lo esencial, puesto que no desconoce causas naturales del delito sino que las ubica en otro terreno: el económico y social.[12] Reprueba por ello la falta que hay en el país de estudios positivos de la cuestión y, luego de revisar los modos de solución implementados en Europa, propone un sistema que combine la dactiloscopia con la identificación antropométrica; esto es, un criterio clasificatorio de la delincuencia análogo al aplicado por los adherentes al positivismo penal.

Cuando, en otro momento, juzga las conferencias que Enrico Ferri acaba de pronunciar en Buenos Aires, revela un criterio de valoración "científico" frente al estético: en el interior de una práctica intelectual dominada por el ejercicio literario, se lo verá reprochar al criminólogo italiano que la forma oratoria torna poco profundos y contradictorios sus mensajes. Allí mismo apela a la reconocida influencia de Taine, destinada a incluir la célebre trilogía analítica de "ambiente, raza y época" como fundamentos de una buena explicación histórica.[13]

Mas donde aparece expuesta con mayor rigor su relación con el positivismo es en las clases sobre sociología dictadas en la Facultad de Filosofía y Letras de la Universidad de Buenos Aires. En una de ellas, dedicada a Spencer, pone de relieve la influencia de su filosofía en Inglaterra, así como la del *Origin of species* de Darwin, y describe vívidamente la creación del clima cientificista naturalista del siglo XIX.[14] Como verificación del tipo de evolucionismo dominante en la Argentina, considera

[12] E. Quesada, *Comprobación de la reincidencia*, Buenos Aires, Coni Hnos., 1901, p. 52.

[13] E. Quesada, *El sociólogo Enrico Ferri*, Buenos Aires, Librería de J. Menéndez, 1908.

[14] E. Quesada, "Herbert Spencer y sus doctrinas sociológicas", en *Revista de la Universidad de Buenos Aires*, 1906, p. 156.

que la obra verdaderamente científica que dio formas a la teoría genésica evolutiva fue la de Lamarck con su *Philosophie zoologique*, de 1809. Lo que aquí atraía la atención de Quesada era que en esta teoría biológica se subrayara un factor explicativo simple con respecto a un fenómeno complejo, y que ese factor indicara la influencia del medio sobre las costumbres y, por su intermedio y el de la herencia, sobre las formas de los seres vivos. En clave laica, remarcaba por fin que era "la primera vez que se formulaba, en forma estrictamente científica, la doctrina opuesta al credo bíblico de la fijeza de las especies y de la inmutabilidad de los tipos". En la misma dirección, el acontecimiento a su entender crucial referido a las consecuencias culturales de un fenómeno científico fue la aparición del libro de Chambers, *Vestiges of the natural history of creation*, de 1844, que marca, según él, el momento en el que la ciencia pasa de ser una disciplina abocada a la resolución de problemas estrictamente naturales y a aplicaciones destinadas a la dominación del entorno, para trasladarse al ámbito ético-existencial dentro de un uso que en nuestros días se ha caracterizado como una "explotación filosófica de la ciencia". El libro en cuestión describía la historia geológica de la Tierra como una evolución progresiva de todos los organismos. "El escándalo fue enorme, tanto que nos encontramos todavía sacudidos por la vibración de la onda puesta entonces en movimiento". Y es que si incluso Comte había evitado pronunciarse sobre el problema del origen del mundo y de la vida que contradijera la versión del génesis bíblico, sobre esas bases Wallace y Darwin encontrarán la explicación revolucionaria de la selección natural, "poniendo al desnudo la falta de base de las pretendidas generaciones espontáneas y de la creación mítica".

En cuanto al reconocimiento del factor de la raza como explicación sociológica, Quesada considera que se trata de una argumentación válida, y que especialmente fue Gobineau, en su *Essai sur l'inégalite des races humaines*, de 1853, quien planteó la cuestión en el terreno científico. Lamenta empero el apresuramiento con que las conclusiones darwinianas pretendieron ser trasladadas a la sociología, conduciendo a desconocer en la moral un fundamento extrahumano y espiritual para reducir la ética a fuerzas sociales colectivas. Apaciguadas las ardientes disputas que generó, Quesada observa en su presente que la hipótesis darwiniana se presenta cada vez más con "los caracteres de una de esas leyes fundamentales que explican satisfactoriamente una serie inmensa de fenómenos de los órdenes más diversos".

En el terreno filosófico, ese espíritu anima la obra de Spencer, que para Quesada es "el más grande monumento filosófico de la segunda mitad del siglo XIX", capaz de dar cuenta del modo en que las leyes de la evolución presiden el preciso orden de las cosas, desde la concentración de las masas nebulosas siderales hasta las acciones corporativas de los hombres. De ese modo, en estas conferencias y clases aparece de manera representativa toda la admiración de la segunda mitad del siglo XIX por los logros científicos encarnados en la ciencia faro de la biología y elevados a sistema por el spencerismo.

Sobre esos modelos, Quesada especifica el carácter de la sociología que pretende practicar. Uno de esos rasgos (que se ha visto a su manera aparecer en Bunge) le permitirá remarcar una diferencia significativa entre los fundadores del positivismo: mientras Comte, suprimiendo la psicología, partía de la biología para desenvolver la sociología, Spencer, por su parte, restablece la psicología entre la biología y la sociología, apoyándose en ella para desarrollar la ciencia nueva. Este último, fundamentalmente en los *Principles of Sociology*, demuestra que la conducta de los hombres en sociedad no puede comprenderse bien sin explicar sus creencias y emociones. De esta consideración hacia los fenómenos psicológicos, Quesada extrae explícitamente elementos sustantivos para practicar esa "idealización" del positivismo que constituye una de sus modulaciones entre nosotros: "la biología darwinista, pasando por Spencer, adquiere involuntariamente un paulatino tinte idealista", al atribuir en las variaciones de las especies una parte "a la eficacia decisiva de la conciencia y de la voluntad de los seres, con lo que se reconoce que marchan de consuno la herencia física con la psíquica y la social". Por ello es que los auténticos sabios ya no creen que, para ser considerados científicos, sea menester "desmayarse de horror ante la sola mención de la palabra filosofía, por no decir nada del vocablo 'metafísica'".[15]

Mediante esta torsión, Quesada puede conectarse con el mismo guía intelectual de Cané y Groussac, ya que ese positivismo es el que encuentra realizado de manera ejemplar en la estela de Hyppolite Taine.[16] Puede concluir entonces que es preciso atender tanto a los factores psíquicos como a los físicos, mientras la distinción entre las ciencias naturales y las sociales estriba en el peso que le adjudican a esos factores, aun cuando "cabe que la solución filosófica definitiva sea marcadamente monista".[17]

Y sin embargo, esa presentación de la disciplina social no se reduce a equipararla a las demás ciencias, sino que pretende colocarla por encima de ellas, llamada a desempeñar el papel totalizador que otros habían buscado en diversas esferas de competencia. Por eso, para Quesada la sociología es la "ciencia filosófica" más reciente; en rigor, "la verdadera filosofía" del conjunto de las ciencias sociales, en tanto "un tratamiento

---

[15] E. Quesada, "Herbert Spencer...", ob. cit., p. 236.

[16] "La *Revue Internationale de Sociologie* nació a su calor, y los profesores de sociología de las universidades de Francia son todos, puede decirse, sobre todo Durkheim, de abolengo positivista, si bien (conviene siempre repetirlo) de un positivismo depurado en sus doctrinas y en sus métodos" ("La influencia sociológica de las doctrinas de Comte", Conferencias del 15 y 25 de abril de 1905, en *Revista de la Universidad de Buenos Aires*, t. IV, p. 184).

[17] E. Quesada, "La sociología, carácter científico de su enseñanza", en *Revista de la Universidad de Buenos Aires*, v. III, 1905, pp. 233-234.

filosófico es el estudio de algo como un todo y por sí mismo".[18] Esta función totalizadora ahora heredada por la sociología es lo que observa en los orígenes del positivismo, cuando la dispersión de las ciencias "clamaba por una especulación filosófica que, salvando los límites de cada disciplina, abarcara en una mirada de águila el conjunto, escudriñara la verdad, e investigara sus más profundos fundamentos y los fines más remotos de la vida".[19] Utilizando una analogía con el tallado de diamantes que ha observado en algunos talleres de Amsterdam, concluye que también la humanidad, antes de ser estudiada por las diversas ciencias, pareció un misterio; con el andar del tiempo, cada disciplina científica fue poniendo de relieve una faz diversa del fenómeno social, "y hoy, reunidos los esfuerzos de todas esas disciplinas en una síntesis suprema, dicho fenómeno social puede apreciarse en su conjunto con toda nitidez y formularse las leyes de orientación de sus diferentes fases".

Así las cosas, el vacío de una filosofía, de una concepción de conjunto unificadora que definiera la espina dorsal del *corpus* de los conocimientos humanos, no fue cubierto por el positivismo de Comte, sino por la obra de Spencer. *Novum organon* del siglo XIX, esa filosofía sintética constituye el foco luminoso más potente, "que abarca la universalidad de todos los conocimientos y hace del estudio de la sociedad y de sus diversos fenómenos una de las tantas disciplinas de un solo todo".[20] En suma, allí donde la indagación de Darwin se restringía a un aspecto de la realidad, Spencer elevó y aplicó con extrema consecuencia la idea de la evolución a todo lo real y construyó una cadena de los seres que muestra a la naturaleza y a la cultura como formas en desarrollo que obedecen a las mismas leyes. La sociología está lla-

---

[18] Ibíd.

[19] E. Quesada, *Las doctrinas presociológicas*, Buenos Aires, Librería de J. Menéndez, 1905, p. 80

[20] E. Quesada, "Herbert Spencer...", ob. cit., pp. 169-170.

mada a desempeñar este rol que el gran relato spenceriano ha cumplido respecto del conjunto de los saberes dentro de las disciplinas humanas. Retomando palabras de un contemporáneo, Quesada sostiene que la misión de la sociología reside en estudiar los hechos sociales con espíritu filosófico para encontrar su conexión recíproca, "buscando comprender cada forma fragmentaria de tal vida por sus relaciones con el resto".

Así como la biología es la síntesis de la química, la física, la fisiología y demás disciplinas que estudian por separado los fenómenos de la vida, la sociología es lo mismo respecto del derecho, la economía política, la historia y otras ramas del saber que analizan los fenómenos sociales. Todos los resultados independientes de estas últimas deben ser controlados y sintetizados por la sociología, que pasa a ser definida como "la investigación de la vida social a la luz de la filosofía". Este papel totalizador que la sociología desempeña queda otra vez revelado mediante una imagen: ante un conjunto de estatuas que representan diversas celebridades aparentemente inconciliables, de pronto una diosa las ilumina y les revela el místico parentesco que las liga. "Esas estatuas de la poética visión simbolizan las disciplinas sociales; la diosa que las ilumina, la sociología." No quedan dudas entonces de que en este sentido ella desempeña, "con relación a nuestra época, el papel del filósofo de antaño ocupado en sus especulaciones metafísicas para encontrar en ellas la solución de los problemas de la vida".

De esta capacidad de la sociología Quesada presume beneficios de poder, puesto que de su función universalizante "se desprende su influencia práctica en la política social y en la solución de los problemas que deben preocupar a los estadistas". La sociología desempeñará respecto del mundo político y social una análoga influencia a la ejercida por las ciencias naturales en el formidable desarrollo de la técnica. En el linaje de fundadores de la filosofía moderna como Bacon y Descartes, el intelectual sudamericano adhiere así, tres siglos más tarde, al programa ilustrado que promete poder a quien posea el saber. De tal manera, "cuando a los problemas sociales se aplique análogo procedimiento que a los técnicos, los resultados han de ser incalculables".[21]

Estos saberes modernos no pueden ni deben quedar en manos de intelectuales desprendidos de adscripciones institucionales. Por el contrario, corresponde a la universidad –en tanto formadora de profesionales que utilizan los resultados más elevados de la ciencia– prestar preferente atención al cultivo de las disciplinas sociales. Entre ellas, la más importante –como se ha argumentado– es la sociología. Y esto hasta tal extremo que la solución de "la cuestión social" depende de la orientación y de las leyes que la nueva ciencia pueda formular con el fin de llegar a la sociedad deseada, "en la cual todos los miembros se muevan en equilibrio satisfactorio". Munido de esta herramienta que considera un instrumento gnoseológico potente, Quesada intentará hacer de la sociología el mirador fundamental desde el cual observar en la sociedad argentina algunos fenómenos inducidos por la modernización que, por novedosos, requieren un diagnóstico preciso para un tratamiento eficaz.

Además, como se ha visto, también en Quesada se encuentran prevenciones, sin duda atenuadas, respecto de ciertos factores que nuevamente denuncian los males de una moral centrada en los valores económicos, que aquí a su vez vincula con las tácticas de lo que se denominará "la política criolla", dado que los gobiernos argentinos, en todas las jurisdicciones, son patrimonio de una determinada minoría de políticos profesionales que hacen de su ejercicio un quehacer destinado a satisfacer ansias privadas.

[21] E. Quesada, "La sociología...", ob. cit., pp. 240 y 235.

En *Dos novelas sociológicas* (a propósito de *Quilito*, de Ocantos, y *La Bolsa*, de Martel-Miró), desarrolla su visión de la situación nacional vinculada con el tema de la cultura económica.[22] Estas novelas tratan acerca del efecto producido por la crisis en el seno de "una sociedad cosmopolita en período de transformación, sacudida de raíz por la especulación desenfrenada, los males de la plutocracia, el antagonismo del capital y el trabajo, la usura y tantas otras cosas". Estos fenómenos, según Quesada, tienen que ser analizados en el escenario local y con pautas específicas, considerando inútiles las reflexiones europeas al respecto, aunque respetando la experiencia norteamericana como un modelo atendible.[23]

A partir de una representación exuberante, vitalista y monumental de América, con su atmósfera oxigenada, sus espacios ilimitados y propicios al despliegue de todas las leyes de la lucha por la supervivencia, contrapuesta a la pausada y metódica Europa, "con sus llanuras exhaustas, reanimadas penosamente con afrodisíacos químicos", Quesada extrae una representación opuesta a la de Groussac ante el gigantismo norteamericano ("La raza que se ha formado en esa lucha tiene, por ende, calidades de energía casi salvaje: todo lo quiere grande, pronto, espléndido."), aunque comparte el juicio estereotipado sobre Estados Unidos acerca de la falta de distinción y de belleza en la tierra de Washington.

Ese formidable impulso material desplegado por la moderna economía capitalista, que en el Norte se muestra en todo su esplendor y con todos sus costos, debe naturalmente pagar tributo –crisis económicas como la experimentada por la Argentina son

---

[22] E. Quesada, *Dos novelas sociológicas*, Buenos Aires, Peuser, 1891. El libro incluye un apéndice con el dictamen de la comisión investigadora de la Bolsa, de la cual Quesada había sido integrante luego del *crack* del 90.

[23] "Pero no busquemos la analogía con Europa, cuyas naciones obedecen a leyes normales diversas de las nuestras: volvamos nuestros ojos a los Estados Unidos, fatalmente colocados por la fuerza de las cosas en la categoría de modelo nuestro" (ibíd.).

uno de ellos–. No obstante, si el modelo yanqui resulta aplicable, lo es sólo con la condición de marcar las diferentes experiencias históricas y sociales: debido a los problemas políticos, todavía no se había conformado en nuestro país una corriente inmigratoria permanente y creciente; el tipo de inmigración aquí conocido es inferior en su calidad, y en el Norte existía previamente un fuerte núcleo poblacional con recursos económicos propios.

De todos modos, el capital posee una dinámica transnacional que le permite a Quesada considerar que la crisis argentina no es excepcional, y con ello exculpar al régimen juarista. Al comparar las novelas argentinas del ciclo de *La Bolsa* con otras que describen fenómenos semejantes, como *L'Argent* de Zola, puede concluirse que el funcionamiento de las bolsas es similar en todo el mundo, porque similar es el funcionamiento que impone el mercado: "El comercio, y sobre todo la alta banca y la especulación, tienen hoy un marcado sello de cosmopolitismo, y el dinero no reconoce patria ni época". La crisis se debió más bien a problemas financieros que a factores de la economía real, lo cual fue mal percibido por la opinión pública, que puso al gobierno como "cabeza de turco", aunque todo el país había cooperado en el montaje de la crisis. Ese episodio, al revés, habla de la fortaleza y de la capacidad económicas de la Argentina, porque con un Estado arruinado, al igual que los especuladores y parte del comercio, "el país está más rico que antes".

De manera que si la crisis del 90 abrió para los argentinos la caja de Pandora de la cual salieron todos los males de la modernidad, es cierto que, como en el mito, también para Ernesto Quesada quedó en el fondo de la caja la esperanza: "Una nación en esas condiciones puede tener confianza en el porvenir, y se necesita mucha torpeza en sus acreedores si no le tributan las consideraciones que merece". De esta crisis y del predominio de los valores económicos sin contrabalanceo de virtudes republicanas, Quesada recortará dos problemas decisivos a su entender y de cuya previsión y resolución depende el buen desarrollo de la sociedad argentina: "la cuestión nacional" –referida a la obsesiva pregunta por la construcción de una amalgama patriótica necesaria para dotar de homogeneidad a esa sociedad percibida como magmática–, y "la cuestión social", que la visibilidad del mundo del trabajo torna ahora ineludible.

La primera cuestión fue tematizada por Quesada a través del problema del idioma nacional, en la larga estela de una tradición romántica que remitía a Herder y que había identificado lengua con nacionalidad. En diversos textos, que llegan al Centenario, manifestó su confianza final en la constitución de una población con arcos comunitarios simbólicos que garantizaran la homogeneidad, que consideraba indispensable, para gestionar una sociedad. Pero esta cuestión revela poseer alcances mayores que los inmediatamente imaginables, puesto que alberga problemas significativos en toda cultura derivativa.[24]

Los intelectuales argentinos habían elaborado desde la generación del 37 el proyecto de construir una cultura nacional específica; vivieron entonces "la paradoja del romanticismo en el Plata" al encontrarse con que aquello que remitía a un legado nativo era, o bien inexistente (y es el caso de Echeverría buscando canciones y tradiciones populares sin hallarlas), o bien despreciable (y es el caso de afirmaciones como las de Alberdi de que "en América todo lo que no es europeo es bárbaro").[25]

[24] "Derivativo" es un término indicativo para referirse a áreas culturales que tienen sus centros reconocidos en ámbitos exteriores a sí mismas y que además imaginan que en esos "centros" la cultura es autóctona y que por ende allá sí las ideas "están en su lugar", según la feliz expresión de Roberto Schwarz.

[25] Para su proyecto de un cancionero nacional, Echeverría trató de encontrar "tonadas indígenas", y halló que todas eran extranjeras, adaptadas o mal hechas copias de arias y *romances* franceses o italianos. Hubo entonces que renunciar a su intento, siendo necesario crear a un tiempo la poesía y la música (*Obras completas de Esteban Echeverría*, Buenos Aires, A. Zamora, 1951, p. 456). En su lectura en el Salón Literario

Se intentaron de allí en más diversas propuestas enlazadas con el proyecto de país deseado, y en el momento en que Quesada interviene –hiperactivada la cuestión nacional ante el problema inmigratorio– se encuentra con un cuadro de situación que puede esquematizarse del siguiente modo.

Los escritos de Alberdi habían legado dos líneas de definición de la nacionalidad. Una, a modo de nacionalismo constitucionalista, político y universal (o al menos "occidental"), contenida en los argumentos citados que enfatizaban el hecho de que "la patria no es el suelo", sino un conjunto de valores que, al haber sido importados del Viejo Mundo, permitían afirmar que "la Europa, pues, nos ha traído la patria, si agregamos que nos trajo hasta la población que constituye el personal y cuerpo de la patria".[26] Y otra línea, finalmente dominante, elaborada desde la matriz liberal economicista, en cuya estela había reiterado la consigna del *"ubi bene ibi patria"*. Era otra manera de pensar una nación en términos no idiosincrásicos, sino como un espacio neutro –ahora el económico– donde los actores sociales despliegan unas prácticas igualmente genéricas. Pero además, si la patria reside allí donde están los bienes económicos, la figura que el autor de las *Bases* diseñaba era la del sujeto económico, esto es, del "habitante-productor", que remite a la sociedad civil o al ámbito del mercado. Por eso es de notar que cuando Ernesto Quesada lamentaba en 1882 que ese lema se hubiese convertido en la definición moderna de la nacionalidad,[27] invertía significativamente la valoración de quien

---

de 1837 él mismo había dicho: "Busco una literatura original, expresión brillante y animada de nuestra vida social, y no la encuentro" (F. Weinberg, *El salón literario de 1837*, Solar-Hachette, 1977).

[26] J. B. Alberdi, *Acción de la Europa en América*, en *Obras completas de Juan Bautista Alberdi*, Buenos Aires, La Tribuna Nacional, 1886-1887, t. III, p. 80.

[27] "Hoy todo esto ha desaparecido casi: La patria... ¿quién se preocupa de ella mientras no sea atacado el propio bolsillo?... *Ubi bene, ibi patria*, es el lema moderno" ("Los juegos florales en Buenos Aires", en E. Quesada, *Reseñas y críticas*, Buenos Aires, Félix Lajouane, 1893, p. 145).

como Alberdi había creído que si la patria estaba efectivamente allí donde residían los bienes era porque había confiado en la capacidad espontánea del mercado para producir el lazo social y aun la identidad nacional.

A su vez, desde el molde del liberalismo político republicano, en su campaña contra las escuelas de las colectividades extranjeras que cultivaban símbolos o lenguas de sus comunidades de origen, Domingo Sarmiento había declarado que en la Argentina "no educamos argentinamente", sino que la enseñanza es universal y pretende construir sujetos políticos. De esa manera este proyecto remitía al Estado y perseguía la forja del "ciudadano".[28] En ese mismo año, y en un homenaje a Darwin, el sanjuanino reinstalaba esa patria universal ahora referida a la república de la ciencia al prodigar honores a "nuestros compatriotas" Benjamín Franklin, Burmeister, "nuestro astrónomo Gould", "nuestro Ameghino"...

El cambio significativo al llegar a las intervenciones de Ernesto Quesada es que, a partir de las últimas décadas del siglo XIX, junto con estos tipos de construcción del habitante-productor y del ciudadano se fortalece la búsqueda de una identidad que refiere a la cultura y proyecta el diseño de un "sujeto nacional". Se inicia entonces la marcha hacia un nacionalismo culturalista, y en el campo de la elite letrada, *La tradición nacional*, de Joaquín V. González, publicado en 1888, es un indicador altamente representativo de la nueva tendencia. En rigor, se trataba de una tendencia tan extendida que puede decirse con justicia que la fabricación de identidades nacionales formó parte de una

---

[28] D. F. Sarmiento, "Las escuelas italianas. Su inutilidad" (13/1/1881), en *Condición del extranjero en América*, ob. cit.: "Confesamos ingenuamente que no comprendemos lo que significa educar italianamente a un niño". "¿Educamos nosotros argentinamente? No; educamos como el norteamericano Mann, el alemán Froebel y el italiano [sic] Pestalozzi nos han enseñado que debe educarse a los niños. Les hacemos aprender de manera racional todo aquello que hoy se enseña en las escuelas bien organizadas del mundo entero." Pestalozzi era suizo.

tarea realmente internacional. Asimismo, en este emprendimiento, que encuentra su nacimiento en Inglaterra hacia mediados del siglo XVIII,[29] la construcción de tradiciones nacionales compartidas no resultó sencilla ni siquiera para aquellas regiones que podía suponerse dotadas de una centralización temprana.[30]

En los marcos de este proceso, los intelectuales argentinos se encontrarán con un par de alternativas conceptuales posibles para consagrar la definición de ese sujeto nacional: la línea *nativista*, que podía imaginar al tipo argentino modelado sobre el pasado indio en tanto entidad incontaminada e innegablemente autóctona, y la *derivativista*, que postulaba la creación del argentino como producto de algún tipo de mezcla.

La primera versión jamás alcanzó un mediano nivel de consenso dentro de la elite, y es fácil observar que la afirmación alberdiana de que en América "el indígena no compone mundo" fue ampliamente compartida dentro de ese sector, en el cual el reconocimiento de Mansilla de los indios como "hijos auténticos de la patria" forma parte de una notable pero estrecha minoría. En general, como en tantas otras partes del mundo occidental, se consideraba que los nativos no eran un material asimilable a la modernidad, llamada entonces "civilización". Quedaba pues disponible la alternativa derivativista, la cual plantearía a su vez una nueva interrogante que, para seguir la metaforización botánica de Alberdi, podía enunciarse así: de qué tronco hacer derivar la rama sudamericana, habida cuenta de que no podía ni quería re-

---

[29] Hacia 1760 el escocés James Macpherson recoge y construye la saga gaélica de Ossian, que remite la ascendencia inglesa a los celtas, y así opone al hasta entonces único pasado prestigioso en Europa –el grecolatino y su correspondiente estilo clasicista– otro que reivindica una autoctonía diferente. Allí se afirma que la población de los Highlands no proviene de Irlanda, como se creía, sino de Caledonia, luego de haber combatido heroicamente contra los romanos (Anne-Marie Thiesse, *La création des identités nationales. Europe XVIII-XX siécle*, París, Du Seuil, 1999, 1a. parte, cap. 1).

[30] Cf. una tesis presentada en 1997 en la Universidad de Chicago por Stéphane Gerson titulada *The* Uneasy *Formation of an Historical Patrimony in France (1830-1870)* (ibíd). El subrayado es mío.

conocérselo en esa herencia española, que era no sólo el recuerdo de la dominación sino también del atraso.

El problema había sido plásticamente formulado por Sarmiento en *Recuerdos de provincia*: a diferencia de los norteamericanos, que al independizarse ya contaban con un pasado de instituciones democráticas y de una religiosidad virtuosa, el problema de los hispanoamericanos era que al mirar hacia atrás sólo encontraban la colonia, la escolástica y la Inquisición, y al mirar aún más atrás, a esas razas indígenas en estado de salvajismo.[31] De Ángel Rosenblat pueden tomarse dos citas que ilustran la hispanofobia dominante en la elite hasta las últimas décadas del siglo XIX, momento en el cual se inicia un giro hacia una reconciliación con el legado español. La primera, otra vez de Alberdi, proclama que "la lengua argentina no es la lengua española", y la otra, de Sarmiento, prescribe que "el idioma de América deberá, pues, ser suyo propio. [...] Una vez dejaremos de consultar a los gramáticos españoles para formular la gramática hispanoamericana".[32] Fue así como se abrió una perspectiva bizarra de construcción del tronco original, que, en busca del verdadero origen, desembocó tantas veces en la adopción de una cultura europea no hispánica que predominantemente resultó ser la francesa. Es el viaje curioso que emprende el joven Alberdi, quien, persiguiendo un idioma propio según las indicaciones del canon romántico, había arribado a la conclusión de que no habría de encontrarlo en el español, sino en el movimiento rápido y directo del pensamiento francés.[33]

---

[31] "Al sur i al norte acéchanla los salvajes, que aguardan las noches de luna para caer, cual enjambres de hienas, sobre los ganados que pacen en los campos i sobre las indefensas poblaciones" (D. F. Sarmiento, *Facundo*, Buenos Aires, Ediciones Culturales Argentinas, 1961, p. 26).

[32] Á. Rosenblat, *Las generaciones argentinas del siglo XIX ante el problema de la lengua*, Buenos Aires, UBA, Facultad de Filosofía y Letras, Instituto de Filología Hispánica Dr. A. Alonso, 1961, pp. 26 y 27.

[33] "Si la lengua no es otra cosa que una faz del pensamiento, la nuestra pide una armonía íntima con nuestro pensamiento americano, más simpático mil veces con el mo-

En suma, producida la independencia, los futuros argentinos se encontraron con que tenían que diferenciarse en el mismo gesto del pasado inmediato de la colonia española y del pretérito anterior del mundo indígena. Ni indios ni españoles, apelaron entonces a la más amplia identidad de europeos. De la obstinada perdurabilidad de esta creencia habla aún en 1888 la enérgica protesta del general Mitre frente al citado libro de González. Ante el diseño de una "tradición nacional" que incorpora a su tronco a indios y a gauchos, la carta del vencedor de Pavón tiene la función de recordarle al joven intelectual que los argentinos no descienden de los pampas sino que son europeos trasplantados en América...

Y es que, en rigor, la teoría del trasplante venía a resolver el problema de un modo conceptualmente adecuado para la autorrepresentación de la clase dirigente. Negada la posibilidad de una autoctonía propiamente americana, aquella idea permitía mantener una identidad europea solamente alterada por el traslado a otro medio. Imaginaron también que ese medio americano podía incluso perfeccionar aquella calidad o, mejor, realizar la "europeidad" de manera más plena que en la misma Europa. Pudo entonces fantasearse (y será una fantasía recurrente) que en América habría de desarrollarse el verdadero legado europeo.

Al llegar a mediados de la década del 80, diversas representaciones vinculadas con este tópico están en franco proceso de recomposición, y esa nueva circunstancia tiene todo que ver con la magnitud y las características del proceso inmigratorio, que ha redefinido el panorama anterior. Porque los "otros" recién llegados pertenecen al tronco de esa humanidad cristiana, blanca y europea que formaba parte del proyecto civilizatorio originario, pero al mismo tiempo era preciso diferenciarse de

---

vimiento rápido y directo del pensamiento francés que no con los eternos contorneos del pensamiento español" (J. B. Alberdi, *Fragmento preliminar al estudio del derecho*, Buenos Aires, Biblos, 1984, p. 133).

ellos para no resultar absorbidos o dominados por quienes son pensados más bien como invitados obligados a rendir deferencia a los auténticos anfitriones del banquete argentino. Referida al tópico de la construcción de un sujeto nacional, la pregunta crucial que de hecho comienza a organizar la problemática de la elite puede formularse así: cómo diferenciarse de los extranjeros europeos ("cerrar el círculo") sin encontrarse, al final del proceso de diferenciación, devorado por las identidades americanas antes rechazadas ("no descendemos de los pampas"). Dicho de otro modo: cómo mezclar sin mezclarse.

Para observar la modificación de la problemática, vale recordar el núcleo del programa alberdiano, finalmente dominante en las figuraciones del sector dirigente. Ante una población nativa inepta o limitada para el despliegue de las prácticas y valores de la civilización, *Acción de la Europa en América* y *Bases* habían pergeñado una solución de un radicalismo revolucionario: cambiar "la masa o pasta" de la sociedad nativa mediante la importación de sujetos noreuropeos, quienes transmitirían a los sudamericanos la cultura moderna. Salvo los integrantes de la elite dirigente, el papel de los demás nativos es pasivo, y esa pasividad recoge la figura de género asociada entonces a la femineidad. Es "el encanto de sus hermosas y amables mujeres" lo que en las *Bases* garantiza la seducción necesaria para que en ellas se derramen las literales simientes de la Europa civilizada. No se trata por lo tanto de una sustitución física fundada en el exterminio de los nativos (ese destino quedará en todo caso determinado para los más nativos de los nativos: los indígenas), sino del reconocimiento de la inferioridad civilizatoria de los criollos, quienes empero son pasibles de "la educación por las cosas" en aquel código del progreso. El programa derivativista de la mezcla quedaba por fin así sintetizado: una base de europeos nacidos en América dispuesta a ser beneficiada por la mezcla con los buenos europeos nacidos en Europa, ya que el defecto de los españoles es que no pertenecen a esa fracción avanzada del Viejo Mundo. En otras palabras, una base pasiva movilizada simbólica y materialmente por una inmigración avanzada dentro de un proceso dirigido y controlado por una elite autolegitimada por el saber, el linaje, el haber y la virtud.

Entre mediados del 80 y el Centenario, mientras permanecía básicamente inamovible el rechazo del legado indígena como tronco o "roca dura" de la nacionalidad argentina, las polémicas quedaron instaladas en este terreno de los derivativistas; es decir, de quienes sostenían la posición de que el tipo nacional no era autóctono, sino derivado de algún tipo de combinación o "mezcla". Pero a partir de este consenso se renovará la pregunta acerca de la "buena mezcla", porque la presencia masiva de extranjeros requirió que las discusiones se ahincaran para definir cuál debía ser la "base" o tronco –y si debía haber algún elemento básico sobre el cual realizar la mezcla–; cuáles eran los nuevos elementos que debían ingresar en ella; qué tipo de combinación implementar, y cuál era el tiempo previsible de su obtención.

En cuanto a los *componentes* –y siempre en el orden de las representaciones ideológicas–, los materiales disponibles terminaron siendo básicamente el criollo y el inmigrante. Acerca de la base, cepa o tronco, compitieron las dos alternativas lógicamente posibles: base criolla o base extranjera. Respecto de los *tiempos*, para los derivativistas con base criolla ese tiempo ya había transcurrido, porque esa base provenía de un pasado en el cual se la había constituido como esencial y al cual había que retornar míticamente para asimilarle los nuevos componentes. Para los derivativistas sin cepa dominante, la nacionalidad argentina estaba en un futuro en el que la mezcla sin predominio de ningún componente produciría un tipo nacional novedoso e imprevisible.

Para ilustrar algunos antecedentes de estas opciones, en el terreno de los contenidos textuales se puede indicar que el Alberdi de las *Bases* apostaba a una mezcla por coagularse en el futuro: "De la Babel, del caos, saldrá algún día brillante y nítida la nacionalidad sudamericana". Medio siglo más tarde, en su pieza teatral *La gringa* (1904), Florencio Sánchez se inclinaría por el derivatismo de una mezcla sin base. El drama enfrentaba a un ahorrativo y trabajador inmigrante de Santa Fe con un criollo viejo aferrado a los antiguos sistemas del campo que lo llevan a la quiebra económica y a la necesidad de vender sus tierras al primero. La solución del conflicto se realiza mediante el enlace de los respectivos hijos, y la proposición de Sánchez se resume al final en la voz de uno de los personajes, quien se refiere a la nueva pareja de este modo: "Mire qué linda pareja... Hija de gringos puros... hijo de criollos puros... De ahí va a salir la raza fuerte del porvenir".[34]

Bartolomé Mitre, a su vez, en la *Historia de San Martín* había sustentado un derivatismo con base criolla, ya que esta raza –decía– "enérgica, elástica, asimilable y asimiladora" ha refundido en sí a las razas inferiores, "emancipándolas y dignificándolas, y cuando ha sido necesario, suprimiéndolas, y así ha hecho prevalecer el dominio del tipo superior con el auxilio de todas las razas superiores del mundo aclimatadas en su suelo hospitalario".

Una década antes, y en el marco de una institución de la cual Quesada sería un miembro conspicuo, habían sido enunciadas diferentes concepciones sobre la misma cuestión. En una polémica desarrollada en el Ateneo en 1894, Rafael Obligado sostuvo que lo nacional se encontraba en las raíces nativas; Eduardo Schiaffino ponía su esperanza en la inmigración y "en el crisol hirviente en que se funde nuestra raza". Y aun cuando "el tiempo dirá a dónde nos lleva", no duda de que ese sendero "nos aparta de España". Por el contrario, Calixto Oyuela se opone al "guiso de chimangos y vizcachas" que propone Obligado, porque "de la coexistencia de razas diversas en un solo punto necesariamente resulta o la absorción y aniquilamiento llevado a

---

[34] En F. Sánchez, *Obras completas*, introd., comp. y notas de Jorge Lafforgue, Buenos Aires, Schapire, 1968, t. II.

cabo por una sobre las otras a las cuales impone su sello y su carácter, o la persistencia de todas mezcladas pero no combinadas
con influencias recíprocas". Sentaba por fin que a esa raza no es
necesario esperarla porque ya existe, dado que la verdadera base
o tronco de la nacionalidad residía en la raza española.[35]

Y si "Guido y Spano se burla de los planes de inmigración
elitista para 'regenerar nuestra raza'",[36] desde su plataforma socialista y cientificista, Juan B. Justo vaticinaba que el millón y
medio de europeos recién llegados, "unidos al elemento de origen europeo ya existente, forman hoy la parte activa de la población, la que absorberá poco a poco al viejo elemento criollo,
incapaz de marchar por sí solo hacia un tipo social superior".[37]

Hubo por fin quienes se opusieron a toda mezcla. En clave
biologista, Lucas Ayarragaray opinaba en 1904 que "nuestra incapacidad cívica es en definitiva un problema de psicología
biológica, y en la mentalidad del híbrido está en gran parte el
enigma de la anarquía criolla". Esa mala mezcla se hundía en
un pasado brumoso, cuando "la mestización de las razas conquistadora e indígena" produjo un "tipo étnico bastardeado"
que constituyó la causa inmanente de muchas malas peculiari-
dades de la vida política nacional. En cambio, la cultura política norteamericana, canadiense y australiana son un resultado de
la homogeneidad de su estructura étnica, "porque la mestización adultera y degrada las cualidades nobles de las razas que
intervienen en el cruzamiento".[38]

---

[35] Tomo estas referencias del valioso trabajo de Lilia Ana Bertoni, "La construcción
de la nacionalidad en la Argentina a fines del siglo XIX", tesis de doctorado, Facultad de
Filosofía y Letras, UBA, mimeo, 1998, p. 338.

[36] N. Shumway, *La invención de la Argentina*, Buenos Aires, Emecé, 1993, p. 317.

[37] J. B. Justo, primer editorial de *La Vanguardia*, cit. en J. Aricó, *La hipótesis de
Justo*, Buenos Aires, Sudamericana, 1999, p. 83.

[38] Lucas Ayarragaray, *La anarquía argentina y el caudillismo. Estudio psicológico
de los orígenes nacionales, hasta el año 29*, Buenos Aires, F. Lajouane, 1904, p. 276.

Estas confrontaciones encontraron un terreno privilegiado en la cuestión del idioma nacional, donde a su modo aparecieron recurrentemente las dos posiciones que pueden también ser así caracterizadas: la de los apocalípticos, que veían en la pluralidad idiomática la disolución de todo orden y la inminencia de la catástrofe, y la de los genesíacos, que consideraron al caos "como la alborada de un nuevo orden, promisorio, que habrá de alzarse del caldero porteño en el que hierve tan diversa materia idiomática".[39] Dicha discusión se organizó al final del siglo a partir del libro de Luciano Abeille *Idioma nacional de los argentinos*, donde proclamaba, en la línea que vimos llamar genesíaca, la existencia de un idioma propio. Opuesto a las academias, el escritor francés estaba convencido de que una lengua es "la expresión del alma de una comunidad", "el resultado de las acciones individuales y colectivas que constituyen la vida en común de una nación, y no el fruto de los gramáticos".[40]

Cané y Groussac reaccionaron con las posturas críticas esperables. El primero juzgó peligrosa la tesis de Abeille en pro de una formación espontánea del idioma nacional en un país de inmigración. Groussac, que "no merece mención una rapsodia reciente, en que la ignorancia absoluta del asunto –comenzando por el castellano– toma la forma de una baja adulación al *criollismo* argentino". La inexistencia de unanimidad dentro del círculo la mostró la intervención siempre zumbona de Eduardo Wilde en carta a Quesada fechada en Washington el 30 de diciembre de 1900: "Para mí, la Academia española, como todas las academias encargadas del pupilaje del idioma, es culpable en máximo grado i, en vez de cumplir con sus debe-

---

[39] Pedro L. Barcia, "El habla de Buenos Aires", en *La Nación*, 7 de febrero de 1988, 4a. secc., p. 6.
[40] E. Quesada, *En torno al criollismo*, ob. cit., p. 37.

res morales, contribuye a mantener la más insensata rutina en el idioma".[41]

Prosiguiendo con las intervenciones sobre la cuestión, Cané le había enviado una carta de felicitación a Groussac con una respuesta anunciada: "Estamos de acuerdo: con los Abeille, los dramas criollos, el lunfardo, etc., vamos rectamente a la barbarie, hay que resistir activa y pasivamente". Para el autor de *Juvenilia*, no se trata de hacer de la lengua un mar congelado, sino de enriquecerla, pero manteniéndola pura en sus fundamentos, para fundir a los nuevos elementos "en la masa común y someterlos a las buenas reglas, que no sólo son base de estabilidad sino condición esencial para hacer posible el progreso".[42]

Cané piensa la lengua como piensa la nacionalidad: en términos de mezcla y de base adecuada sobre la cual realizarla. Por ejemplo, si el quichua nos trae *charqui*, está bien que se construya el verbo "charquear", puesto que es una verbalización gramaticalmente bien formada. "La gramática", dice Cané (esto es, el código que habilita ciertas combinatorias y prohíbe otras), es la fuente de la declinación de la palabra extranjera, la que homogeneiza las diferencias y pone las bases de la buena mezcla. Toda posibilidad de multiculturalismo queda así negada, y se cumple una idea matriz heterofóbica de quien cree sinceramente que "la diversidad es detestable" y que "el carácter del mal es ser diverso".[43] Esa gramática profunda y generativa entona así los himnos celebratorios del repertorio conservador: la tierra, el instinto, *natura* opuesta a *cultura*. La prueba: si el inmigrante, "a más de tener todo el cariño que muestra por nuestra tierra [...], fuera hijo de ella, sentiría en

---

[41] M. Cané, "La cuestión del idioma", Buenos Aires, J. C. Rovira Editor, Biblioteca La Tradición Argentina, 1901, p. 77; y E. Quesada, *En torno al criollismo*, ob. cit., pp. 220, 38 y 74.

[42] M. Cané, "Sobre el problema de la lengua", en *Prosa ligera*, ob. cit., p. 73.

[43] M. Cané, *Notas e impresiones*, ob. cit., p. 237.

el alma algo instintivo, que le enderezaría al razonamiento en esta materia".[44]

Pocos años más tarde, Juan Agustín García traducía la misma idea matriz identificando heterogeneidad e ingobernabilidad: "Mientras que las distintas razas en contacto no se fundan en una sola por el predominio de cualquiera de ellas, la nota característica de nuestro pueblo será la *heterogeneidad*, la división y subdivisión en grupos, con ideas y sentimientos radicalmente distintos". En igual sentido opinaba Juan A. Alsina: "La diversidad de razas, [...] coexistiendo en una nación, crea problemas sociales gravísimos. Conservemos en nuestra República la homogeneidad, para disminuir conflictos que no dejarán de presentarse dentro de ella".[45]

Esta polémica no transcurría sólo entre los sectores intelectuales; también se desarrollaba dentro de los políticos como una cuestión estratégica de Estado. Indalecio Gómez presentó en 1894 un proyecto de ley –que no contó con los votos para ser aprobado– con el objeto de establecer la exclusividad del idioma español en las escuelas de todo tipo, incluyendo las de colectividades extranjeras. En su fundamentación prevenía contra las colonias como Esperanza, que podían llegar a ser "pequeñas naciones dentro de una nación heterogénea, sin unidad". En el debate parlamentario, Marco Avellaneda respaldó esta posición, alegando que "en el idioma está la base de la unidad nacional". Consideró asimismo anómalo que "esa inmensa población que vive de nuestra propia vida [...] permanezca extraña a nuestra vida pública, manteniéndose en colectividades autónomas". Proponía aún mantener el carácter de "pueblo cosmopolita", pero apelaba a una base preexistente que debía preservarse y que residía en seguir siendo "ese pueblo que ha pensado con Moreno,

[44] M. Cané, *Prosa ligera*, ob. cit., p. 77.
[45] J. A. García, *Introducción...*, ob. cit., p. 49, y Juan A. Alsina, *La inmigración en el primer siglo de la independencia*, 1910, cit. en N. R. Botana y E. Gallo, *De la República posible...*, ob. cit.

con Rivadavia, con Alberdi y con Sarmiento; para que nuestra patria no se convierta un día, como el templo de Jehová, en una vasta tienda de mercaderes".[46]

No dejaba de apuntar datos recogidos por los visitadores de escuelas, en los cuales se reflejaba una cuestionada resistencia de los extranjeros a aprender el español y a abandonar su nacionalidad de origen. Finalizaba con una mención a la actitud del Estado italiano, que en ese momento alentaba una política expansionista montada sobre las colonias de italianos emigrados: "Recordaré a la Honorable Cámara que el ministro Di Rudini, en el parlamento de su país, consideraba a las escuelas llamadas italianas en Buenos Aires, como escuelas coloniales de Italia".

En términos que hoy resultan notables, se opusieron al proyecto oficial los diputados Vivanco, Barroetaveña y Gouchón, mostrando hasta qué punto aún estaba en vigor la concepción de un nacionalismo no cultural sino político, como el que Vivanco explicitó al definir a la nación como "una agrupación de individuos que tienen leyes comunes que regulan sus relaciones, que ocupan una extensión de territorio, y con un gobierno propio e independiente de otro".

Barroetaveña avanzó aún más en la dirección del multilingüismo y, en las antípodas de la paranoia de Cané ante la diferencia, sostuvo que "esta diversidad, lejos de conspirar contra la existencia del Estado, contribuye a robustecerlo", ya que tiende a satisfacer las exigencias regionales. No conforme, cuestionó el principio mismo de las nacionalidades, ya que –alegó– "el ideal de la nacionalidad no es el *desideratum* de los pueblos". En cuanto al idioma que debía enseñarse en las escuelas, lo que las leyes nacionales exigen es que se instruya al pueblo. "¿En qué idioma? Pero, señor presidente, eso es del todo indiferente. La

---

[46] Debate sobre la obligatoriedad del idioma nacional en las escuelas, Cámara de Diputados, *Diario de sesiones*, Buenos Aires, 4 y 9 de setiembre de 1896. Tomado de N. Botana y E. Gallo, *De la República posible...*, ob. cit.

aritmética se enseña lo mismo en inglés, que en francés, que en alemán; las ciencias, las artes, todo, se enseña lo mismo". Y en estricta lógica liberal denunció que, de lo contrario, el Estado, al pretender que la enseñanza en las escuelas se ofrezca en el idioma nacional, "extralimita sus facultades, ataca libertades absolutas garantidas a todos los habitantes".[47]

Opuesto al ideal de una nación cosmopolita y abierta a la diferencia, el proyecto de Gómez lo era asimismo al federalismo, y en este aspecto Barroetaveña puso de relieve la manera en que el nacionalismo esencialista era visto también como una amenaza frente a las diversidades regionales de lo que aún podía evocarse con el plural de "los pueblos argentinos". Al extremar el argumento del oficialismo para reducirlo al absurdo, advierte que si el proyecto en cuestión prosperare, "sería una vanguardia oscurantista, reaccionaria en nuestra legislación; porque tras de la unidad del idioma se pediría la unidad de fe, la unidad de raza, se pedirían otras unidades centralistas que además de conspirar contra la Carta fundamental, y las libertades que ella garante, conspirarían contra la prosperidad y civilización de la República".

Incluso, es en ese sentido que apunta la argumentación del autor del proyecto, ejemplificando con un modelo prusiano de desarrollo nacional que Ernesto Quesada admiraba. Para esa labor de nacionalización –piensa Gómez–, nunca es suficientemente temprano, porque para despertar sentimientos nacionales es preciso tomar a los nuevos ciudadanos

> en la infancia, buscando el alma virgen y confiada del niño para imprimirle en ese instante de su virginidad el sello poderoso que lo caracterizaría prusiano para toda la vida. Así formó Federico el Grande los abuelos de los grandes hombres que en nuestros días han consumado la obra más sor-

[47] N. Botana y E. Gallo, ibíd., p. 379.

prendente del siglo, constituyendo la unión germánica sobre la base de la nacionalidad prusiana.

El proyecto de Gómez finalmente no fue aprobado, pero la "unidad de la raza" temida por Barroetaveña era ya una demanda en curso que en poco tiempo más se impondría como criterio hegemónico en el modo de imaginar una identidad colectiva. Sin embargo, aún en el nuevo siglo estas posiciones no habían ahogado a las multiculturalistas, como lo muestran las intervenciones de un autor influyente en la época como Agustín Álvarez. En *¿Adónde vamos?*, de 1903, este militar retirado proponía todavía para la Argentina un modelo de modernización imitativo, a la japonesa. En ese país asiático, "sin dejarse aplastar como los franceses, los españoles, los italianos y los sudamericanos por el fantasma de la raza", se ha organizado

> un ejército alemán, una marina inglesa que es la cuarta del mundo, una instrucción pública norteamericana para hombres y mujeres, endilgada a la explotación de las fuerzas materiales de la naturaleza y no a la explotación de los poderes imaginarios de las vírgenes de Lourdes, del Pilar o de Luján, a la prosperidad de la nación y no a la prosperidad del Dalai Lama cristiano que está en Roma irradiando la vida y la salud en bendiciones mágicas a los creyentes desmembrados de su capacidad para ayudarse por sí mismos.

En qué medida estas tomas de posición ideológicas fueron acotadas por las características reales de la cuestión inmigratoria, lo indica la hipótesis de que la Argentina de entonces se enfrentó con una "ausencia de sociedad receptora" en términos de base demográfica.[48] En 1887 sólo el 17% de los habitantes de la ciudad de Buenos Aires había nacido en ella; más de la mitad

---

[48] Ruth Freundlich de Seefeld, "La integración social de extranjeros en Buenos Aires", en *Estudios Migratorios Latinoamericanos*, año I, núm. 2, abril 1986, p. 206.

provenía del extranjero y el resto básicamente de la provincia de Buenos Aires; cifras todas ellas que se agudizan si se mide la población adulta masculina. Los extranjeros, entonces, eran mayoría, y reforzaban esa mayoría al casarse en mayor proporción y tener más hijos que los nativos. Además, al menos en el caso de los italianos, su sentido de pertenencia no iba a menudo más allá del pueblo nativo con el cual se identificaban. "Se caracterizaban así por una identidad y una conciencia fuertemente regionalizadas, 'locales', antes que nacionales."[49]

Desde la historia intelectual puede estructurarse un razonamiento que ilumine a partir de otro ángulo la misma cuestión. Puesto que aunque resultara verosímil o discutible la noción de "ausencia de una base demográfico-cultural autóctona sólidamente estructurada", debe indicarse que el tratamiento de la cuestión inmigratoria resulta inseparable del modo como la elite se representaba a la masa extranjera y al papel que ella misma debía cumplir en esa sociedad. En ese sentido, en el tiempo en que Quesada escribe, ya se le endilgaban a la inmigración carencias que la tornaban inadecuada para desempeñar el papel alberdiano de nueva "pasta" capaz de configurar una buena y activa base poblacional sobre la cual erigir una nación moderna. En realidad, ni aun los más férreos defensores del proyecto inmigratorio habían dejado de percibir y denunciar este riesgo. "Cien mil analfabetos adultos introducidos anualmente –escribió Sarmiento un año antes de su muerte– pueden en diez años bajar el nivel de la civilización hasta hacer partícipe de la baja aun a los descendientes de la parte culta".[50] Enrique Larreta, en 1900 y en un discurso en la Universidad de Córdoba, entonó el réquiem al proyecto del trasplante total, que –decía– fue el pensamiento oficial durante medio siglo:

---

[49] Camilla Cattarulla, "Los espacios de identidad en las autobiografías de inmigrantes italianos en Argentina y en Brasil", en *Entrepasados*, año VIII, núm. 15, fines 1998, p. 12.
[50] D. F. Sarmiento, "Brazos e inteligencia", art. del 21-9-87, en *Condición del extranjero en América*, ob. cit., p. 248.

> Sin embargo, no me parece que sean ellos [los inmigrantes] los que deben encargarse de ese tesoro de razón y de experiencia propia, de esa herencia de sacrificio, de meditaciones, de heroísmos, que nos legaron los fundadores de nuestra nacionalidad; ni creo que pueda surgir de esa turba dolorosa, que arrastra en su mayor parte todas las sombras de la ignorancia, la clase dirigente capaz de encaminar hacia un ideal grandioso la cultura argentina.[51]

Vista esta sociedad, entonces, desde la perspectiva de la clase dirigente y de los intelectuales orgánicos al proyecto dominante, el problema quedó en parte definido por el riesgo de una mala extranjerización y por la ausencia de sujetos autóctonos en la base que estuviesen dotados de las virtudes de la modernidad. Estas fallas estructurales parten de y refuerzan la creencia en el rol tutelar de la clase dirigente, en la medida en que arrojan sobre sus espaldas la tarea de definir una nacionalidad a partir de estos materiales, ninguno de los cuales alcanza por sí solo para cubrir el ideal buscado. Porque el fondo autóctono es materialmente inadecuado por sus lastres premodernos, pero simbólicamente necesario para "cerrar el círculo", mientras el aluvión inmigratorio es materialmente necesario pero culturalmente peligroso por la diversidad que contiene y que amenaza con barrer aquella identidad. Lucio V. Mansilla construyó una representación sumamente adecuada a estas preocupaciones del conjunto del sector dirigente. Describió allí un panorama en el que sobrevivían "unas pocas familias con raíces hasta las antípodas", mientras "las demás se deshacen como elemento fungible", y siguió anudando nostalgias de los bienes perdidos desde la modernización, en los cuales incluía la mismísima putrefacción del idioma: "El gaucho simbólico se va, el desierto se va,

---

[51] Cit. en G. Onega, *La inmigración en la literatura argentina*, Santa Fe, Universidad Nacional del Litoral, 1965, p. 36.

la aldea desaparece, la locomotora silba en vez de la carreta; en una palabra, nos cambian la lengua, que se pudre, como diría Bernárdez de Castro, el país. ¿Quiénes? Todos los que pagamos tributo a lo que se llama el progreso. ¡Es un pasmo!".[52]

Ernesto Quesada, por fin, optó por la propuesta derivativista con base criolla. Esta solución por fin triunfante fue establecida a partir de los mismos términos del problema: conservar la autoctonía simbólicamente e incorporarle materialmente los aportes extranjeros. A la pregunta por la buena base para efectuar la mezcla derivativista se responderá que esa base existe, pero que no es material sino que habita en el reino de un pasado autóctono que adopta la temporalidad del mito porque en verdad se trata de un eterno presente. A la definición y construcción de ese mito se abocará buena parte de la reflexión intelectual de esos años.

Como se verá, esta solución no resultó tan sencilla de articular, y dio lugar a razonamientos barrocos y resultados curiosos. Los razonamientos de Quesada contenidos en *El problema del idioma nacional* resultan en este aspecto altamente representativos de la complejidad que el problema revistió ante la mirada de la elite, y parten de una convicción igual a la de Mansilla: "Lengua que se descuida significa raza en decadencia; lengua que se perfecciona y defiende representa una raza que avanza y se impone".[53] Su pregunta interroga pues acerca de las características de una buena mezcla étnico-cultural, pero al mismo tiempo, con figuras que espontáneamente adoptan similitudes botánicas, se plantea a propósito del idioma nacional la necesidad de la preeminencia de determinada "cepa" dentro de esa mixtura.[54]

---

[52] Lucio V. Mansilla, *Mis memorias (Infancia y adolecencia)*, Buenos Aires, Hachette, 1955, pp.105 y 188.

[53] E. Quesada, *El problema del idioma nacional*, Buenos Aires, Revista Nacional Casa Editora, 1900, p. 14.

[54] "Cepa: Tronco u origen de una familia o linaje" (Real Academia Española, *Diccionario de la lengua española*, Madrid, Espasa Calpe, 1992, t. I, p. 459).

Con un trabajo minucioso donde despliega sus *expertises* intelectuales, comienza por dar cuenta de la inusitada pluralidad de lenguas existente en Buenos Aires. Cada grupo, sea italiano, vasco, inglés, etc., usa en la conversación diaria su propio idioma, como el gaucho usa el suyo. Todavía más: cada agrupación tiene su diario, impreso en su idioma de origen, siendo esta ciudad cosmopolita la que tiene la prensa más variada, desde periódicos en turco y hebreo hasta los publicados en gallego, catalán y vascuence, pasando por todos los idiomas conocidos. Pero junto con este registro de la pluralidad, la mirada de Quesada se torna más sensible a los fenómenos de hibridación lingüística *in fieri* que observa: "En Buenos Aires los hijos de otras naciones hablan un español sui generis...".

Pluralidad e hibridación son datos del proceso argentino que un moderno como Quesada está dispuesto a aceptar como tributo al progreso. Pero un gradualista como Quesada no está dispuesto a que esta mezcla degenere en una hibridación fértil hasta la teratología, y por eso considera imprescindible definir qué elementos dentro de esa mixtura deben resultar esenciales e inamovibles. La citada polémica con el libro de Abeille será el disparador de una argumentación destinada a fundamentar que esa base existe, y que el grupo al que Quesada pertenece es el custodio de esa cepa esencial.

En *El criollismo en la literatura argentina* (1902) aborda la pregunta crucial: en un país multilingüístico, ¿cuál es la verdadera lengua nacional? No puede ser –se responde– el lenguaje vulgar de las clases populares, sino la lengua noble usada por escritores y gente culta. Otra vez, cuando piensa la lengua, Quesada piensa la sociedad; porque no es que deba eliminarse el uso del lenguaje vulgar, sino que puede permitirse siempre y cuando se mantenga clara la jerarquía y no se considere que ella pueda expresar una literatura nacional. Acaso, "¿en qué parte del mundo la manera de hablar de los campesinos es considerada como la lengua del país?". Tampoco puede ser una guía en ese aspecto el lenguaje del periodismo. "La *lingua nobilis* no puede estudiarse en fuentes tan turbias, so pena de caer en exageraciones de tal calibre que produzcan estupefacción".[55]

El peligro real surge entonces cuando las jergas usadas en la vida diaria aspiran a ser consideradas como dignas de expresar la literatura nacional. Lo llamativo del planteo de Quesada reside empero en que ese riesgo no está asociado con la expansión de alguna de las lenguas provenientes del extranjero; reside sí en el avance de aquella que, sobre la base del lenguaje gauchesco, se ha hibridado con otras germanías para producir una mala mezcla o un híbrido monstruoso. En suma, Quesada combate sobre todo contra la pretensión criollista, que pretende identificar lengua e identidad nacional con "lo criollo".

En cambio, el lenguaje que debe unificar el idioma es el lenguaje culto, para que, "por sobre nuestro cosmopolitismo, se mantenga incólume la tradición nacional, el alma de los que nos dieron patria, el sello genuinamente argentino, la pureza y gallardía de nuestra lengua".[56] El sello, el alma, la tradición, esto es, "la pureza enfrentando a la hibridación y la mezcla". No otra cosa había dicho Cané aun desde el centro de una civilización admirada: "Diez, veinte años de París, [...] no alcanzan jamás a borrar en nosotros el tinte criollo, la tendencia indígena, el amor a las cosas patrias".[57]

Pero he aquí que cuando Quesada concluye el viaje emprendido hacia esa isla primigenia de la nacionalidad, descubre no sin sorpresa que ese sello, alma o tradición no es autóctono sino heredado, puesto que la lengua que termina postulando como el idioma nacional es la española. Entonces es cuando de hecho se plantea la pregunta recurrente de toda cultura derivativa y que entre nosotros alcanzará una notable intensidad creativa con

[55] E. Quesada, *El problema del idioma nacional*, ob. cit., pp. VII/VIII.
[56] E. Quesada, *En torno al criollismo*, ob. cit., pp. 228-229-230.
[57] M. Cané, "En el fondo del río", en *Prosa ligera*, ob. cit., p. 98.

Borges: ¿cómo hacer de una lengua heredada de la metrópoli una lengua propia?[58] Pregunta que, traducida al tratamiento propuesto del tema de la nacionalidad, plantea el problema de cómo entender que la cepa originaria de la raza es, en verdad, derivada. Para salir de este atolladero, el razonamiento de Quesada requiere un mediador, y ésa es la función argumentativa y simbólica que cumplirá la figura del gaucho. Puesto que este fundamento de la tradición nacional es en rigor un tipo profundamente hispánico, por lo cual Unamuno ha podido observar que "los vocablos, giros, modismos y fonismos del *Martín Fierro*, el *Santos Vega* o el *Fausto* proceden en su mayor parte del fondo popular español". Y es que los gauchos argentinos, en definitiva, no son sino "los andaluces de los siglos XVI y XVII trasplantados a la pampa".[59] Tempranamente, entonces, Ernesto Quesada se inscribía en la curva de resignificación de la figura del gaucho. Es sabido que diversas reelaboraciones en el interior de la propia clase dirigente, como las conocidas de Joaquín V. González a partir de *La tradición nacional*, venían puliendo los costados considerados negativos del gaucho, dentro de un movimiento cuyo término se localiza en 1913 en la reivindicación de Lugones en sus conferencias de *El payador*.

Ya entre los contemporáneos de Cané, Carlos D'Amico había participado de ese giro "populista" que, entre otros tópicos, construye opuestos entre la docta ignorancia de la pureza rústica por un lado y la modernización mercantilista y letrada de la inmigración por el otro.[60] Sin duda que, cuando lamenta que la

---

[58] Véase B. Sarlo, *Borges, un escritor en las orillas*, Buenos Aires, Ariel, 1995.

[59] E. Quesada, *En torno al criollismo*, ob. cit., pp. 116, 113 y 118.

[60] "Y cómo aumentaría la sensación favorable de novedad si fuéramos a la campaña, a la Pampa llana, con sus enormes sementeras [...] y su pueblo trabajador, hospitalario, lleno de talento y de poesía, que desgraciadamente va perdiendo sus caracteres primitivos cepillado por la civilización, lustrado por la riqueza, monetizado por la inmigración, acompañado por la escuela, que ha hecho más viciosos y charlatanes que hombres felices" (Carlos D'Amico, *Buenos Aires, sus hombres, su política (1860-1890)*, ob. cit., p. 30).

pampa haya sido encerrada por los alambrados e inundada por una policía que en vez de facón usa armas de fuego –con lo cual el coraje ya no impera–, está modificando radicalmente la representación negativa del campo como "desierto" que había realizado la generación del 37, para la cual era un vacío no sólo de población sino también de hábitos civilizados y de sentido.

En cuanto a la conexión del gaucho con la herencia española, se trataba de una deriva argumentativa que reclutaba el apoyo de diversos hispanistas. Uno de ellos, el activo escritor y publicista Federico Tobal, decía en 1886 que "todo en el gaucho es oriental y árabe", y de ese modo elaboraba un verosímil histórico para el pasaje por España de los ancestros gauchos junto con la conquista musulmana.[61] Ese movimiento está cumplido en Quesada cuando sostiene a su vez que los gauchos eran andaluces trasplantados a la pampa, con lo cual el gaucho termina siendo el trasplante en tierra americana de un trasplante árabe en Europa. La búsqueda de un origen puro de la nacionalidad desembocaba así en el hallazgo derridiano de una "mezcla originaria", esto es, de un origen autóctono y al mismo tiempo derivado.[62] Cané había ironizado este estupor posible, claro que no referido a su propio país, al que creía liberado de estos intríngulis del derivativismo. Contó así que Littré se figuraba el apuro en que se encontraría un sabio del siglo XXX, "antropólogo y filólogo a la vez, si las excavaciones practicadas en el suelo de la Martinica, inhabitada desde tiempos remotos, sacaran a luz ¡cráneos de negros e inscripciones en francés!"…

Pero aquel origen que en Ernesto Quesada remite a España va a contener una torsión nativa inducida por el medio, y surge

---

[61] Cit. en Richard W. Slatta, *Los gauchos y el ocaso de la frontera*, Buenos Aires, Sudamericana, 1985, p. 23.

[62] En *La voz y el fenómeno* Jacques Derrida desconstruye la idea de la temporalidad husserliana, para concluir que el presente no es unidad y por ende tampoco coincide consigo mismo: en el principio no está el origen ni hay original. En el principio está la copia, y el origen ya es un derivado… como el gaucho.

entonces una versión del gaucho que, como tantas otras similares, fabrica una geogénesis: "La vida aislada en las soledades de las llanuras sin fin les dio su razón y linaje: tornáronse melancólicos y resignados, modificando su carácter, que ganó en seriedad lo que perdió en brillantez. Y así, el descendiente de andaluz, a la larga, se convirtió en el gaucho argentino". El demiurgo termina siendo la pampa: un andaluz es un andaluz; puesto en la pampa, se convierte en un gaucho, donde reside la roca dura de la nacionalidad argentina.

¿Pero no se trata entonces de un linaje que continúan precisamente quienes retoman la lengua y costumbres gauchescas, en ese fin de siglo que contempla el auge prodigioso de la literatura criollista de folletín encabezada por Eduardo Gutiérrez y sus dramas poblados de gauchos alzados? ¿Pero no es cierto al mismo tiempo que ese criollismo es el que ha seducido hasta a los mismos extranjeros –especialmente a los italianos– con lo cual habría ya fracasado la tarea de fundación de un linaje distintivo para la construcción del "cerco" inmune a las invasiones de los advenedizos?[63] Para protegerse de esa conclusión, la argumentación de Quesada recurre a dos instancias: una resignificación del concepto de lo criollo; una espiritualización y literal desmaterialización de la figura del gaucho.

En el primer aspecto, la deriva del término "criollo" hasta fines del siglo XIX describe bien un desliz de significados. La primera referencia conocida de la palabra "criollo" proviene de los *Comentarios reales* atribuidos al Inca Garcilaso de la Vega, donde señala que los negros oriundos de África se referían a los negros nacidos en América como "criollos". Los españoles adoptaron esta voz para diferenciar a los individuos de origen español nacidos en América respecto de los nacidos en Europa.[64]

---

[63] Sobre la cuestión, es imprescindible A. Prieto, *El discurso criollista en la formación de la Argentina moderna*, Buenos Aires, Sudamericana, 1988.

[64] R. Olea Franco, *El otro Borges. El primer Borges*, México, FCE, 1993.

Es uno de los sentidos que registra el *Diccionario de la lengua española* de la Real Academia: "criollo" designa al "descendiente de padres europeos nacido en los antiguos territorios españoles de América".[65] Esta acepción convivió con otras del mismo diccionario que ampliaban el alcance del término, que pasó a referir a un sujeto "autóctono, propio, distintivo de un país hispanoamericano". Era el significado que le seguía atribuyendo Carlos O. Bunge hacia fines del XIX, para quien Vértiz, por ejemplo, era criollo en tanto "nacido en Méjico, de padres españoles", pero también: "La palabra *criollo* (de crío), con que se designó a los primeros descendientes europeos nacidos en la América hispánica, significó originariamente hijo de español e india, es decir, mestizo; luego se extendió a todos los hispano-americanos".[66] Entre el español y el indio había nacido una nueva raza: el criollo.

Otras definiciones circulantes son las de "nativo argentino, especialmente del campo", y aun "habitante pobre del campo".[67] Con ello se revela que el atributo de la criollidad ya no requiere pureza de sangre, sino que se acepta el mestizaje de europeo e indio para componer el híbrido llamado criollo. Un paso más, y lo criollo pasaría a designar lo legítimamente nacional. "Criollo, en su sentido traslaticio, significa lo nacional, lo autóctono, lo propio y distintivo de cada uno de nuestros países".[68] Y así como desde otros exponentes del programa modernizador lo criollo se había cargado de "connotaciones negativas en torno a los ejes del trabajo y del progreso", para la época que nos ocupa esta connotación ha comenzado a virar decididamente, y será la triunfante hacia el Centenario, con ecos que la proyectarán a lo

[65] *Diccionario de la lengua española*, ob. cit., t. I, p. 596.

[66] C. O. Bunge, *Apuntes de historia argentina, paraguaya y uruguaya*, ob. cit., p. 159, y *Nuestra América*, ob. cit., pp. 112-114.

[67] R. Slatta, ob. cit., p. 340, y Ariel de la Fuente, "'Gauchos', 'montoneros' y 'montoneras'", en R. Salvatore y N. Goldman (comp.), *Caudillismos rioplatenses*, Buenos Aires, Eudeba, 1998.

[68] Juan José Arrom, "Criollo, definición y matices de un concepto", en *Revista Colombiana de Folklore*, Bogotá, junio de 1953.

largo de todo el siglo XX, y cuya continuidad vemos aun instalada en el terreno de las vanguardias literarias de los años 1920.[69]

Ernesto Quesada elaboró finalmente su propia versión de los términos "criollo" y "criollismo", redefiniéndolos y restringiendo su significado para segregarlos de toda posible metonimia con el gaucho y por ende con lo argentino. Por el contrario, como explica Alfredo Rubbione, para Quesada, criollistas son aquellas literaturas dialectales que quieren pasar por argentinas, cuando en realidad ningún dialecto puede pretender para sí la representación de la nacionalidad. Criollista es, en rigor, una *imitación falsa* del gaucho, en dialecto gauchesco o cocoliche, llevada a cabo principalmente por los inmigrantes.[70] Y se trata de una simulación porque, en rigor, lo auténticamente gaucho existe, pero bajo una forma que lo torna inimitable.

Para avalar esta conclusión, Quesada construye una particular genealogía gauchesca. Gaucho y criollo son entidades que nacieron separadas; luego se encontraron y finalmente la primera terminó por colonizar a la del criollo. Así como el *Facundo* había sostenido que la revolución de 1810 desencapsuló el mundo rural y lo puso en contacto con las ciudades, Quesada afirma que el mismo acontecimiento produjo "un verdadero entrevero" entre las castas de los criollos urbanos y los gauchos. Aquéllos conformaron entonces el elemento dirigente y los gauchos, la "carne de cañón". La convivencia durante las dilatadas guerras de la independencia y civiles determinó la fusión de ambas clases, hasta que, por su mayor número, la gaucha "contagió forzosamente a la otra, lo que se nota de modo visi-

---

[69] Carlos Alberto Erro defiende la verdadera vocación artística de los integrantes de la revista *Martín Fierro*, de quienes afirma: "Todos somos argentinos sin esfuerzo, porque no tenemos que disimular ninguna 'pronunzia' exótica…" (Suplemento explicativo de nuestro 'Manifiesto'", *Martín Fierro*, agosto-sept. de 1924, núm. 8-9, p. 2). El mismo Borges, en "Una vida de Evaristo Carriego" (*Evaristo Carriego, Obras completas*, vol. 1, Buenos Aires, Emecé, 1996), al referirse al carácter enfático del criollismo de este poeta, lo atribuirá a "su alguna sangre italiana".

[70] A. Rubbione, Estudio preliminar a *En torno al criollismo*, ob. cit., pp. 39-40.

ble en la súbita importancia que adquirió su habla especial, la que pronto fue usada sin reparos por los criollos urbanos".[71]

La poesía gauchesca realizó una evolución concomitante, hasta que la vida del gaucho posterior a Caseros encontró su cantor en José Hernández, quien construyó un poema de valor histórico insuperable al pintar lo que ya no existe. Al ser corridos por el progreso, los gauchos se retiraron hacia el sur, y esto dio origen al "gaucho malo", representado en la literatura y el teatro y principalmente en los folletines de Eduardo Gutiérrez, los cuales, "halagando todas las bajas pasiones de las masas incultas, adquirieron una popularidad colosal". Esta figura se tornó vigorosa en particular entre los inmigrantes italianos, hasta el punto de dar nacimiento al ítalo-criollo conocido como "cocoliche".

Justamente allí se ha producido la peor de las mezclas, porque al desnaturalizar al tipo del gaucho verdadero, se ha puesto de relieve en verdad al *compadrito*, pervirtiendo a "los inmigrantes acriollados". Es lo que explica para Quesada que

> la concurrencia que asiste a nuestros teatros no es gaucha, y muy probablemente su casi totalidad no ha vivido jamás en el campo, y gran número ni siquiera ha salido de la ciudad: en los circos inferiores se compone de la gente suburbana, *mezcla* de orilleros y compadritos; en los otros teatros, es la de nuestras capas sociales intermedias, dependientes de negocios al menudeo en gran parte, los que ceden al singular influjo de adorar lo criollo y lo gauchesco […] Pero es digno de notarse que los artistas que se dedican a esa interpretación son italianos o hijos de italianos.[72]

Esta circunstancia explica a su vez

> la visible corrupción del género gauchesco –no del habla rural *genuina*, que aún se conserva, allá por los confines de la

[71] E. Quesada, *En torno al criollismo*, ob. cit., pp. 118-119.
[72] E. Quesada, ibíd., ob. cit., p. 151. El subrayado es mío.

pampa– adoptando el hablar ítalo-criollo, o sea, la jerigonza *cocoliche*. Esta última, que es una mezcla de los dialectos genovés y napolitano con el gauchesco y compadrito, aspira a vida propia, y precisamente los últimos carnavales han visto comparsas enteras que, desdeñando el falso gauchismo, se han presentado como genuinamente cocoliches".[73]

He aquí desplegadas las distintas categorías que la clasificación de Quesada compone: lo gaucho puro e incontaminado; lo criollo suburbano, y lo italiano. Son estas dos especies últimas las que se hibridan y producen los monstruos del criollismo. Porque, en definitiva, el criollismo no es expresión de lo gauchesco sino todo lo contrario o, más bien, un disfraz desviado, perverso. "Criollo" ha pasado a ser una engañifa, una ficción o, para decirlo con la palabra de época, una *simulación*. "Se ha creído, parece, que basta usar los giros y locuciones gauchescas, con su peculiar ortografía, para que un libro sea original y tenga vida propia […]; libros tales –tengo para mí– toman próxima semejanza con los trajes de disfraz, colgados de maniquíes, que acostumbramos ver por doquier en vísperas de carnaval".[74] Esta asociación de criollismo, disfraz y carnavalización ha de retornar en la pluma de Quesada al sorprenderse de que para los carnavales porteños a los únicos a quienes se les ocurre disfrazarse de gauchos es a los italianos, ya que ni a él ni a nadie de su grupo, que son realmente hombres de campo porque tienen estancias, se les ocurriría ponerse un atuendo tan exótico. En forma análoga a lo que sucedía en la Facultad de Filosofía y Letras fundada por Cané para cerrar el círculo y luego poblada de apellidos extranjeros, Quesada percibe, junto con el diario *La Nación*, que "la mayoría de los grupos que han elegido para el disfraz de carnaval el traje y los modales puramen-

---

[73] Ibíd., p. 153. El subrayado es mío.
[74] Ibíd., p. 110.

te criollos llevan apellidos perfectamente caracterizados por su italianismo".[75]

Que se trata de un intento de asimilación inútil es lo que tampoco ha comprendido Soto y Calvo, quien creyendo describir en *Nostalgia* al gaucho verdadero ha caído en la trampa de retratar la nueva mezcolanza. Y esto porque si bien este escritor ha sido estanciero, lo ha sido en el partido de Ramallo, donde ya no se ven gauchos de legítimo abolengo sino por excepción:

> los actuales paisanos ni siquiera han conservado el legendario *chiripá*; los puesteros son irlandeses; los peones, italianos; los mayordomos, ingleses o alemanes... ¿Qué queda del gaucho verdadero, en medio de esa mezcla de tantas razas? ¡Nada; nada! [...] Yo mismo, que escribo estas líneas desde un establecimiento de campo, vecino también al gran centro argentino, no veo gauchos a mi alrededor: la peonada es extranjera, el paisanaje campero ha desaparecido.

En cambio, recuerda que hacía unos quince años, en el sur, hacia donde los gauchos se habían retirado, aún se veían gauchos puros. Y de la tetralogía gauchesca de Sarmiento (el gaucho malo, el rastreador, el baqueano y el cantor), Quesada ahora, como Lugones después, selecciona el tipo del payador y lo coloca en un registro que canta la añoranza tradicionalista de una existencia simple y digna.[76]

Todo ello porque, también como después aparecerá en Lugones, esta muerte del gaucho en realidad es una transustanciación: de una materialidad de la que no podían disimularse sus imperfecciones ha pasado a la pureza estética del espíritu. Pue-

---

[75] Ibíd., p. 153.
[76] "Y a la noche, al calor del fogón, la guitarra gemía y no faltaba un payador para cantar la vida de otrora, la tranquilidad del rancho humilde, la fidelidad de la *china* querida, la independencia y la altivez del hijo de la pampa; y eran de oír los acentos de honda melancolía con que resonaban, perdiéndose en la imponente majestad del silencio de la noche, los *tristes* y las *vidalitas*" (Ibíd., pp. 195 y 196-197).

de entonces Quesada adherir a una cita: "El gaucho ha muerto
–decía un crítico extranjero–, la civilización le ha matado dul-
cemente, sin convulsiones, y ahora su alma respira otra vida
más dulce, la vida del recuerdo, la de la poesía. Y ahora que,
para bien de la civilización y la cultura argentina, ha desaparecido de la impura vida social, ahora es cuando debe entrar en la
gloria del arte a gozar de la perdurable vida poética...". Para
concluir con entera claridad: "La muerte, al depurarlo de las
impurezas de la realidad, le abre las puertas de la leyenda. La
muerte es la gran poetizadora; la muerte, que sedimenta la tradición, único verdadero fondo de toda poesía; sólo es poético lo
que, habiendo vivido, reposa en la *eternidad*".[77]

Se ve aquí, entonces, a la cultura estética acudir en ayuda
de la científica. Por eso ya en 1882 Quesada enfatizaba la función de la poesía como custodia de la nacionalidad, ya que
"en una sociedad tan extremadamente cosmopolita como la
nuestra, en la que no hay rasgos típicos ni carácter nacional,
[...] la poesía tiene una sagrada misión que cumplir: mostrar
que, en medio del revuelto torbellino del momento, subsiste el
espíritu argentino", en una palabra, una nación argentina y no
"una inmensa factoría ultramarina donde acuden los hombres
de todos los puntos del globo con el propósito único de enriquecerse".[78] El mismo sentido posee un artículo dirigido al ministro de Instrucción Pública felicitándolo por el nuevo plan de
estudios que reivindica la enseñanza humanista, medida a la
que Quesada considera "la primera reacción enérgica contra el
enervamiento que iba produciendo en nuestro país el tratar de
formar a las nuevas generaciones para una estrecha 'lucha por
la vida' condenándola a ésta en la frenética corrida tras el bíblico becerro".[79]

[77] Ibíd., pp. 218 y 219.
[78] E. Quesada, "Los juegos florales en Buenos Aires", ob. cit.
[79] E. Quesada, "Enseñanza secundaria" (1891), en *Reseñas y críticas*, ob. cit., p. 521.

Como Almafuerte, que para vengarse de las amadas ingratas las elevaba hasta los astros con su poesía para mejor dejarlas abandonadas en el espacio, Quesada ha consumado la construcción de un paradigma tradicional y nacional que mora en un inalcanzable cielo platónico. O al menos inalcanzable para los recién llegados. Ya que, de fomentarse el criollismo, llegará un momento en que "los argentinos de abolengo, los que son criollos por los cuatro costados –pero que no son orilleros, compadritos o de otras layas análogas–, ¡necesitarán bonitamente un diccionario del tal 'idioma nacional' para entender esa *literatura criolla*!".

No es el tema de este libro, pero no puede dejar de notarse que se consumaba entonces una escisión de vastas consecuencias entre la cultura de elite y la popular, puesto que en el interior de esta última y en los núcleos urbanos las nuevas germanías –el cocoliche, el lunfardo– y los fenómenos del tango y el sainete montaban estilos y representaciones que José Luis Romero caracterizó como diferenciadas hasta el punto de definir "dos culturas argentinas enfrentadas tanto en el sentido antropológico como en el sentido estético e intelectual".[80] Y sin embargo, si todo lo que las diferenció podría ser sistematizado válidamente para comprender fenómenos por venir (me refiero centralmente al significado "cultural" del ascenso del yrigoyenismo), no menos importante sería indagar todo lo que las comunicaba.

Ese emprendimiento de reconfiguración de un tipo nacional conectado con el linaje español contaba en su favor con el apoyo del más amplio operativo hispanista, sumamente activo en esos años y acicateado tanto desde la Península como desde Hispanoamérica a partir de la derrota española en la guerra con los Estados Unidos. En efecto, una de las modificaciones sensibles en

[80] J. L. Romero, *Las ideologías de la cultura nacional y otros ensayos*, Buenos Aires, Centro Editor de América Latina, 1982, pp. 83, 74-75.

la estructura ideológica argentina de principios de siglo fue el surgimiento de lo que el mismo Romero llamó el "nacionalismo latino". Dentro de ese movimiento intelectual de vastas consecuencias político-culturales se inscribió el hispanismo como una de las propuestas emergentes que convivieron y compitieron con otros módulos interpretativos de la realidad nacional y subcontinental. Con mayor énfasis a partir de la guerra del 98 pero dentro de prevenciones ya presentes en la Primera Conferencia Panamericana de 1889, la Argentina y casi toda Hispanoamérica verían con creciente recelo el avance del expansionismo yanqui, alentando la elaboración de una definición de lo propio contrastante con la del país del norte. Justamente en aquella conferencia, el representante argentino Roque Sáenz Peña había hecho coincidir su rechazo de la hegemonía norteamericana con una recuperación del vínculo hispánico que venía a torcer la predominante hispanofobia de las elites del siglo XIX argentino. "No me faltan –decía el futuro presidente de la República– afecciones ni amor por la América, me faltan desconfianzas e ingratitudes para la Europa; yo no olvido que allí se encuentra España, nuestra madre".[81] Pero, sin dudas, la palanca decisiva para la difusión del hispanismo fue ofrecida por la generación española del 98, dentro de un auténtico operativo rehispanizante promovido desde la península y cuyos alcances expresos han sido abundantemente señalados por el libro de Fredrick Pike.[82]

La reconciliación con la aún por consagrarse "madre patria" formaba parte de la política del Estado argentino y de iniciativas de la sociedad civil. En 1900 se aprobó, por un decreto de Roca, una disposición –que se venía debatiendo desde 1893 por propuesta del entonces ministro Lucio V. López– por la cual se retiraron de la versión cantada del Himno Nacional las estrofas

[81] Roque Sáenz Peña, *Escritos y discursos*, Buenos Aires, Peuser, 1914, t. I, p. 110.

[82] F. B. Pike, *Hispanismo, 1898-1936. Spanish Conservatives and Liberals and Their Relations with Spanish America*, Notre Dame-Londres, University of Notre Dame Press, 1971.

ofensivas para España.[83] En 1910 se concretaba la creación de la Academia Argentina de la Lengua, con lo cual se sancionaba la dirección de España en cuestiones idiomáticas. Quedó constituida en la casa de su director, Vicente Quesada, teniendo por secretario a Calixto Oyuela, seguido de los demás miembros: Rafael Obligado, Estanislao Zeballos, Joaquín V. González, Belisario Roldán, Ernesto Quesada. Este último es un exponente notorio del giro comentado: desde 1896 se desempeña como correspondiente de la Real Academia Española, esto es, en el cargo que Juan María Gutiérrez había desdeñado con un gesto de autonomía cultural. Formaba así parte destacada en las filas de una inversión de tradiciones que seguían activas en otros sectores de la elite. Uno de estos exponentes, Agustín Alvarez, proseguía por ejemplo con la denuncia de males que a su entender formaban sistema con los efectos negativos del legado español. De allí que propugnara la necesidad de excluir las ideas, sentimientos, supersticiones y costumbres hispanocoloniales, para sustituir "la fe en los milagros por la fe en el trabajo, la fe en la mentira teológica por la fe en la verdad científica, la fe en el privilegio por la fe en la justicia".

No obstante, la oleada hispanista avanzaba orgánicamente en intervenciones como las de Calixto Oyuela, Rafael Obligado, C. O. Bunge, Joaquín V. González y otros. Estas miradas escudriñaban en la colonia en busca de raíces nacionales y extendieron las indagaciones historiográficas hacia un pasado más remoto. Tras las huellas de Francisco Ramos Mejía, Carlos Octavio Bunge, buscando detener esa indagación allí donde "la causalidad cesa", se remontaba aun hasta la historia de España "para escribir la nuestra y determinar los factores y su influencia relativa en este compuesto que se llama República Argentina ac-

---

[83] Para las vicisitudes de esta disposición, véase Esteban Buch, *O juremos con gloria morir. Historia de una épica de Estado*, Buenos Aires, Sudamericana, 1994, 2a. parte, cap. 4.

tual". Juan Agustín García, a su vez, haría de este renovado encuentro con la tradición hispánica un programa de estudios, al sostener que "nuestra vida no ha comenzado con la Constitución Federal y el Código Civil". De allí que fuera preciso indagar en esos tres siglos de la colonia que vivieron bajo leyes elaboradas lentamente en la "madre patria" desde la época romana.[84]

Esta revisión era activamente apoyada por las asociaciones de la comunidad española. Justamente, fue en un acto organizado por la Asociación Patriótica Española para conmemorar el aniversario del descubrimiento de América en el Teatro Odeón, el 12 de octubre de 1900, donde Ernesto Quesada pronunció un discurso, publicado luego con el título emblemático de "Nuestra raza". Celebró así el memorable aniversario del descubrimiento de América, contrastante por su nobleza con "las pretensiones arrogantes de otras razas, enriquecidas y ensoberbecidas, con sus garras clavadas en los rincones más apartados del globo, sin más fe que en el éxito y el dinero"; las mismas que, animadas de un presunto "destino manifiesto", están persuadidas del fin de la misión española en el mundo.[85] En cambio, fue "nuestra raza" la que realizó la hazaña sin igual del descubrimiento y conquista del nuevo mundo.[86] Luego de ese prodigioso acto, España acogió en su seno a los que se sometieron a sus leyes como hijos propios, protegiéndolos con una legislación sabia, a diferencia de las colonizaciones que han "preferido sencillamente exterminar a los indios, por las armas o por el triste veneno del alcohol".

[84] C. O. Bunge, *El federalismo argentino*, Buenos Aires, Imprenta de Biedma e hijo, 1897, y J. A. García, *Introducción...*, ob. cit., pp. 13-14.

[85] Ernesto Quesada, presidente del Ateneo de Buenos Aires, "Nuestra raza", discurso pronunciado el 12 de octubre de 1900, Buenos Aires, Librería Bredahl, pp. 7, 8 y 9.

[86] "Nuestros abuelos dieron entonces a la humanidad entera un ejemplo sin par: fiados en su fe religiosa y persuadidos de la superioridad de su ralea, no repararon en la disparidad del número, sino que acometieron con denuedo y con sublime audacia: todo lo arrollaron, todo lo conquistaron, lo poseyeron todo. Tan sólo un siglo duró aquella titánica contienda: la raza indígena no discutió siquiera la supremacía de la conquistadora, y se entregó resignada a la fatalidad de su destino" ("Nuestra raza", ob. cit., pp. 11-12).

En esta línea, la independencia es interpretada como un hecho coyuntural, ya que se trató de la emancipación de la soberbia, debilidad y desvaríos de Carlos IV y Fernando VII, y a partir de entonces españoles y americanos estuvieron alejados, inmersos en sus propias guerras civiles, lo cual les creó una imagen de peligrosos e ingobernables, y alentó el prejuicio sajón de la superioridad, legitimado por la guerra hispano-*yankee*. En una referencia a un escritor guatemalteco, encontrará Quesada la ocasión propicia para señalar que la vecindad norteamericana, anclada ahora en el Canal de Panamá, presenta una perspectiva pavorosa para el porvenir de la raza hispanoamericana. De modo que si en los países del sur no se reacciona, "levantando el espíritu de nacionalidad a la altura envidiable del que anima a los yanquis, es fatal el triunfo de éstos". Ese avance del "Tío Sam" y del "imperialismo yanqui" sobre el resto de América sólo puede ser cuestionado por esta región del Río de la Plata, situación que implica el reconocimiento de su papel de vanguardia dentro de las naciones de origen hispano.

En el terreno de los intereses, remarca que las repúblicas hispanoamericanas tienen necesidades económicas opuestas a las de los Estados Unidos porque desarrollan producciones similares. Por eso, en Europa están nuestros mercados, debido a la articulación de economías complementarias: allí compramos los productos manufacturados porque allí vendemos nuestros frutos naturales. Por todo eso, en otra ocasión dirá que "el panamericanismo me deja frío", pero también frío lo deja el llamado a la confraternidad, no ya con los Estados Unidos de América sino con todos los países americanos, "desde que somos de origen distinto, estamos poblados por razas diferentes, y tenemos intereses económicos a veces diametralmente opuestos".[87]

---

[87] Cf. E. Quesada, "Un escritor guatemalteco. Antonio Batres Jáuregui", Buenos Aires, Lib. de J. Menéndez, 1904. Originalmente publicado en la revista *Ideas*, octubre de 1904.

Sin embargo, surge del mismo texto de Quesada que no era fácil el restablecimiento de aquellos vínculos con la antigua metrópoli, puesto que si por un lado demanda que España se convierta en la fábrica para elaborar las materias primas sudamericanas, su relato del congreso del IV Centenario del Descubrimiento reunido en Madrid no alienta demasiadas expectativas acerca de la realización de estos deseos. ¿Qué consecuencias prácticas dejó dicho congreso?, se pregunta, para contestarse: "*Verba, verba ...* la grandilocuencia lo absorbió por completo"...[88]

De todos modos, lo que importa en este tramo de su razonamiento es reforzar una prosapia que remita a un pasado diferenciador de los países anglosajones, así como ofuscar los nuevos léxicos rebeldes con el diccionario de la verdadera nacionalidad. Al final del proceso, en el año celebratorio del Centenario, devela su complacencia porque se está arribando a buen puerto, aunque es preciso persistir en el esfuerzo. La conformación del alma nacional mediante la escuela pública y la adaptación de la masa inmigratoria a la tradición histórica demanda mucho tiempo y está en pleno estadio evolutivo. De todos modos, "la celebración del centenario de la emancipación ha puesto de relieve que tal evolución se encuentra mucho más adelantada de lo que podría colegirse". Porque no sólo aun los extranjeros no naturalizados enarbolaron entonces vivamente los colores nacionales y los ostentaron con patriótico orgullo por las calles, sino que ello resultó doblemente valioso porque lo hicieron en el momento exacto en que "el pasajero y exótico desborde anarquista pareció exigirlo". Todavía queda, sin embargo, no poco que hacer en este sentido. Si bien la escuela y la conscripción militar son factores de gran importancia en pro de la fusión, "en las campañas lejanas y allí donde se ha cometido el error de consentir colonizaciones homogéneas de raza y de religión, que se consideran como proyecciones autónomas del país de origen,

---

[88] E. Quesada, "Nuestra raza", ob. cit., p. 24.

resistiendo la escuela argentina y la correspondiente penetración en la masa de población colindante, el [*sic*] amalgama, si
bien inevitable, será forzosamente más lento".[89]

Esa confianza tenía todo que ver con la fe en la capacidad de la
élite para dirigir y controlar el proceso modernizador. Como se
ha visto, Ernesto Quesada había hallado tempranamente en Rusia
una serie de datos que en espejo podían permitirle reflexionar su
propia realidad. Respecto de la relación gobernantes-goberna-
dos, encuentra que allí "la masa del pueblo, acostumbrada al
yugo secular de la gleba, es indiferente a los destinos del país, y
éstos se encuentran exclusivamente en manos de las clases elevadas".[90] Relevante en este aspecto le resultó la experiencia
modernizadora de Pedro I en el siglo XVIII, quien europeizó el
país a marcha forzada y, no contento con afeitarse él mismo,
obligó a los nobles a imitarlo, contradiciendo el precepto religioso que preconizaba como dignas las barbas y cabelleras lar-
gas en tanto acercaban al creyente a la imagen de Cristo.
Asimismo, quebró la xenofobia tradicional rusa e introdujo a
extranjeros en masa en ese territorio, decidiendo por fin fundar
una nueva capital –San Petersburgo– que respondiera a la nueva era y desalojara de ese sitial a Moscú, "la ciudad sagrada, el
arca santa de las tradiciones rusas".

Pero en este mismo esquema, Quesada percibe los riesgos de
un desequilibrio profundo entre las diversas clases sociales, proveniente de una falla de origen en la organización educativa: la
instrucción superior resultó estructurada antes que las primeras
escuelas elementales, y esto trajo como resultado la existencia de

---

[89] E. Quesada, *La evolución social argentina*, 1911, reproducido en *La época de Rosas*, ob. cit., pp. 36-37.

[90] Ésta y las siguientes citas corresponden a E. Quesada, *Un invierno en Rusia*, ob. cit.

una elite muy ilustrada sobre una inmensa mayoría sumamente ignorante. En esa situación el intelectual argentino encuentra una seria objeción a quienes "hacen estribar el *salus populi* en las oligarquías del saber"; mas no tanto por lo que esa asimetría implica de desigualdad, sino porque dicha distancia parece dejar a la elite hasta tal punto desprendida de un responsable realismo que es de ese sector (que se ha dado a sí mismo el nombre de "*inteligencia*") de donde se elevan las más estruendosas demandas de reformas, "más que radicales, *jacobinas*". Y es quizás la que más parece empujar al país a la revolución, que en definitiva no sería más que una anarquía caótica, de la que "probablemente, en lugar de una Rusia unida, saldrían muchas Rusias distintas, según las razas o la situación geográfica".

Desaconseja de ese modo la formación de una minoría excesivamente despegada de la base social, no sólo por lo que de quimérica podría resultar su actuación; también porque junto con este riesgo vanguardista que Quesada homologa al del unitarismo argentino, otro que acecha a la pequeña minoría dirigente es su "desdén por las cosas del carácter nacional y un singular apego por todo lo que ostenta el sello del extranjerismo". De hecho, en toda Rusia las clases elevadas son más francesas que rusas; la administración, el comercio, la instrucción, más alemanas que rusas; y allí donde las clases elevadas se extranjerizan, se saturan de ideas que luego tratan de aplicar en su país sin tener en cuenta la diversidad de raza, índole, tradiciones y costumbres. Como contrapartida, el movimiento eslavófilo se ha lanzado a combatir la influencia extranjera, pero dejándose arrastrar a "excesos deplorables, como fue en su actual cruzada contra el germanismo".

Como precipitado final de sus observaciones en Rusia, surge para Quesada una consigna clara para toda clase dirigente: "Esa misión providencial sólo podrá llevarse a cabo si se da a los elementos nacionales la preponderancia que les corresponde y si se les salva del contagio de un extranjerismo enfermizo", demostrando una vez más "la exactitud de la eterna verdad de que las instituciones no están en las leyes sino en las costumbres". No era diferente lo que pensaba Juan A. García en su *Introducción...* al cuestionar la idea del contrato social, dado que quienes lo suscriben parecen no tener "pasado, ni tradición, ni familia, ni patria, y que reunidos por primera vez van a convenir un pacto público". Ambos podían remitirse sin problemas a Taine –y así lo hacían–, ya que para éste también toda la ideología revolucionaria está contenida en la teoría del contrato social, y reside en haber pensado en términos más de razón que de experiencia e historia. Porque justamente en "el convento democrático" que según *Les Origines...* Rousseau construye sobre el modelo de Esparta y de Roma, el hombre racional y abstracto hace tabla rasa con el pasado, la tradición, el lugar, la familia...

En términos de modelos concretos, es el ejemplo prusiano el que Quesada toma como buena medida del funcionamiento de una elite. Por cierto, se trata de un tipo de estadista que debe ser especialmente atendido en países nuevos como los americanos, y tras su estela lo que se verifica en escala europea y mundial es la resurrección de la figura del "grande hombre". En una conferencia pronunciada en 1898 con motivo de la muerte de Bismarck, considera por tanto que la unificación y el progreso de Alemania disiparán las críticas a su autoritarismo debido a los resultados obtenidos.[91]

Mas al atender al papel de las elites y del grande hombre en la política, Ernesto Quesada descubría lo mismo que otros en ese momento: que esa inspiración no tenía por qué ser buscada en tierras lejanas. Más que un viaje a través de la geografía, lo que había que emprender era una travesía hacia el pasado –un pasa-

---

[91] E. Quesada, *Bismarck y su época*, Buenos Aires, Peuser, 1898.

do, por lo demás, muy cercano– para confrontarse ahora sin odios ni prejuicios a la figura de quien había sabido ganarse el corazón de las masas sin dejarse condicionar por ellas: don Juan Manuel de Rosas.

En 1897 Quesada había indicado que ya no era posible "juzgar ese período cubriendo un bando con el denso velo de la palabra 'tiranía' y envolviendo al otro en la aureola celeste de la 'libertad'".[92] Era el anuncio del espíritu que contendría el libro que daría a conocer al año siguiente y que tituló *La época de Rosas. Su verdadero carácter histórico*. Allí se asiste a una lectura que trata de respetar la objetividad (ha trabajado con "veinte mil piezas inéditas"; entre ellas, los archivos del general Pacheco, de Lavalle, de Lamadrid), y de ese modo intensifica la ruptura con la tradición satanizadora del fenómeno rosista, para concluir que "la leyenda unitaria sobre Rosas es un simple espejismo". Brinda así una visión crítica de la versión historiográfica oficial, que incluso después del derrocamiento de Rosas habría llegado al ocultamiento de la verdadera historia mediante la quema de documentos: "¡Nuestros padres han contemplado la humareda de esa *justicia* histórica!".[93]

En verdad, tras la denuncia de la versión unitaria sobre el rosismo, es todo el pasado argentino el que debe ser reevaluado. En principio, porque es preciso reconocer que la revolución de independencia fue un movimiento metropolitano que las poblaciones del interior no podían comprender, así como tampoco les resultaba aceptable la tutela porteña, dando origen al conflicto entre unitarismo y federalismo. El primero adoleció de los dos defectos básicos diez años antes señalados para la *intelligentzia* rusa: la ignorancia del consenso como instancia legitimadora

---

[92] E. Quesada, *El Museo Histórico Nacional y su importancia patriótica*, Buenos Aires, G. Kraft, 1897, p. 32.

[93] E. Quesada, *La época de Rosas. Su verdadero carácter histórico*, Buenos Aires, Arnoldo Moen Editor, 1898, pp. 22 y 384.

del poder, y la ausencia de un auténtico sentimiento nacional, que lo llevó al establecimiento de alianzas espurias con el extranjero. La intervención francesa fue el último extremo de esta perfidia, llegando hasta el punto de que "se había ofrecido al dictador Portales la segregación de las provincias argentinas de Mendoza y de San Juan". Por eso los unitarios no representaban la civilización, en la exacta medida en que ésta no puede ser "hija de la traición a la patria".

El unitarismo resultó un movimiento urbano, patricio, "aristocrático por esencia", "empingorotado en la tradición" e inflexible en su doctrinarismo, mientras el federalismo era "una aspiración inconsciente de las poblaciones del interior". Se justifican por eso los levantamientos de Quiroga, López y Rosas ante "la pretensión de una oligarquía que, convencida de su impopularidad, quería regenerar la nación a la fuerza".

En aquel momento, la Argentina necesitaba un gobierno fuerte, con todas sus ventajas y sus inmensos inconvenientes. Y el único hombre que pudo realizarlo fue Rosas, porque "a su autoridad legal, a sus innegables aptitudes, unía su indisputable prestigio personal". A partir de allí, Quesada establece una provocativa continuidad entre la política de Rosas y "el 'plan de gobierno' del ilustre Moreno", en cuyo espíritu el Restaurador habría hallado la inspiración para apelar al terrorismo y desatar en el país "los furores de la mazorca". El régimen de terror se explica a partir del momento en que los enciclopedistas y Robespierre sedujeron a las inteligencias argentinas con el ejemplo extremo del "plan de operaciones", que Quesada no duda en atribuir a Moreno. Era una audacia interpretativa que además cobraba su sentido dentro de la polémica entre Norberto Piñero y Groussac acerca de la autenticidad de dicho plan, pero que tenía la intención de contextualizar crímenes que, si fueron repudiables, no lo parecen tanto al recordar que "estaban en las costumbres de la época".[94]

---

[94] E. Quesada, *La época de Rosas*, ob. cit., pp. 147 y 148, 172.

Obtenido de este modo el control del poder, Rosas se dedicó con enorme talento a unificar la desmembrada nación, mediante su lucha contra los demás caudillos. Logró así consumar esa evolución que dio "tan admirables resultados" sobre la base de un orden autoritario y el apoyo de las clases populares.[95] De modo que "su larga dominación salvó la nacionalidad argentina", y, con una política "más amplia y más argentina que la de Rivadavia", proyectó una patria grande y fuerte, con legítima influencia continental, en condiciones de sostener una política no sólo nacional sino también americana. En particular, la diplomacia de Rosas es un capítulo brillante de la historia patria, y en defensa de la soberanía nacional llegó a desafiar a Francia e Inglaterra, hasta librar el combate de la Vuelta de Obligado, que Quesada no vacila en calificar de "homérico".

Lejos por fin de las interpretaciones a lo José María Ramos Mejía, es menester reconocer que Rosas no encarnó la neurosis, y que para su comprensión histórica no se debe apelar ni al lombrosismo ni a la psicología de Gabriel Tarde. Simplemente, Rosas corporizó "el sentimiento demócrata de la muchedumbre anónima". Así, esta evaluación que se quiere objetiva y distanciada concluye elevando juicios altamente encomiásticos hacia la figura del Restaurador, hasta el punto de asentar que "la República Argentina debe a la época de Rosas la solución fundamental de los problemas más graves de una nación". [96]

---

[95] "Demócrata por temperamento, las masas populares fueron su baluarte. [...] Necesitaba la plenitud de la autocracia" (Ibíd., p. 72).

[96] Ibíd., pp. 106, 375 y 377.

Curiosamente, un comentario del diario socialista en alemán *Vorwärts* celebra la aparición del libro por ver que contribuye a combatir "las calumnias y falsificaciones unitarias de la historia argentina". Y concluye: "Ah!, Rosas conocía bien el paño, y un Rosas le hace falta hoy a la Argentina"... (*Vorwärts*, 20 agosto 1898. Trad. de Luis Rossi).

La clase dirigente argentina debe entonces gobernar imbuida de espíritu nacional y con una distancia cierta pero no excesiva respecto de los gobernados. Con tal objetivo, tiene que detectar los problemas del mundo popular para anticiparse a su solución con reformas desde arriba. Dentro de esos problemas, en ese fin de siglo, Ernesto Quesada coloca su atención en la llamada "cuestión social",[97] una temprana preocupación compartida, entre otros, con el joven Carlos Octavio Bunge, para quien sólo una sombra opacaba el triunfal advenimiento del siglo que venía, y ésta era proyectada por la llamada "cuestión obrera".[98]

Ernesto Quesada dedicó una atención destacada y específica a esta problemática. Esa atención se hallaba aguijoneada por la emergencia entre 1890 y 1910 de un nuevo "mundo del trabajo", cuya presencia –ahora organizada sindicalmente con la dirección de anarquistas y socialistas– alcanzó una alta visibilidad con la conflictividad social de la primera década del siglo. Entonces, como recordó Nicolás Repetto, estallaron más de cien huelgas parciales y seis huelgas generales, se decretó cinco veces estado de sitio, se sancionó la ley de residencia, se llevaron a cabo cinco matanzas obreras, se perpetró el asesinato del jefe de policía Falcón y de su secretario Lartigau.

Pero en rigor, Quesada pretende mirarse en un espejo que adelante. Sistemáticamente, ya en 1895 se ocupa del problema en una conferencia acerca de la Iglesia y la cuestión social. Se hacía eco así de las iniciativas que desde el catolicismo se estaban lanzando a nivel internacional, y que en la Argentina tenían una clara traducción en la actividad del sacerdote Grote. No se priva siquiera Quesada de recordar que el cristianismo tiene una tradición fundacional que lo coloca cerca de los humildes

---

[97] Cf. E. Zimmermann, *Los liberales reformistas*, Buenos Aires, Sudamericana-Univ. San Andrés, 1995.

[98] C. O. Bunge, en *Juventud*, 1° de mayo de 1897. Cit. en Payá y Cárdenas, *La familia de C.O. Bunge*, ob. cit., pp. 289-290.

contra los poderosos, tanto que "la primera época de la Iglesia fue la realización de un sabio comunismo".[99] Pero más allá de esas referencias a un pasado demasiado lejano, la preocupación de Quesada tiene como trasfondo la situación de los países industrializados; de su conocimiento pretende extraer enseñanzas que puedan impedir que en la Argentina ocurran fenómenos semejantes. Para eso es necesario conceder que "de lo más pavoroso en la vida contemporánea, y más digno de la meditación y estudio de los hombres pensadores, es sin duda la cuestión social, que implica la emancipación del Cuarto Estado, y que amenaza solucionarse por un cataclismo más terrible aún que el de la Revolución Francesa, que logró sin embargo conmover y transformar al mundo".

Con los ecos de la Comuna de París como fantasma más distante, y con los espectaculares atentados anarquistas en Europa y América en esos años, Quesada comparte un temor que recorre Occidente, temor ante el cual considera que cualquier vacilación sería fatal, ya que "si estallara la revolución colosal que está latente en todos los pueblos, sus estragos serían imposibles de prever, porque equivaldría a un vasto incendio que abrasará al mundo entero". Y si en Buenos Aires reconoce con beneplácito que los socialistas –que a su entender cuentan con mayoría dentro de los trabajadores– buscan corregir por medios pacíficos las injusticias de que son víctimas, también registra la presencia de lo que llama las "sectas negativas" –sin duda, los anarquistas– dentro del movimiento obrero. Afortunadamente, su carácter de país nuevo y próspero le permite abordar en mejores condiciones el problema. Pero a medida que la escasa población se incremente, inexorablemente se producirá la concentración de la riqueza

---

[99] "La tierra –cita a San Ambrosio– ha sido dada en común a los ricos y a los pobres: ¿por qué, oh ricos, os atribuís su propiedad?" Y San Juan Crisóstomo agregaba: "Los ricos son verdaderos salteadores de caminos, que desvalijan a los caminantes y transforman sus moradas en cavernas, donde amasan el bien de los demás" (E. Quesada, *La iglesia católica y la cuestión social*, Buenos Aires, Arnoldo Moen, 1895, p. 13).

en pocas manos, planteando en tierra propia "el enigma de nuestro tiempo", consistente en esa asociación de la miseria y el progreso.

El tratamiento de la cuestión muestra de allí en más una intervención típica de un miembro reformista de la elite inscripto en la cultura científica. En el principio de la misma se halla una interpelación explícita a la propia clase para que mire de frente un problema que no es una invención perversa de los agitadores sociales; más bien, se trata de una situación tanto más peligrosa porque el aspecto que presenta el mundo civilizado es de "unos pocos grandes capitalistas y una inmensa multitud de míseros proletarios". La responsabilidad de la elite reside pues en tener un diagnóstico real de la circunstancia para no caer en la imprevisión suicida de otras clases dominantes. De lo contrario, si en las clases dirigentes no hay quien acierte a solucionar este conflicto por los medios pacíficos de la evolución, no cabe la mínima duda de que la fuerza misma de las cosas provocará una revolución que arrasará la escena internacional. Es tal la magnitud del problema para el porvenir de la humanidad que por eso la más alta institución del saber debe ocuparse de estos temas, especialmente en aquellos centros universitarios abocados a la sociología y a la economía política.

De las figuraciones circulantes acerca del funcionamiento del capitalismo, a Quesada le parece que en los textos de Marx es "indudablemente exacta la exposición de la cuestión, evidentes los hechos aducidos, e irrefutable la situación descripta. Hoy mismo, a la distancia de treinta años, se leen los manifiestos de Marx como si fueran documentos del día, tan perfecta y clara era su concepción de las cosas y sus presunciones en cuanto a su desarrollo ulterior". Mas si el problema es real, no son correctas ni científica ni valorativamente las alternativas planteadas por "la internacional roja". Ésta parte, a no dudarlo, de hechos ciertos, pero las conclusiones que de ellos extrae son inadmisibles desde el momento que atacan la libertad, la propiedad y la competencia, esto es, nada menos que "los tres pilares sobre los que tiene forzosamente que descansar toda organización social civilizada".[100]

Desde Chicago, *The International Socialist Review* le enrostrará a Quesada ser parte de "un claro presentimiento de Marx" expuesto en el *Manifiesto comunista*: aquel en el cual se describe al "socialista burgués", empeñado en querer todas las ventajas del capitalismo sin los peligros que necesariamente resultan del mismo. Y en rigor, Quesada podría haber acordado con ese diseño, al alegar que la navegación entre el Scila del capitalismo salvaje y la Caribdis del socialismo antiliberal era posible, si se contaba con la conducción de una minoría experta y dispuesta a las reformas sociales. Alegaría además que el presentimiento de Marx se apoyaba sobre bases teóricas erróneas.

Así, en el mismo terreno de pretendida cientificidad que sus rivales, Quesada brinda una historia detenida del socialismo desde Saint-Simon y Proudhon hasta Marx y Bernstein, para detenerse en el más radical de todos ellos, quien "en su profundo libro *Das Kapital*" propuso como solución la expropiación de los capitalistas y la transformación de las condiciones de producción en propiedad colectiva. En 1908, al pronunciar una conferencia referida al marxismo y la cuestión social, esta vez en la Facultad de Filosofía y Letras, Quesada pudo mostrar un grado de información y un tratamiento profesional de la cuestión notables para los parámetros de la época en la Argentina, y brindar a su público un esquema rico y riguroso del desenvolvimiento del marxismo.[101]

En cuanto al modo como los socialistas vernáculos han comprendido las doctrinas marxistas, el intelectual bien formado que es Quesada comenta que, por falta de conocimiento del

---

[100] E. Quesada, *La iglesia católica y la cuestión social*, ob. cit., p. 101.
[101] E. Quesada, *La teoría y la práctica de la cuestión social, el marxismo a la luz de la estadística en los comienzos del siglo*, Buenos Aires, Arnoldo Moen y Hno., 1908.

idioma alemán, la mayoría de sus expositores locales sólo pudieron abrevar en traducciones de traducciones. Al exponer en cambio la teoría a partir de su directo conocimiento de las fuentes, la considera una doctrina sociológica que basa su análisis de la sociedad y de la historia en lo económico, y desde sus claves positivistas agrega que esta tesis monista es aún una hipótesis, dada la inexistencia de estudios históricos que la corroboren, así como le parece contradictorio que una ideología materialista se edifique sobre una base apriorística y metafísica. Puede comparar por eso al marxismo con una religión basada en la ciencia, cuya médula es la teoría del valor. La cita de Bernstein, en su reconocimiento de que la teoría del valor es una construcción lógica pero no una ley incontrovertible, ilustra nuevamente el grado de conocimiento por parte de un intelectual no marxista de las doctrinas de Marx, y permite suponer que se trata casi seguramente de una de las primeras exposiciones idóneas de esa teoría en el ámbito latinoamericano.

La solución a este problema novedoso debe ser igualmente novedosa y, sobre todo, ecuánime y tolerante. En su respuesta a la citada revista de Chicago (que lo denominaba "mesías del gastado evangelio de la armonía entre capital y trabajo", para así convertirlo en "el Sombart argentino", que quiere familiarizar a los estudiosos burgueses con el marxismo para mejor combatirlo), Quesada alega que sus trabajos han sido realizados "con honradez y conciencia, pues busco siempre beber mis informaciones en las fuentes originales". Y luego de hacer un rápido paso por textos clásicos de Marx, pero también por autores fundamentales entonces prácticamente desconocidos no sólo en la Argentina, como Tugan Baranowsky o Böhm Bawerk, y de referir a la escisión entre Kautsky y Bernstein, promete una monografía detenida sobre el tema.

Esa tarea aparece cumplida al abocarse directamente a *El capital*, para señalar, bajo la evidente inspiración de Bernstein, contradicciones entre el tomo primero y el tercero, y considerar que el problema de los socialistas argentinos reside en que actúan como si existiese solamente el primero. Éste era correcto para la época y el lugar en que fue elaborado, pero el curso posterior de la economía capitalista desmiente aquellas previsiones que a Quesada le interesa descartar, apuntadas en el libro de Marx a demostrar la pauperización y polarización social crecientes. Y otra vez como Bernstein en su polémica con Kautsky, apela a estadísticas de la evolución de la relación salarios/costo de vida durante el siglo que demostrarían el constante aumento de los ingresos de los trabajadores. Gran parte de estos logros –reconoce– se deben a la agremiación obrera, aunque por ella el trabajador haya debido pagar el precio de someter su libertad a la tiranía del sindicato.

En el terreno del desenvolvimiento político del movimiento socialista, contrasta la solución plagada de horrores intentada por la Comuna del 71 con el "hermoso movimiento" de las Trade Unions inglesas. Por eso mismo, y refiriéndose a la revista *Vida Nueva*, órgano del Partido Socialista argentino, le parece venturoso que los socialistas criollos puedan organizarse en torno a la línea de Juan B. Justo, que suma la razonabilidad de sus propósitos a la función de oficiar de freno a las tendencias anarquistas. Pero más atractiva le resultará, sin embargo, la propuesta y la práctica de la Iglesia católica frente a la cuestión social.

En términos de su propia contemporaneidad, el papa León XIII había considerado llegado el momento de abordar el problema en toda su amplitud, y lo hizo en 1891 en su célebre encíclica *Rerum Novarum*. No hay dudas de que Quesada acuerda con esta postura, ya que "pocas veces –afirma– se habrá encarado un problema social de tanta gravedad con una lucidez y una valentía mayor que como lo ha hecho la Santa Sede". Pero lo que fundamentalmente llama su atención son los círculos católicos argentinos y sus casi cinco mil afiliados: fundados por el cura Grote, éste ha podido admirar en Westphalia –su patria de origen– el éxito de grupos análogos.

Mas si la solución católica es superior a la socialista, se debe a que no comparte con esta última el rasgo antiliberal del intervencionismo estatal, encarnación del viejo régimen opuesto a estos tiempos modernos que se fundan en "la acción del individuo", y en que promueve la formación de organizaciones obreras que no implican el restablecimiento arcaico de las gildas de oficios de la Edad Media, sino la creación de asociaciones adaptadas a las necesidades del siglo. En verdad, Quesada está hablando otra vez de esa justa medida de intervención estatal, de ese término medio que ama entre el capitalismo manchesteriano y el socialismo de Estado. Y por eso, como muestra que desde el Estado también se atiende con criterios científicos a la cuestión, celebra la creación del Departamento Nacional del Trabajo, como elaborador de estadísticas fidedignas.

Dicho de otro modo: si las reacciones del gobierno argentino alternaron en esos años la represión (leyes de residencia y de defensa social) y el reformismo social, no caben dudas de que Quesada militó en el segundo sector, cuyo punto máximo fue el proyecto no aprobado del código de trabajo elaborado por Joaquín González. El informe que había producido Bialet Massé en 1904 sobre el estado de las clases trabajadoras en ese principio de siglo no contenía otro espíritu. Mediante el tratamiento de estas clases como "hombres libres, en perfecta igualdad dentro de sus propios medios", era posible elevar la condición social de la clase obrera y darle una situación más digna y justa en la escala social. Entonces se habrá conseguido no sólo un bien inmediato, sino que la propaganda de las nuevas doctrinas se hará en condiciones más fáciles y más eficaces, perdiendo esa tendencia a las violencias revolucionarias que sólo hacen nacer resistencias y provocan reacciones. El consejo es nítido: "Los mansos misioneros que procuran con paciente esfuerzo mejorar la condición de tribus ignorantes y desheredadas han ganado infinitamente más prosélitos al cristianismo que la Inquisición con sus torturas y violencias".

Quesada evalúa asimismo que las fuerzas patronales tampoco permanecieron pasivas ante los riesgos del nuevo modo de producción, y así hubo quienes promovieron el aumento salarial incorporando a los obreros a la empresa. Tampoco es desdeñable la acción de los gobiernos, al vigilar las condiciones de trabajo y legislar al respecto. Mas si esta actitud le resulta razonable como medio de contener las soluciones más extremas de la cuestión social, previene con lógica liberal que, de continuar esta tendencia, se corre el riesgo de que la clase obrera se constituya en un sector injustamente privilegiado: el aumento de salarios, la reducción de las horas de trabajo, el cubrimiento de los riesgos laborales, incluyendo su subsistencia en caso de desocupación, no pueden sino desembocar en el parasitismo al eliminar la concurrencia como motor de la actividad productiva.

Estas inquietudes eran para Quesada modos de prevención sin duda avanzados respecto de las condiciones locales. Y si bien consideraba preocupantes las acciones del movimiento anarquista, en una conferencia de 1907 titulada "La cuestión obrera y su estudio universitario" podía mostrarse optimista, dado que en la Argentina los salarios, la vivienda, el bienestar, abundan como no lo hacen en otros sitios del mundo. De ese modo, el estado inmediatamente futuro estará caracterizado por la evolución pacífica hacia el progreso, y para ello está disponible el ejemplo alemán. La "democracia social" alemana está indicando cuál será la orientación del camino futuro: "nada de sacudimiento revolucionario, sino una evolución que se producirá paulatinamente desde las esferas gubernamentales", ya que, en definitiva, Alemania ha entrado resueltamente en la vía de la solución conservadora del problema, y es el gobierno el que ha comenzado a satisfacer las aspiraciones socialistas en su parte legítima, poniéndose a la cabeza del movimiento universal. "A ese esfuerzo se debe la ley de protección de la mujer y del niño en las fábricas, la del seguro obligatorio contra las enfermedades, contratiempos y vejez, y las demás medidas que se conocen por 'reforma de 1890'".

Resulta importante a esta altura mirar el mirador de Quesada, para allí encontrar el espacio de intelectual que él mismo se ha construido con los rasgos de un dispositivo cuyo destino es la acumulación de saberes para intervenir en el debate acerca de las cuestiones sociales. Se ha dotado para ello de una formación que, debido a las tareas en el servicio exterior de su padre, ha atravesado por una estrecha influencia de la academia y la vida intelectual alemana –que ya no lo abandonará por el resto de su vida (terminará, luego de su marginamiento por sus posiciones germanófilas en la Primera Guerra, manteniendo una estrecha relación incluso epistolar con Oswald Spengler)–. Y esa formación tendrá todas las marcas de quien ha adquirido destrezas específicamente intelectuales.

Esto se torna relevante en su observación del campo intelectual argentino, en donde defenderá una y otra vez los derechos del profesional frente al autodidacta o diletante, como se comprueba en sus polémicas con Groussac y Cané. En la medida en que estos últimos encarnaban la cultura literaria y estética, puede aquí verificarse el aserto de Wolf Lepenies en el sentido de que, entre las culturas científica y literaria, las ciencias sociales emergen en el siglo XIX como "tercera cultura". Surgida como ciencia que pretendió explicar el cambio social que condujo a la formación de la sociedad industrial moderna, así como intentando predecir sus consecuencias de gran alcance (si no, incluso, poder controlarlas), desde su nacimiento la sociología rivalizó con la literatura en tanto intérprete de la nueva sociedad y como oferente de un modo de vida para el hombre moderno.[102]

---

[102] W. Lepenies, *Las tres culturas*, México, FCE, 1994, p. 7 y *passim*.

Quesada se había encarado bastante tempranamente con Cané para dirigirle una dura crítica a lo que consideraba su diletantismo, y tras la cual se dibuja la pretensión de autonomía moderna del intelectual y el señalamiento de la pregnancia de la política como una amenaza para dicha independencia. Por ello es que las letras son para Cané "queridas pasajeras", y él mismo es "un literato que desdeña las letras, y a quien la política, como Minotauro implacable, ha devorado sin remedio".[103] Primer profesor titular de sociología en la Universidad de Buenos Aires, Ernesto Quesada tendrá que combatir las objeciones provenientes de fracciones más tradicionales del campo intelectual.[104] Esta impugnación había partido de las más altas esferas del mecanismo de consagración intelectual del momento. La anatema de Groussac había sido incluso cruel: "El señor Quesada –dijo– pertenece al grupo feliz de los que conciben sin esfuerzo y procrean sin dolor".[105]

Ya en *Del Plata al Niágara*, Groussac había revelado su descreimiento respecto de la cientificidad de las ciencias históricas, remarcando que el nivel de certeza de ellas no era aún "el de necesidad y certidumbre, sino el de contingencia y verosimilitud". E ingresando en un terreno caro al positivismo, en *El viaje intelectual*, al opinar sobre *L'uomo di genio*, de Lombroso, consideraba que toda la antropología positivista "se compone de afirmaciones gratuitas en lo principal, y de coincidencias vagas, sin precisión ni eficacia, en lo accesorio".

Dentro de esta querella donde se ve el enfrentamiento a escala local de la cultura estético-literaria y la científica, en "La para-

---

[103] Allí mismo agrega: "La política es la gran culpable en la vida americana: fascina a los talentos jóvenes, los seduce y los esteriliza para la producción intelectual serena y elevada" ("Nuestra raza", ob. cit., pp. 79-80).

[104] La cátedra de Sociología fue creada en 1898. Como no fuera designado el profesor titular, se confió el curso respectivo al suplente de historia, Antonio Dellepiane, quien la dictó durante 1899. No volvió a enseñarse la asignatura hasta que en 1904 fue designado Ernesto Quesada.

[105] E. Quesada, *En torno al criollismo*, ob. cit., p. 20.

doja de las 'ciencias sociales'" el director de *La Biblioteca* tornará de manera más sistemática a poner en duda el rigor de las ciencias sociales y políticas, y especialmente de la economía. Significativamente, este cuestionamiento no recusa, como ya estaba ocurriendo en Europa en la señalada polémica sobre la "bancarrota de la ciencia", las pretensiones científicas al conocimiento de la realidad, sino que se apoya en argumentos extraídos de los mismos requisitos de las ciencias. Se les reprocha a las disciplinas sociales no ser lo suficientemente científicas debido a su incontrolado apresuramiento para la generalización, y el mismo Groussac se había burlado de los excesos analógicos de estas disciplinas, recordando, por ejemplo, que "la comparación de una sociedad humana con un organismo es más antigua que Spencer, Bacon y el mismo Aristóteles", ya que se encontraba en Homero. En política –agregaba– se usan a menudo términos tomados de las ciencias médicas, algo que replican los sociólogos cuando comparan la circulación comercial con la vascular. Se opone igualmente al reduccionismo economista: "El hombre económico no existe, como tampoco la sociedad económica". En definitiva, "ideas y sentimientos son los grandes propulsores de la humanidad", y "las luchas económicas son subalternas". Para decirlo todo, la sociedad *consta de un cuerpo y de un alma* (no retrocedo ante la terminología): un cuerpo con sus funciones y necesidades determinadas; un alma con sus facultades o aptitudes determinantes, de las cuales es mero instrumento el 'aparato director' de los sociólogos. Y este viejo concepto dualista que, al parecer, todo lo complica, es el que en realidad todo lo explica".[106]

También nuestro otro representante de la cultura estético-literaria, Miguel Cané, incursionará en ese tipo de cuestionamientos, y lo hará desde la institucionalidad de la Facultad de Filosofía y Letras. No ataca las pretensiones de acercamiento al

---

[106] Paul Groussac, *Del Plata al Niágara,* ob. cit. 1896, v. II.

conocimiento de la realidad social, pero sí que se erija en ciencia a ese "conjunto de hipótesis o de constataciones empíricas" y que se diga *sociología en el mismo sentido que se dice álgebra o mecánica*". Para fundar su crítica apela a la falta de consenso entre quienes cultivan las disciplinas sociales. Por eso, si se encarga a veinte idóneos profesores de sociología la preparación de un programa de la materia, "tengo la seguridad que presentarán veinte programas diferentes", en tanto que entre veinte profesores de geometría, "no habrá uno solo que se atreva a calumniar a la hipotenusa, atribuyéndole costumbres que no tiene". Para concluir con burlona benevolencia: "Estudiemos la vida de los hombres en sociedad como estudiamos la vida de las abejas en la colmena: son contribuciones a la gran síntesis futura. Pero no creamos que, si se nos llena la boca con palabras, conseguiremos llenar el cerebro de ideas".[107]

Con motivo de la conferencia inaugural de la cátedra de sociología, el 1° de abril de 1905 Quesada responderá a estas imputaciones, instalando la polémica en sede institucional: no se trata de una opinión personal volcada, por caso, en un periódico; la gravedad de las afirmaciones proviene tanto de la autoridad académica de quien las formula cuanto del momento elegido para ello por parte de "el distinguido literato y ex decano".[108] Comenzará entonces por defender el carácter de saber legítimo de la sociología, pero, yendo mucho más allá de una posición defensiva, avanzará la noción de que ella debe constituirse en la disciplina madre capaz de sintetizar y totalizar el conjunto de los saberes.

En su trabajo sobre Spencer, Quesada había equiparado los fenómenos sociales con los de las ciencias naturales, lo cual le

---

[107] Discurso del decano cesante, doctor Miguel Cané, en el acto de la transmisión del decanato al actual, doctor Norberto Piñero, en *Revista de la Universidad de Buenos Aires*, vol. I, p. 183.

[108] E. Quesada, "La sociología: carácter científico de su enseñanza", Conferencia inaugural de la cátedra de sociología, 1 de abril de 1905. En *Revista de la Universidad de Buenos Aires*, vol. III, 1905, p. 217.

permitía aplicar el criterio positivista de la unidad metodológica de las ciencias. Los hechos sociales no forman un "reino aparte, ni tienen leyes de excepción, ni son de índole caprichosa ni escapan a las leyes generales de la ciencia". La sociología es por ello una "ciencia perfecta": determina hechos, que sirven de base a la inducción; los comprueba por la observación comparada aplicando el procedimiento histórico genético; induce reglas generales de los hechos observados, y comprueba tales reglas por la experiencia, aplicando el método deductivo, como cuando verifica sus conclusiones por la psicología y la historia.

Además, suma a estas argumentaciones canónicas otras que tienden a equiparar a la sociología con las ciencias formales y naturales, ya no porque aquélla se acerque a sus estándares de rigurosidad, sino porque estas últimas experimentan una serie de obstáculos recientes que tienden –por su debilitamiento epistemológico– a igualarlas con las disciplinas sociales. Apelaba con ello Quesada al debate generado en torno de las revoluciones científicas en curso, y mostraba así el carácter retrasado de la información disponible por parte de Miguel Cané. Recurriendo así a un "recientísimo libro" de Huxley sobre el progreso de las ciencias, sostiene que los postulados en los que se apoyan las ciencias naturales (la concepción de la materia, la ley de causalidad, la validez atemporal de las leyes naturales) "son eminentemente metafísicos, pues ninguno de ellos es evidente de por sí ni puede ser materialmente demostrado". Puede entonces invertir irónicamente la dirección de la severa impugnación que Cané le había formulado: "Prudente es, entonces, no invocar a las ciencias naturales *de auditu* y dogmatizar sobre ellas, pues de ese modo es fácil exponerse a 'llenar la boca con palabras, sin conseguir llenar el cerebro con ideas'".

Y si se objetara que el ex decano se ha referido expresamente a las ciencias exactas (álgebra, geometría) y no a las físico-naturales, Quesada hallará ahí mismo nuevas razones para mostrar que, en la suma de saberes, Cané pertenece a un estrato y una generación en repliegue que debe dejar el relevo a la que Quesada representa. Porque allí donde el autor de *Juvenilia* afirmó que "entre veinte profesores de geometría, no habrá uno solo que se atreva a calumniar a la hipotenusa", Quesada puede enrostrarle su desconocimiento de las geometrías no euclidianas entonces en desarrollo, con nombres como Gauss, Rieman y Helmholtz.[109]

De su colocación ante los nuevos saberes, Quesada extrae criterios de legitimidad que muestra hasta con la impudicia del que viene de regiones sabias hacia una tierra de ignaros. No se priva entonces de ir desgranando copiosas bibliografías a lo largo de sus conferencias.[110] Si ésas son las condiciones de una buena formación, para el desarrollo de su labor no es menos estricto, y puede suponerse que de Spencer extraería no sólo un modelo metodológico; también un ideal de intelectual. "Por fin, en 1896 termina el último tomo de su obra soberbia, después de treinta y seis años de trabajo asiduo, no interrumpido. Terminó su obra, cumpliendo su promesa, a los 76 años; no descansó por eso, sino que dedicó sus últimos años a revisar sus libros, publicando sucesivamente nuevas ediciones, y la muerte lo sorprendió a los 84 años en pleno trabajo intelectual".[111]

Formación y despliegue intelectual van en Quesada unidos a la reflexión sobre el quehacer letrado. Porque otro de sus rasgos distintivos es que luce constantemente preocupado por la obser-

[109] *La sociología, carácter* ..., ob. cit., pp. 222-223.

[110] Entre la bibliografía que Quesada va citando se encuentran Achille Loria, *La sociologia*; Georg Simmel, *Das Problem der Sociologie*; Emile Durkhein, *De la division du travail social*; Berthold Weiss, *Gesetze des Geschehens*; W. Small: *What is a sociologist*; Ernest Haeckel, *Die Welträthsel...* (en E. Quesada, *Las doctrinas presociológicas*, Buenos Aires, Librería de J. Menéndez, 1905).

[111] E. Quesada, "Herbert Spencer y sus doctrinas sociológicas", ob. cit., pp. 191-192.

vación del propio terreno cultural sobre el que está apoyado. Al mirar entonces el campo al que pertenece, en tanto momento de autoconciencia de la intelectualidad nacional, Quesada continúa a alguien a quien respeta y en quien se reconoce: Juan María Gutiérrez. "Los hombres de letras no existen aún en nuestro país, y los literatos –entiendo por esto los que casi viven de su pluma– son plantas exóticas en estas regiones. [...] De ahí que el diletantismo literario sea la regla dominante, [...] pues pocos son los que –como don Juan María Gutiérrez– pueden considerarse como verdaderos y genuinos literatos." Su padre había enunciado una serie de críticas análogas en las que involucraba al editor, al público y al crítico como eslabones de una cadena de dificultades para el ejercicio de una escritura profesional.[112] Desde parecida inquietud, Ernesto Quesada elaborará minuciosos informes y evaluaciones, en general transidos, si no por la desesperanza, al menos por la denuncia de las graves dificultades a las que debía enfrentarse quien pretendiera entonces desempeñar una práctica intelectual. Pero con mirada aguda también describe el piso de sustentación de dicho campo, es decir, los niveles de lectura más básicos, que muestran a una sociedad civil movilizada por una cuasi manía informativa, y el acceso a dicha información posibilitado por las consecuencias ya visibles de la escolaridad pública en su tarea alfabetizadora. Esta descripción muestra asimismo la señalada constitución en torno del periodismo de una esfera pública:[113]

En la Argentina [observa Quesada] se leen no muchos libros, menos revistas, pero en cambio enormemente los diarios. La forma republicana de gobierno, las tradiciones y las prácticas de una prensa que gozó –salvo raras excepciones– de una libertad que a veces pudo creerse rayaba en el desenfreno; la

[112] V. Quesada, *Memorias de un viejo*, ob. cit., p.330.
[113] Cf. H. Sabato, *La política en las calles*, ob. cit., pp. 62 y ss.

pública discusión de los negocios de interés común, la ardiente vida de partidismo, y la tendencia de cada argentino a emitir su voz y voto en cada cuestión de grande o mediana importancia, son otras tantas causas innegables que han influido considerablemente para formar el temible poder de que entre nosotros goza el diarismo. [...] He ahí como se forma esa terrible "opinión pública" tan intolerable en sus juicios como tiránica en sus actos, tan exagerada en sus favores como inconstante en su perseverancia.[114]

En su distribución territorial detecta también el desequilibrio entre la producción periodística de Buenos Aires con sus más de cien periódicos y el resto del país, dentro del cual Catamarca tiene dos y La Rioja uno. Este panorama revela en Buenos Aires un público lector inusitado, pero Quesada contempla con preocupación que su influencia no aparezca balanceada por una crítica más profesional. La consecuencia es que, como la prensa es un apéndice de la política, se produce una invasión desde ella hacia las actividades específicamente intelectuales.[115]

Este papel secundarizado de la vida intelectual profesional va de la mano con un lamento recurrente entre los intelectuales del período. Ha sido señalado por diversos autores que entonces el escritor se confrontó con una caída del mecenazgo sin que todavía se hubiera constituido un mercado de bienes inte-

---

[114] E. Quesada, "El periodismo argentino (1877-1883)", en *Nueva Revista de Buenos Aires*, diciembre de 1883, pp. 74 y 75. Al desagregar en 1882 los distintos géneros de periódicos, del total de 103 Quesada indica que casi la mitad son políticos. En cuanto a su nacionalidad, 83 son nacionales y 20 extranjeros. Vincula luego el número de periódicos por habitante con la existencia de una mayor o menor libertad en las diversas sociedades. Por eso en Estados Unidos hay uno cada 7.000 habitantes y en Rusia cada 530.000. Y en cuanto a la Argentina, en 1882 registra uno cada 13.500, colocándose en tercer lugar en el mundo después de Estados Unidos y Suiza, y antes que Bélgica, Francia, Inglaterra e Italia.

[115] "La política ha sido transportada del todo, con sus injusticias y sus preocupaciones, a la literatura, cuyo carácter hospitalario y bienhechor altera profundamente" (*Reseñas y críticas*, ob. cit., p. 120).

lectuales apto para sustentar la autonomía de su práctica. Por todo ello no podía sino observarse con envidia las condiciones europeas del trabajo intelectual, donde "las producciones del espíritu se conservan, se pulen, se revisan, se completan y concluyen por publicarse más tarde con cariño extremo: en América consideramos como un accidente el escribir, lo hacemos, sí, siempre que podemos".[116] Allí los Dumas, Sue, Hugo, Ponson du Terrail, viven de su profesión; en América es distinto, ya que apenas hay un incipiente periodismo y algunos círculos y salones. En una respuesta a una crítica hecha por Ebelot, en la cual acusa a los argentinos de talentosos pero perezosos, guiados por las intenciones de ganar dinero o conquistar poder político, Quesada le reprocha no comprender que "las letras de este país no dan de comer", y sólo pueden ser cultivadas por quienes como Rafael Obligado poseen fortuna propia, o bien por los que están dispuestos a un sacrificio de cultivarlas a hurtadillas, "en los momentos perdidos que roba a la tarea achatadora del empleado, a la excitación nerviosa del hombre de negocios o a la labor prosaica del que cría animales o cultiva la tierra". No existe en este país –concluye– la profesión de hombre de letras, tampoco hay editores, y por fin no hay "en esta ciudad de 600.000 habitantes, más de 100 a 150 personas que compren libros nacionales".[117]

Por último, con motivo de sus comentarios a las conferencias de Enrico Ferri, se puede mirar otro sesgo de la concepción de intelectual que Quesada alberga, referido al modo en que se sitúa en la tensión entre "el científico y el político". En una conferencia en la que estaban presentes los intelectuales más renombrados, en ese año de 1908 Quesada reconoce a Ferri como un maestro para sus pares argentinos y alaba la variedad de temas

[116] E. Quesada, *Reseñas y críticas*, ob. cit., p. 8.
[117] "¿Tiene razón Mr. Ebelot? Las letras argentinas y la crítica", en *Revista Nacional*, tomo XIX, 1894, pp. 57-58.

que tocó como conferencista. Pero subraya que, ante un auditorio heterogéneo, el intelectual italiano cubrió las expectativas del gran público, pero no las de las clases intelectuales argentinas.[118] Por eso cree que, una vez pasados los efectos de la oratoria de Ferri, se verá que ésta no alcanza para analizar la historia y vaticinar el porvenir, dado que, en su caso, el tribuno terminó por obnubilar al científico. Un ejemplo de ese desliz hacia la falta de rigor lo encuentra en la utilización imprecisa del término "raza". El periodista o el orador popular pueden servirse de esa palabra como algo que todos creen comprender, y el público repite la invocación a la raza como si se tratara de un término indiscutible, "pero vos, señor, habláis como sociólogo y hombre de ciencia, de manera que un aserto vuestro reviste singular autoridad".

A esas violaciones de los cánones de profesionalidad académica contribuye una práctica novedosa que implica una invasión del campo cultural por parte del mercado. En una nota publicada en la revista *Nosotros*, Quesada da cuenta de este tipo de emprendimientos: "El sabio, el orador y el tribuno viene a América contratado por un empresario de teatro, quien organiza el programa y le hace pronunciar conferencias por su cuenta". Este súbito descubrimiento de la articulación entre el intelectual y el mercado no deja de sorprenderlo cuando percibe que da más dinero un orador que una compañía teatral, pero también que entonces se opera una transfiguración de la figura del intelectual en un divo, hasta el punto de que a Ferri le pusieron un acompañante para cuidarlo. Más grave aún es que incluso duda de que haya elegido los temas de sus conferencias, junto con la circunstancia de que el empresario le había prohibido, a este miembro destacado del partido socialista de su país, apoyarse en el socialismo local. No se opone por fin a que los

---

[118] E. Quesada, *El sociólogo Enrico Ferri*, Buenos Aires, Librería de J. Menéndez, 1908.

intelectuales visitantes cobren por sus conferencias, pero sería bueno entonces que la institución convocante fueran no las empresas privadas sino las universidades.[119]

Ya en el terreno de los contenidos, lo más objetable a su entender es que en dicha conferencia Ferri se ocupó de la historia americana con "criterio europeo", cuando difícilmente puedan hacerse leyes para la historia de esta parte del mundo cuando aún están en discusión los hechos históricos y ni siquiera hay nociones claras del ambiente presente en los que se apoyaría esta "filosofía de nuestra historia". Este señalamiento alumbra una de las convicciones de Quesada, que lo muestra siempre preocupado por fijar los acontecimientos de ese pasado y por clasificarlos –en una tarea que compartirá con buena parte de su generación intelectual, reconocible en un ansia por catalogar y jerarquizar aquello que forma parte de la "verdadera" historia del país–. Ése es el sentido de su apoyo a la constitución del Museo Histórico Nacional encabezada por Adolfo P. Carranza. En presencia de ese establecimiento observa que "el museo recibe todo, y todo expone; pero hay ya tanto reunido que comienza a imponerse la selección". Esa inquietud la lleva a ése su presente que un día será pasado, y en el cual deplora que nadie se ocupe de guardar los periódicos. Incluso es necesario y tal vez urgente separar las reliquias argentinas de las de otros sudamericanos como Bolívar, Sucre y Montt, es decir, de esos residuos de una identidad hispanoamericana de la que ahora era preciso desagregarse para tener claros los límites de la nueva nacionalidad.[120]

Estas opiniones permiten despedirnos de Quesada considerando el alcance de sus posiciones liberales, dado que, al referirse a

---

[119] E. Quesada, "Ferri conferencista", en *Nosotros*, año II, tomo III.

[120] E. Quesada, *El Museo Histórico Nacional y su importancia patriótica*, Buenos Aires, G. Kraft, 1897.

los problemas de la profesión intelectual, muestra el rostro ambiguo de un liberal carente de mercado. Ante un público inexistente y una clase pudiente que no cuenta entre sus filas con "la munificencia de algún Rockefeller argentino" –esto es, sin mecenazgo y sin mercado–, Ernesto Quesada mira al Estado para reclamarle mayor presupuesto universitario y subsidios como los que se acuerdan generosamente en Holanda.[121] Su razonamiento bien puede fundarse en una visión matizada de los tiempos modernos, ya que junto con la defensa de los principios liberales (libertad, propiedad, competencia), Quesada ha insistido en el reconocimiento de que la igualdad proclamada por la Revolución Francesa es una ilusión que, al destruir otras desigualdades que él llama de "clase" (y que parecen remitir a lo que hoy llamaríamos de "estamento"), "sólo ha dejado el campo libre a las desigualdades mil veces peores de los enriquecidos o de los advenedizos".[122]

En rigor, la colocación de Quesada respecto del liberalismo debe ser comprendida en el contexto de las características generales de la adhesión a este ideario por parte de la elite dirigente. Algunos debates y prácticas han sido señalados como altamente ilustrativos de esas adhesiones. Así, por más que el presidente Roca fundamentaba su programa económico en términos estrictamente liberistas al sostener que "el comercio sabía por habitud mejor que el gobierno la solución a esos problemas", "las excepciones a los principios liberales fueron demasiadas como para atribuirlas solamente a circunstancias accidentales".[123]

---

[121] "Proteger empresas de esa naturaleza es obra de patriotismo, pues redunda en beneficio común y en honra de las letras nacionales" (véase *La crisis universitaria*, Buenos Aires, Lib. de J. Menéndez, 1906; *La sociología, carácter* ..., ob. cit., p. 248, y *Reseñas y críticas*, ob. cit., p. 127).

[122] E. Quesada, *La iglesia católica*..., ob. cit., p. 101.

[123] N. Botana y E. Gallo, *De la República posible*..., ob. cit., Introducción.

Sin duda, no faltan en las proclamas de políticos e intelectuales apelaciones a la espontaneidad del mercado para asignar prioridades y definir el curso de las oportunidades. Pero tanto la unificación nacional cuanto un proceso modernizador impulsado desde arriba apelaron en no pocos casos a una expresa intervención estatal que flexibilizaba aquellos principios fundados en el "gobierno limitado". Aun Eduardo Wilde, adherido a principios liberales más estrictos (hasta el punto de sostener hiperbólicamente que "mis convicciones profundas son que los gobiernos no deben dar el agua, y que el día que él sea proveedor de agua, no habrá libertad posible, no habrá que oponerse absolutamente a nada de lo que quiera el Gobierno"), junto con impugnar por ello en el parlamento el avance del Estado en la construcción de cloacas o de hospitales municipales, concedía que "queda como obligación moral para el Gobierno hacerlas allí donde no pueden ejecutarlas los particulares".[124] De igual manera opina en 1882 en su artículo "Industrias argentinas", para las cuales –sostiene– el gobierno debe ser como un padre para sus hijos mediante la aplicación de medidas proteccionistas. Con el mismo argumento de que la actividad privada era todavía débil, Roca iba a justificar la creación de un banco estatal, como más adelante lo haría el dos veces Ministro de Hacienda José Terry. Este último recomendará expresamente salir de los males presentes desatendiendo los consejos nacidos del liberalismo ortodoxo en otras partes del mundo, desde donde llegaban voces recomendando abandonar lo que en la época se llamaba "socialismo de Estado" para referirse al intervencionismo estatal en cuestiones económicas y financieras. Pero tales recetas eran, según algunos, inconvenientes para la Argentina debido a la desarticulación de su sociedad civil. Después de todo, no había sido otra la actitud del Estado en la propia Europa, en un período de de-

[124] Ibíd., pp. 239-240.

sarrollo similar de su economía. De manera que ni siquiera en el terreno económico se asiste a la aplicación sistemática de los principios liberales, y por ello, "junto con los emblemas liberales consagrados por el uso del lenguaje, convivían el curso forzoso, los bancos de Estado y una gama de ideas proteccionistas e impositivas".[125]

Por todo esto, al superponer su posicionamiento respecto del liberalismo al ámbito de los saberes sociales, y al referirse a su máximo referente intelectual, Quesada destaca que no está dispuesto a seguirlo en la aplicación irrestricta del credo liberal. Ya que Spencer, en efecto, no admite sino al individuo como unidad social y, para él, la sociedad no es más que la reunión de los individuos, desplegando con coherencia en su sociología "ese individualismo impenitente que caracteriza su idiosincracia británica y que defenderá hasta el fin de sus días".[126] Sin embargo, con mirada que pretende abarcar casi desde el origen de la historia, Quesada le reprocha que ni en las épocas más remotas se ha reducido el Estado a esas funciones de agente de policía; la muestra está en que las leyes de Hammurabi contienen ese intervencionismo destinado a regularizar los fenómenos económicos y sociales, "como ahora mismo, en las naciones más civilizadas, lo efectúa con la legislación sobre el trabajo".

En suma, y en años en que, según Nisbet, el par individuo-comunidad formaba uno de los núcleos organizadores del pensamiento social,[127] vemos a Ernesto Quesada cerrar un posicionamiento que traducía aquella convicción a la propia teoría social, para componer una solución sin duda de compromiso:

---

[125] Ibíd., p. 414 y p. 121.

[126] E. Quesada, *Herbert Spencer y sus doctrinas sociológicas*, ob. cit., pp. 202 y 203, y 182.

[127] R. Nisbet, *La formación del pensamiento sociológico*, Buenos Aires, Amorrortu, 1977.

"No es la sociedad, por lo tanto, una simple agregación de individuos, sino un fenómeno absolutamente distinto [...]; de modo que el progreso social es comunal e individual, a la vez, desde que un concepto resulta inseparable del otro".[128] Solución de compromiso que ilustra en este caso las tensiones entre los idearios liberal y cientificista a las que una parte de esta constelación de intelectuales se vio confrontada.

---

[128] E. Quesada, "Herbert Spencer y sus doctrinas...", ob. cit., pp. 233-235.

V. JOSÉ INGENIEROS:
CULMINACIÓN Y DECLINACIÓN
DE LA CULTURA CIENTÍFICA

Esta tensión acompañará hasta su ocaso al despliegue del positivismo y de la cultura científica. Una sintética referencia al caso de José Ingenieros contribuye a reforzar este aserto.[1] El caso es significativo porque fue el autor de la *Sociología argentina* quien, durante una parte fundamental de su desarrollo intelectual, construyó el discurso positivista más difundido dentro del campo cultural argentino. También desde otro ángulo es significativo, dado que aun como miembro relevante de la cultura científica en la primera década de este siglo, se diferencia de los estudiados anteriormente por tratarse de alguien que proviene de otro lugar que aquel en el cual se ha visto reclutar a la elite intelectual. En principio, está desprovisto de un origen nacional considerado entonces prestigioso: arribado al Río de la Plata muy niño, desde Italia, es el único de los intelectuales analizados que en un momento de su trayectoria modifica su apellido (Ingegnieros) para adaptarlo a la lengua de recepción. De modo que si a esta "falla" de origen se le agrega estar desprovisto de linaje, de poder y de haber, nos encontramos con una persona arrojada a la carrera del talento para la construcción de su propio perfil y de sus posibilidades de circulación intelectual y social. He aquí entonces a un integrante de las primeras camadas

---

[1] Para un análisis detallado, véase O. Terán, *José Ingenieros: pensar la nación*, Buenos Aires, Alianza Editorial, 1986.

de inmigrantes que alcanzarán altas posiciones dentro de la estructura intelectual argentina. He aquí también la mostración de que aquella estructura intelectual posee mecanismos de inclusión para acoger a quienes se presentan provistos sólo de capital simbólico.

También la diversa tradición familiar tiene que haber influido en los primeros senderos político-culturales que el joven Ingenieros transitó. Su padre había estado vinculado en Europa con la Primera Internacional y dirigido uno de los primeros diarios socialistas de su patria. Tanto en la casa como en la biblioteca paternas habría hallado pues José Ingenieros los primeros estímulos para inclinarse a esa actividad de corte socialanarquizante que desplegó entre los años 1895 y 1898 en diversos escritos (especialmente, *¿Qué es el socialismo?*, de 1895), a través de su militancia en el Partido Socialista Argentino y desde el periódico *La Montaña*, que en 1897 dirigió junto con Leopoldo Lugones.[2] Entrelazada con una crítica moralista de la crisis de 1890 y con las influencias del modernismo literario, esta etapa de su producción teórica escapa, por ello mismo, al núcleo articulador de este libro, ya que sólo hacia el bienio 1898-1899 el discurso de Ingenieros se ve claramente colmado por categorías que se reclaman de una "sociología científica" encuadrada ahora sí con coherencia dentro de las matrices del positivismo evolucionista. Mas en su caso resultará explícita además la influencia del marxismo, y al cruzar esta doctrina con las categorías spencerianas, generará un resultado sincrético al que denominará *bioeconomismo*.

De tal modo, la traslación del darwinismo hacia el análisis social resulta en su caso atenuada por la importancia asignada al factor económico en la evolución histórica y a la definición

---

[2] Las colecciones completas de estas dos obras se reproducen en O. Terán, *José Ingenieros: antimperialismo y nación*, México, Siglo XXI, 1979, y en *La Montaña*, Buenos Aires, Universidad Nacional de Quilmes, ob. cit.

del ser humano como un "animal productor", cualidad que le permite engendrar un ambiente artificial que altera las condiciones en que se desenvuelve la lucha por la vida. Otra vez, las prácticas económicas aparecen dulcificando las costumbres, porque a través de aquéllas "ha continuado la progresiva atenuación de los métodos de lucha, que, de violenta y brutal, se transforma en pacífica e intelectual".[3] No obstante, y si bien se preocupó en diversas oportunidades por marcar sus diferencias con Spencer, no vaciló en conceder que quedaban en pie las nociones fundamentales del sistema del filósofo inglés:

> la experiencia empírica determina el conocimiento; las sensaciones son relativas y constituyen la base del pensamiento; la realidad es única; todo fenómeno responde a un determinismo riguroso; toda la realidad evoluciona permanentemente. Nociones que podemos traducir diciendo: la unidad de lo real (monismo) se transforma incesantemente (evolucionismo) por causas naturales (determinismo).

Mas si las sociedades humanas evolucionan dentro de leyes biológicas especiales, que son leyes económicas, la sociología queda ubicada en una zona ambigua determinada por el cruce de biologismo, economismo y un resto de solidarismo moral, componentes todos éstos que no encajan tan precisamente entre sí como el espíritu de sistema que Ingenieros desearía.

De todas maneras, al compartir una visión organicista de la sociedad, estaba obligado a interpretar la "cuestión social" como el síntoma de disfunciones que exigen una terapéutica fundada en los saberes provistos por esas mismas disciplinas sociales. Inscrito expresamente como jefe de fila del positivismo reformista, el programa de cambios sociales demanda el

---

[3] *Principios de psicología*, en J. Ingenieros, *Obras completas*, Buenos Aires, Mar Océano, 1961-1962, t. 3.

preciso conocimiento del campo sobre el cual pretende operar, y para tal fin se acudirá a una sociología inspirada en los métodos de las ciencias positivas. Como en los otros casos considerados, ese reformismo es cientificista y elitista, ya que los sujetos habilitados para decir la sociedad y sus males deberán ser tan científicos como escasos, y es a partir de estas minorías del saber como se imagina una intervención eficaz de los intelectuales sobre la esfera estatal. En una nota que escribió en 1905 para el diario *La Nación* manifestaba así que "las clases pobres constituyen una verdadera raza atrasada dentro del medio en que viven", de modo que la alternativa necesaria reside en "un socialismo aristocrático". El mejoramiento de las condiciones de vida de los pobres sólo puede ser entonces "la obra de hombres pertenecientes a la clase considerada superior desde el punto de vista físico e intelectual".[4] Necesariamente, este proyecto sólo podrá imponerse si la clase gobernante comprende que el mejor remedio no reside en la variable represiva, sino en la educación de la clase obrera y el mejoramiento de las condiciones de vida que propugnaba el código laboral promovido infructuosamente por Joaquín González, y en cuya redacción participó activamente José Ingenieros.[5]

Además de ese molde evolucionista, en su escritura dejan su marca la formación médica y la adscripción a la antropología criminológica que por entonces proponía el lombrosismo. Años más tarde recapitulará:

> En la universidad he cursado simultáneamente dos carreras, que me permitieron adquirir nociones de ciencias físico-naturales y de ciencias médico-biológicas; vocacionalmente cultivé las ciencias sociales y no fui indiferente a las otras. Especiali-

[4] Cit. en Hebe Clementi, "Ingenieros en Italia", en *Todo es Historia*, núm. 173, 1981, pp. 54-57.

[5] Cf. J. Ingenieros, *La législation du travail dans la République Argentine*, París, 1906.

cé luego mis estudios en patología nerviosa y mental, vinculándome a su enseñanza en la Facultad de Medicina".[6]

Estas nuevas cuadrículas teóricas se constituían juntamente con su ingreso en otras estructuras institucionales. Hacia 1899 abandona la militancia en el Partido Socialista y tres años después renuncia a su afiliación, aunque siempre será un votante socialista. En 1900 ejerce como jefe de clínica en el Servicio de Observación de Alienados de la Policía de Buenos Aires, y desde 1907 dirige el Instituto de Criminología anexo a la penitenciaría nacional, intentando aplicar en dicho organismo –como escribe en un artículo de 1907 en los *Archivos de Psiquiatría, Criminología y Ciencias Afines*– "las conclusiones prácticas de la moderna cultura evolucionista y determinista".

De tal manera, la experiencia intelectual de Ingenieros va a estar centrada entre 1900 y 1911 en la investigación psiquiátrica y criminológica. En *La simulación en la lucha por la vida* –introducción a su tesis doctoral sobre *La simulación de la locura*, de 1900– esta pretensión resulta legitimada en la creencia de que precisamente en la encrucijada de problemas sociales y perturbaciones mentales es donde "la anomalía psíquica del individuo se convierte en causa determinante de su actividad antisocial". A partir de esta reflexión, la resolución de la cuestión social demandará, de las ciencias sociales, criterios que permitan integrar el disenso negociable y segregar a los estratos sociales incapacitados o renuentes a integrarse al proyecto de la modernidad en el Cono Sur americano.

En el desarrollo de ese proyecto nacional, Ingenieros ubica su etapa crucial en el período inmediatamente posterior a Caseros, y prevé que en el ámbito social ese movimiento culminará con la definición de clases estables, cuyos conflictos sin catás-

---

[6] J. Ingenieros, *Proposiciones relativas al porvenir de la filosofía*, en *Obras completas*, ob. cit., t. 7, p. 30.

trofes promoverán un cambio ordenado, garantizado a su vez por la cuantiosa acumulación de riquezas agropecuarias. En suma, y con un esquema que comparte con Juan B. Justo,[7] en *De la barbarie al capitalismo*, de 1898, Ingenieros concibe a la matriz económica como "el molde que engendra cada una de las formas de organización revestidas por la sociedad humana", verdadero "*substratum* en que se arraigan y sustentan las diversas instituciones políticas, jurídicas, morales, etcétera, que constituyen la superestructura de la sociedad en cada momento histórico". Se estaba, sin duda, ante la versión economicista de un marxismo fuertemente penetrado por la influencia positivista, al cual el intelectual argentino había tenido un seguro acceso a través de la obra del marxista italiano Achille Loria.

Sobre esta "base", y con el supuesto de una relación de transparencia entre economía y política, el sistema político argentino debía cristalizarse en cuatro sectores que, aun con obstáculos, pondrían fin a la confusión de la que se nutre "la política criolla". Ya que, junto con las supervivencias de los impacientes radicalizados y de los retrógrados que quieren girar hacia atrás la rueda de la historia, habrá por fin dos partidos de gobierno, que representarán uno a la clase rural y otro a la burguesía industrial, configurando de tal modo una suerte de fracciones *tory* y *whig*, en tanto los socialistas asumirán la correspondiente representación de los trabajadores.[8]

Desde este espacio sociopolítico donde cada quien estará donde tiene que estar, el país podrá desarrollar sus virtualidades para proyectarse hacia un papel hegemónico en la América Latina. Si el imperialismo es concebido como expresión pacífica de la lucha darwiniana entre las naciones, y si el expansionismo obedece a leyes científicas que lo ponen al abrigo de impertinentes juicios morales, en "La función de la nacionalidad ar-

---

[7] Cf. J. Aricó, *La hipótesis de Justo*, Buenos Aires, Sudamericana, 1999, *passim*.

[8] J. Ingenieros, *Sociología argentina*, en *Obras completas*, ob. cit., t. 6, pp. 135 y 136.

gentina en el continente sudamericano" Ingenieros sostiene que este país puede aspirar a un liderazgo en su área sobre la base de su riqueza creciente, su clima templado y sus franjas de población blanca en aumento. Otra vez *a la Taine*, raza, medio y momento serían los soportes adecuados para convertir a la Argentina en el bastión de un futuro liderazgo sudamericano.

Análogamente al modo como el imperialismo es contemplado no sólo por el discurso positivista cual un fenómeno natural, también bajo una mirada que Ingenieros desea científica, la trilogía republicana de libertad, igualdad y fraternidad resulta severamente cuestionada. Al igual que en Bunge, cada uno de estos valores se opone respectivamente a los principios del determinismo, a la notoria disparidad observable entre los seres que componen el mundo biológico y al postulado darwiniano de la lucha por la vida. Y otra vez al igual que en Bunge, es previsible que las nociones con apelaciones morales sobrevivan en este sistema en una suerte de clima hostil, aun cuando se les reserva un espacio que permite describir sucintamente la jerarquización ética que Ingenieros traduce en una evaluación política y social. Porque así como existe una moral mayoritaria cuya función reside en el mantenimiento del *statu quo*, por otra parte es menester la presencia de un elemento dinámico que garantice la evolución acorde con las modificaciones del medio. Justamente, las minorías intelectuales son las capacitadas para observar este signo que, al anticipar el porvenir, adopta la forma del ideal. De ese modo, emerge el dualismo entre una ética para las masas conformistas y otra para minorías idealistas. Orgánicamente entonces, las elites del saber científico podrán aproximarse a, sin confundirse con, las fracciones reformistas del poder, para propugnar los cambios deseables que conduzcan la nación a un grado mayor de civilización y también de justicia social. Esas mismas minorías son las depositarias del programa de una nación moderna que incluso contemple el derecho a la diferencia, pero dentro de límites que garanticen la gobernabilidad –que está siendo amenazada por ciertos fenómenos disfuncionales dentro del vasto proyecto de la modernidad–.

Con estas preocupaciones, Ingenieros debía desembocar en la ineludible problemática de la nacionalización de las masas. Para ella, su discurso propone un dispositivo de reformas integradoras y diferencias segregacionistas. Porque este programa de reformas destinado a integrar progresivamente las masas a la nacionalidad debía contener una estrategia para el tratamiento de las zonas de penumbra que el mismo proceso de modernización constituía. Con respecto a las rémoras del mundo indígena, en cambio, no se requería ninguna intervención, puesto que el solo proceso natural haría su trabajo según las indicaciones del credo sociodarwinista: "En los países templados, habitables por las razas blancas, su protección [de los indios] sólo es admisible para asegurarles una extinción dulce; a menos que responda a inclinaciones filantrópicas semejantes a las que inspiran a las sociedades protectoras de animales"…[9]

En cambio, es la muchedumbre urbana la que demanda la mirada positivista destinada a discriminar los límites entre lo normal y lo patológico; en su libro *Criminología*, Ingenieros atenderá minuciosamente a una taxonomía que ordene el abigarrado mundo en que conviven vagos, mendigos, locos y delincuentes. Asimismo, en el interior de ese mundo confuso la simulación va a ser una de las obsesiones compartidas con su maestro Ramos Mejía, obsesión potenciada por el fenómeno inmigratorio, porque ese recurso en la lucha por la vida es tanto más utilizado cuanto más evolucionada es la raza, y por ello la inmigración que arriba a la Argentina –blanca, europea– está más capacitada para implementarlo. De allí el desafío que semejante población plantea al ojo escrutador del científico, quien, valido de las doctrinas de Lombroso ("el estandarte de una corriente científica nueva, fecunda en promesas y esperanzas"), deberá de-

[9] Cf. J. Ingenieros, *La législation du travail*, ob. cit.

tectar el punto exacto en que la extranjería amenaza cruzarse con la marginalidad, la delincuencia o el anarquismo terrorista.

De esta manera, y hasta 1911, José Ingenieros había desarrollado una extensa obra destinada a fundamentar desde los registros de la psicopatología, la criminología, la sociología y la filosofía las vinculaciones entre la teoría y la política que resultaban congruentes con las relaciones para él deseables entre los intelectuales y el Estado. Pero hacia el fin del período, protagonizó un episodio que revela la fuerte autolegitimidad lograda por un intelectual; al mismo tiempo se abre como un indicador de la declinación de la cultura científica, estrechamente vinculado, una vez más, con la tensión entre ética y cientificidad. El episodio se produjo cuando se presentó a ocupar la cátedra de psicopatología de la Facultad de Medicina de la Universidad de Buenos Aires. Sus antecedentes intelectuales indujeron al consejo directivo a ubicar su nombre en el primer término de la terna presentada al Poder Ejecutivo. No obstante, éste desconoció la jerarquía propuesta, obedeciendo probablemente a presiones provenientes de la Iglesia católica.

Espectacularmente, Ingenieros renunció a todos sus cargos, cerró su consultorio y decidió una suerte de autoexilio, que se prolongaría hasta mediados de 1914, mientras el entonces presidente, Roque Sáenz Peña, siguiera al frente del Estado. A realizar la autopsia de esta figura política y del clima moral que lo rodeaba dedicó, en 1913, la más célebre de sus obras. Pero significativamente, si *El hombre mediocre* obtuvo un éxito de público que atravesó a varias generaciones argentinas, su escritura está habitada por categorías que disonaban con el universo de discurso positivista frecuentado hasta entonces. El mismo Ingenieros confiesa en su correspondencia haber ingresado entonces en una "crisis de romanticismo" de consecuencias imprevisibles para su pensamiento. Y en verdad, a partir de ese momento el positivismo de este exponente mayor de la cultura científica experimentaría una serie de modulaciones que lo irán poblando de motivos destinados a cumplir con el "idealismo posible". Así –y como en el caso de Carlos Octavio Bunge–, José Ingenieros se veía obligado, para entonar la alabanza de los ideales, a rendir el tributo que la ciencia pagaba al deber ser moral.

En otro registro, ese año de la aparición de *El hombre mediocre* es igualmente significativo en el aspecto intelectual porque su ex compañero de la aventura anarcosocialista del periódico *La Montaña*, Leopoldo Lugones, pronuncia sus célebres conferencias en el Teatro Odeón, que definirán –ante un público que incluye al presidente de la República– que Ingenieros enjuiciaba, en *El hombre mediocre,* la verdadera esencia de la argentinidad.[10] Esta intervención de Lugones consumaba, en la querella por la nacionalidad, el pasaje de la hegemonía a las manos de una propuesta culturalista y criollista. Se trataba de la asunción del gaucho como símbolo de la nacionalidad en términos análogos a los que se ha visto desplegar en Ernesto Quesada, y por ende en estricta oposición al criollismo "moreirista". Coincidentemente, en una reacción extrema ante el auge de este último criollismo, José Ingenieros había sostenido que el personaje Juan Moreira carecía incluso de los datos distintivos del alma argentina en formación, configurando en cambio el caso de "un amoral congénito, es decir, un delincuente nato con las características impresas por el ambiente gaucho".[11]

---

[10] Sobre la base de esas conferencias, Leopoldo Lugones compondrá su libro *El payador*, publicado en 1916 (hay una edición de Biblioteca Ayacucho, Caracas, 1979). La prédica de Lugones no era original, si se piensa que se inscribía en un camino antes recorrido en las valoraciones positivas del poema hernandiano por Pablo Subieta (1881), Unamuno (1894), Menéndez y Pelayo (1895), Martiniano Leguizamón o Ricardo Rojas, entre otros (cf., J. Isaacson, *Martín Fierro. Cien años de crítica*, Buenos Aires, Plus Ultra, 1986.), pero por la entidad intelectual de quien emite el mensaje, se trata de un acto consagratorio en donde el prestigio del disertante y el modo de enunciación de su discurso se comunican con el contenido de lo afirmado. Puede verse O. Terán, "*El payador* de Lugones o 'la mente que mueve las olas'", en *Punto de Vista*, Buenos Aires, diciembre de 1993.

[11] Resumen de la conferencia en *Archivos de Psiquiatría, Criminología y Ciencias Afines*, Buenos Aires, set.-oct. 1910, pp. 630-631.

El desplazamiento de la cultura científica por la estética queda emblematizado en esas conferencias, dado que Lugones había construido exitosamente su mitología nacional desde la posición del escritor poseedor de la palabra bella y desde las matrices ajenas al positivismo que ofrecía el modernismo literario y cultural. Curiosamente, ante este movimiento Ingenieros adoptó posiciones contradictorias. En 1913 polemizó con Rojas desde la *Revista de América*, enrostrándole que el credo del autor de *La restauración nacionalista* representaba "la aspiración de una vieja Argentina feudal que se extingue", a diferencia del propio nacionalismo, que identifica con la construcción de "una nueva Argentina que se va europeizando". Pero cuando en ese mismo año la revista *Nosotros* organizó una encuesta en la estela de las conferencias de Lugones, Ingenieros envió una nota en la cual la cultura científica ofrenda su homenaje a la cultura estética: "Si 'Martín Fierro' no durase por el poema de Hernández, duraría por las admirables conferencias de Lugones y por la autoridad literaria de Rojas. Con esos padrinos su arraigo en las letras argentinas será definitivo"...[12]

Por último, la guerra de 1914-1918 producirá efectos culturales que seguirían debilitando los cimientos valorativos sobre los que había florecido la cultura científica. Freud ha dejado un relato clásico de aquella crisis vivida desde la intelectualidad progresista y cosmopolita. Para él, la guerra,

> se desencadenó y robó al mundo todas sus bellezas. No sólo aniquiló el primor de los paisajes que recorrió y las obras de arte que rozó en su camino, sino que también quebró nuestro orgullo por los progresos logrados en la cultura, nuestro respeto ante tantos pensadores y artistas, las esperanzas que ha-

[12] *Nosotros*, Buenos Aires, núm. 52, agosto de 1913, p. 186.

bíamos puesto en una superación definitiva de las diferencias que separan a pueblos y razas entre sí. La guerra enlodó nuestra excelsa ecuanimidad científica, mostró en cruda desnudez nuestra vida instintiva, desencadenó los espíritus malignos que moran en nosotros y que suponíamos domeñados definitivamente por nuestros impulsos más nobles, gracias a una educación multisecular. Cerró de nuevo el ámbito de nuestra patria y volvió a tornar lejano y vasto el mundo restante. Nos quitó tanto de lo que amábamos y nos mostró la caducidad de mucho de lo que creíamos estable.[13]

Si tal era el talante desencantado de alguien que había compartido importantes cánones y valores con los miembros de la cultura científica, ya en 1918 Carlos Ibarguren invertiría la citada "celebración de Macaulay" en un libro titulado *La literatura y la guerra*. Allí, ese abogado de alcurnia criolla, profesor universitario, ministro de Justicia e Instrucción Pública en 1913-1914 y candidato por la Democracia Progresista en 1916, a quien se ha visto en el primer capítulo celebrar la ciencia en su juventud, enuncia ahora de manera elocuente la crisis epocal: "Diríase que nos toca en suerte asistir al derrumbamiento de una civilización y al final de una edad histórica; sufrimos en este instante sombrío una inquieta confusión espiritual [...]".[14] Las causas que se le adjudican a esa crisis (materialismo, decadentismo, democracia y aburguesamiento) involucran finalmente a la cultura científica:

> La mentalidad de nuestra generación se ha desenvuelto y nutrido bajo el influjo de la filosofía y de la literatura materialista que [...] anegó el alma de la Europa a fines del siglo

---

[13] S. Freud, "Lo perecedero", en *Obras completas*, Madrid, Biblioteca Nueva, 1973, vol. III, pp. 2118-2120.

[14] C. Ibarguren, *La literatura y la gran guerra*, Buenos Aires, Agencia General de Librería y Publicaciones, 1920, p. 6.

XIX. El idealismo y el espiritualismo fueron ahogados por un nuevo dios: el laboratorio que revelaba a los hombres la verdad inclemente de la ciencia positiva. El moderno espíritu científico, que nos hizo ver todo a través del prisma desconsolador de la materia, nos enseñó que el determinismo es ley del universo y nos mostró a la fatalidad como cauce de nuestra efímera vida. El escepticismo y el pesimismo abriéronse, entonces, atormentando el alma egoísta, sensual y refinada, que caracterizó a la época que termina. El siglo de la ciencia omnipotente, el siglo de la burguesía desarrollada bajo la bandera de la democracia, el siglo de los financieros y de los biólogos, se hunde, en medio de la catástrofe más grande que haya azotado jamás a la humanidad.[15]

La cultura científica padecía así las dificultades derivadas de sus propios puntos ciegos para articular realidad e ideal, y se le endilgaban los costos de haber puesto el saber al servicio de la creación de artefactos cuya mortal eficacia se mostraba en las trincheras de Europa, dentro de un enfrentamiento inhumano que Ingenieros catalogó al principio como un "suicidio de los bárbaros". Padecería igualmente la cultura científica de la enorme crisis en la que conjuntamente ingresaba el liberalismo, hasta el punto de resultar imposible desagregar ambos momentos. Y no sólo el liberalismo, ni bien se piensa en la firme convicción de Juan B. Justo, quien desde la jefatura del Partido Socialista argentino había proclamado que "el socialismo es así el advenimiento de la ciencia a la política".[16] En suma, se trataba de la entera constelación intelectual derivada de la concepción iluminista la que había sido puesta en cuestión, definiendo un auténtico quiebre civilizatorio, porque "ciencia" y "democracia" comen-

---

[15] Ibíd., pp. 7 y 8.

[16] "El pueblo, movido por la necesidad, se está asimilando una gran verdad científica: la teoría económica de la historia, y su porción más inteligente y activa, el Partido Socialista, basa en ella su acción" (en *La Vanguardia*, 1° de mayo de 1897).

zaban a formar parte de un paradigma epocal al que con desdén se empezaba a designar como "el estúpido siglo XIX".

En la Argentina, la suerte de ese aspecto del liberalismo resultaba dispar. Puesto que aun cuando Lugones proclamara con orgullo en las citadas conferencias no haber sido tentado jamás por "las lujurias del sufragio universal", la coalición gubernamental a la que se dirigía había consagrado el año anterior la ley Sáenz Peña, dentro de un proyecto de relegitimación de la elite basado en el reformismo político. Son conocidos los cursos complejos de la reforma electoral impulsada por sectores del propio grupo gobernante y el modo en que condujo al triunfo no esperado del radicalismo yrigoyenista. Luego de la derrota, una carta de Lisandro de la Torre expresaba bien el sentimiento de aquellos sectores: "Ahora, como todo el país, estoy a la expectativa. Nadie sabe lo que nos deparará el destino. Nadie sabe si la democracia y la libertad han dado un gran paso adelante o si se abre una época sombría de inquietudes y de retroceso. Allá veremos".[17]

La respuesta a ese "veremos" la encontramos en los escritos de Joaquín V. González. A partir de ese resultado electoral, varios son los malestares que turban su progresismo liberal. Básicamente, la incapacidad del radicalismo para conformarse según las pautas de un partido orgánico, y lo que percibe como el carácter regresivo del nuevo elenco gobernante, que a su entender amenaza destruir todo el legado civilizatorio trabajosamente construido. Pero es evidente que ese malestar en la cultura no pretende esconder el malestar en la política generado por el ascenso de Hipólito Yrigoyen al gobierno, a cuya luz es el proceso global de democratización el que ingresa en el terreno de la duda. En un artículo escrito en los últimos años de su vida y de título programático ("Si el pueblo pensara más…"), González se apoya en la recurrida distinción entre cualidad y

---

[17] Cf. N. Botana, *El orden conservador*, ob. cit.

cantidad para demandar un sistema político que coloque por encima de la legitimidad del sufragio la de la competencia de una aristocracia experta y virtuosa.[18] Se incluía de esta manera en esa recíproca denegación de legitimidad, que se expresará en la irrenunciable hostilidad de los liberales frente a los nuevos hombres del radicalismo y que arrastraba hacia posiciones antidemocráticas incluso a los miembros del progresismo liberal.

Muchos de los integrantes de la elite ahora desalojada del poder habrán podido entonces reconocer la justeza de las prevenciones del mismo González, cuando ni aun en el clima celebratorio del Centenario había dejado de percibir que "ni la educación de las escuelas ni la que viene de la vida han podido destruir los viejos gérmenes, ni menos abatir los troncos robustos que han colocado en nuestros hábitos los vicios, violencias, errores y fraudes originarios de nuestra reconstrucción nacional", de modo que no veía imposible "una reviviscencia de la barbarie o del desorden, cuando dejasen de pesar sobre ellas las fuerzas que ahora las sujetan o las encauzan".[19] Con ecos que evocan la citada reflexión de Freud, el mismo González expresaría una desazón que muchos de los componentes de la generación intelectual en retirada podían compartir: "En la hora presente toda la humanidad es una confusión, un torbellino, un caos". También escribió:

> ¿Quién puede señalar el derrotero confundido por la arena del vendaval [...] El sendero, el oriente, el verbo, se ha perdido. ¿Quién tiene el secreto, quién guarda la llave de la

---

[18] "Para que un pueblo sea una democracia tiene que ser un pueblo capaz de entrar en sí mismo, pensar y descubrir sus propias calidades". Al no haber llegado a ese estadio, el pueblo argentino "será, en el mejor de los casos, un menor, un incapaz, un aprendiz, un aspirante a soberano, un pupilo bajo tutela [...]" (escrito de setiembre de 1920, en *Obras completas de J. V. González*, La Plata, Universidad Nacional de La Plata, 1935, t. 12, p. 357).

[19] Joaquín V. González, *El juicio del siglo*, Buenos Aires, Centro Editor de América Latina, 1979, p. 126.

puerta de la verdad, quién la cifra maestra del enigma? [...]
¿Qué hacemos?, ¿adónde dirigir la mirada?, ¿en qué región
del pensamiento o de la acción se halla la flecha indicadora
del buen derrotero? La guerra ha apagado las luces, ha borra-
do los rastros en la arena, ha extraviado los signos guiadores
en la noche y ha derrumbado las piedras miliarias de los antiguos caminos.[20]

De ese derrumbe, mirado desde otra perspectiva, hablaba Juan
A. García, cuya adhesión al método positivista en el estudio de
la sociedad ha sido indicada, así como las coincidencias con el
programa de construcción de una nación fundada en el liderazgo
de una elite.[21] Al recibir a Carlos Octavio Bunge en la Academia
de Filosofía y Letras, no sólo se resentirá del entronizamiento
que había hecho Lugones del *Martín Fierro* como poema épico
nacional; también expresará desconcierto y angustia ante otro
sonido que le hablaba de la misma degeneración:

> Un tango, que en esos momentos preludiaba la orquesta, me
> hacía el efecto de cosa diabólica. La melodía quebrada y on-
> dulante, de una sensualidad cruel, con su acento zumbón, lle-
> vaba el espíritu siniestro de Martín Fierro, su brutalidad, sus
> sarcasmos. Era el espíritu que niega, el soplo helado que
> marchita. Mal símbolo para un país joven y rico, que reclama
> la fe en la justicia, en la bondad, en el amor para realizar sus
> destinos.[22]

---

[20] En *Obras completas de J. V. González*, ob. cit., t. XXI, p. 234. Sobre el perfil político-intelectual de González, cf. D. Roldán, *J. V. González, a propósito del pensamiento político liberal (1880-1920)*, Buenos Aires, Centro Editor de América Latina, 1993.

[21] "Debemos buscar el soberano real [...] en las clases dirigentes, [que son] las que
piensan, que habituadas a manejar sus intereses conciben más o menos exactamente lo
que es el interés público y la cosa pública, que por su género de vida, su educación, su
posición social, pueden entender las teorías de la política y de la administración" (*Introducción...*, ob. cit., pp. 29-30).

[22] "Discurso de J. A. García" en la recepción a la Academia de Filosofía y Letras de
C. O. Bunge, en *Anales de la Academia de Filosofía y Letras*, t. II, 1914.

Eran síntomas de que se había ingresado en una nueva época intelectual, pronto separada por un mundo de la que se acaba de visitar: el mundo que, junto con los nuevos textos y la "nueva sensibilidad", empezaban a tejer la primera guerra, el triunfo del yrigoyenismo, la crisis del liberalismo, la Reforma Universitaria, la revolución rusa, el ascenso del fascismo... Por todo ello, ya cuando José Ortega y Gasset llegó en 1916 por primera vez a la Argentina y advirtió a la juventud argentina que "el positivismo ha muerto", así como pudo manifestarse asombrado de que aún en la Facultad de Filosofía y Letras se dedicaran cursos a "la momia de Spencer",[23] puede pensarse que en verdad estaba derribando puertas ya entreabiertas, aunque sancionando esta evidencia con el prestigio y las destrezas intelectuales que lo destacaban ampliamente en el medio local.

Sobre este trasfondo de fin de época es posible ahora arrojar una última mirada a los intelectuales que animaron la cultura científica en la Buenos Aires de fines del siglo hasta mediados de la década de 1910, en esos momentos del cierre del ciclo que habían dominado con sus creencias. José María Ramos Mejía moría en el año límite de 1914, cuando la guerra incendiaba Europa y aquí el general Roca advertía contra las consecuencias caotizantes que podría acarrear en la Argentina el ejercicio efectivo del sufragio universal. Carlos Octavio Bunge, "cuando ni sus más allegados lo preveían, el 10 de mayo de 1918 se confesó y recibió la comunión de manos de Monseñor Terrero, quien se la había dado también por primera vez allá en su lejana infancia". Murió el 22 de mayo de 1918, a los 43 años de edad.[24] Ernesto Quesada sufriría, a partir de su posición pro germánica en la Primera Guerra, una marginalidad que ya no lo abandonaría

[23] V. J. Ortega y Gasset, *Meditaciones de nuestro tiempo. Las conferencias de Buenos Aires, 1916 y 1928*, Madrid, FCE, 1996.

[24] E. J. Cárdenas y C. M. Payá, "C. O. Bunge, un triunfador disconforme", en *Todo es Historia*, núm. 173, octubre 1981, p. 42.

hasta su muerte en 1934. Donó los 80 mil volúmenes de su biblioteca al estado alemán y se recluyó en el autoexilio en una residencia suiza a la que puso por nombre "Villa Olvido". En cambio, y como solía hacer, José Ingenieros salió del laberinto por arriba: mantendrá de manera compleja y a veces anacrónica su credo cientificista al par que saludará, en una célebre conferencia de 1918, el triunfo de la revolución rusa y tomará la senda del antiimperialismo latinoamericanista. Dirá alguna vez que nunca fue positivista, y será recordado como maestro de las juventudes idealistas de América que la Reforma Universitaria había movilizado desde su surgimiento en Córdoba en 1918. En esa vía activa lo sorprenderá en 1925 la muerte joven que había proclamado desear para no estar expuesto a las claudicaciones de la vejez.

Atrás quedaba entonces el universo de sentidos que la cultura científica había construido. Empero, sería falso creer que en este terreno se operó una sustitución *tout court* por el espiritualismo en ascenso. Fuere porque las ideologías son cárceles de larga duración, fuere porque el culto de la ciencia había penetrado con firmeza en ámbitos más amplios que los estrictamente intelectuales, aquel estrato de la cultura científica persistirá a la defensiva en los entresijos de las nuevas formaciones simbólicas en ascenso. Periódicamente, y como parte de la cultura de fracciones considerables del progresismo argentino, será reactivado, para seguir proclamando que los sueños de la razón y de la ciencia aplicados a la organización de las sociedades no necesariamente producen monstruos.

RECONOCIMIENTOS

Para el desarrollo de la investigación que ha culminado en este libro conté con inestimables estímulos de diversa índole que quiero testimoniar. En principio, el dictado desde hace más de diez años de la cátedra de Pensamiento Argentino y Latinoamericano en la Facultad de Filosofía y Letras de la Universidad de Buenos Aires me permitió un contacto fluido y permanente con colegas y con estudiantes que con su interés motivaron muchas cuestiones, algunas de las cuales espero haber podido –al menos intentar– responder en este libro. El Seminario de Historia de las Ideas, Intelectuales y Cultura que desde un lapso semejante se reúne sistemáticamente en el Instituto de Historia Argentina y Americana "Dr. Emilio Ravignani", de las mismas instituciones, permitió que un grupo de investigadores de diversos orígenes y dentro de un clima de pluralidad ideológica, pudiésemos discutir con rigor no exento de camaradería numerosos trabajos de historia intelectual de cuyas enseñanzas soy deudor. Así como lo soy del grupo de Historia Intelectual que desarrolla una rica y significativa tarea en el Centro de Estudios e Investigaciones de la Universidad Nacional de Quilmes. Por fin, este trabajo también formó parte de mis tareas de investigador como miembro del CONICET.

Debo asimismo agradecer el apoyo financiero obtenido a través de las becas concedidas por la Fundación Antorchas y la DAAD (que me permitió una estadía en el Iberoamerikanisches Institut de Berlín), y el subsidio UBACYT de la Universidad de Buenos Aires.

Colonia del Sacramento, verano de 2000

ÍNDICE

Este libro se terminó de imprimir
en julio de 2000 en Latingráfica S.A.,
Rocamora 4161, Buenos Aires, Argentina.
Se tiraron 2000 ejemplares.

organización nacional = nation building = clasificar en el sentido de la Ideología

p   aniquilación del tiempo y del espacio en Total 1865

p 107 Ideología

p 227 Alberdi : la lengua y el pensamiento

Camé = Renan
R Mejía = Taine, le Bon